JN410366

제24집

기억의 집을 짓는 시간

(사)창작수필문인회

기억의 집을 짓는 시간

1판 1쇄 인쇄/ 2021년 11월 25일
1판 1쇄 발행/ 2021년 11월 20일

지은이 / 황덕수
펴낸이 / 우희정
펴낸곳 / 도서출판 소소리

등록 / 제300-2007-21호
주소03073 서울 종로구 성균관로5길 39-16
전화 / 765-5663, 010-4265-5663
e-mail: sosori39@hanmail.net
www. sosori.net

값 13,000 원

*잘못된 책은 바꿔드립니다.

ISBN 979-11-5891-164-5 03810

기억의 집을 짓는 시간

발간사

수필은 삶의 연륜에서 비롯되는 마음의 산책이며, 그 속에 인생의 향기와 여운이 숨어 있다. 생활에 의미를 부여하며 사색하는 삶 속에서 지혜를 찾고 교훈을 주는 교화서(教化書)로서 살아있는 문학이다.

오창익 박사의 '시래기와 쓰레기' 論은 사물의 관조를 통해 삶의 지혜를 발견하는 혜안이 숨어 있음을 예시한다. 한가한 여유로움 속에서도 우아하고 산뜻하며, 마음의 정화(淨化)와 창조의 발상으로 살아서 세상을 움직이는 글이 수필의 힘이다.

최근 창수문인들의 활약상이 눈에 띄게 돋보인다. 각종 문학 공모전에서 우수함을 인정받고 평가받고 있다. 그 다양한 능력을 지닌 구성원의 단체가 사단법인 '창작수필문인회'다. 매우 자랑스럽고 영예로운 일로 창수인의 미래 발전을 예단해도 무리가 아니다.

코로나 펜대믹의 열악한 환경에서 잃어버린 듯한 시간에서도 머무르지 않고 정진하는 모습이 창수의 정신이고 창수문인회가 지향해야 할 사명일 것이다. 마음이 공허하고 답답하고 절망감 속에서 한 편의 글이 위로와 희망을 안겨주며 청량제 역할을 한다면 수필가로서 문학인으로서 보람은 그 무엇으로도 비교 못할 가치(價値)이며, 현시대 ESG(Environmental,Social,Governance)의 한 축이라 할 수 있다.

동인(同人)의 글 마당에 작품을 펼친 모든 회원님께 깊은 감사와 건필을 기원한다. 옥고를 동인지로 꾸미기까지 거두고 다듬는 수고를 아끼지 않은 허열웅 출판위원장 겸 수석부회장과 이정희, 윤연모 부회장, 윤종영 사무총장 그리고 한 권의 멋진 작품집으로 엮어준 소소리 우희정 대표께도 따스한 감사의 마음을 표한다.

2021년 11월

사단법인 창작수필문인회 회장 **황 덕 수**

▷ 차 례

1. 형제를 얻다

2. 내 마음 나빌레라

3. 사랑, 되돌아오다

4. 빛에 대하여

5. 잠시 헤어짐은

1.

형제를 얻다

귀동냥 중

이문자

바람에 흔들리는 온갖 기화요초가 부처님의 춤사위라 합니다. 바람 한줄기도 붓다의 몸짓이라는 말씀이구요. 궁극의 깨달음에서 왔다는 선시(禪詩)에 꽂혀 법당 구석자리에서 듣는 귀동냥이 실로 가경입니다. 안개 속이듯 헤매면서도 막힘이 없는 경계, 그 시적 영감이 환희로, 거센 물살처럼 덮쳐오기도 합니다. 나완 상관없다고 여겨왔던 곳. 옳은 불자도 아니면서 법문자리에 풀 방구리 쥐 드나들 듯, 참말 희한한 일입니다.

그러잖아도 어인 일로 절간 출입이 잦아졌냐는 군소리가 따갑습니다. 생전 않던 짓이니 무슨 사달이라도 났나 싶어 남정네의 심사가 말이 아닐 겁니다. 이 나이에 온 반쪽의 심사조차 헤아리지 못하는 아둔함이라니. 매양 그러니까요. 세월에 쌓인 더께로 마음 가누는 일이 쉽잖아 대충 하는 귀동냥으론 어림없지 싶군요. 어쩌다 나선 걸음이 그만 내친걸음이 되고 말았습니다.

어려서부터 절집과는 친하지 못했습니다. 눈을 부릅뜬 사천왕상이 무서워 절문 들어서기가 적잖이 무서웠지요. 요란스런 단청에도 쉽사리 정이 가지 않았고요. 그야말로 사찰과는 멀찌감치 비켜있었던 셈입니다. 기도며 불사(佛事)에 목숨 바치듯 열심인 불자들 모습은 제게 생경스런 민화(民畵)처럼 비쳐졌답니다. 짙은 색조로 칠해진 원색 위주의 그림말입니다.

청정도량을 지켜보는 자리에 나무 한 그루로 서는 게 소원이라는 시인이 있습니다. 내세에도 사람으로 태어나 수행자가 되겠노라는 한 선배 역시 '산부처'라 이르지요. 글감을 얻어 보라는 부추김이 끈질겨 끝내 마다할 수가 없었네요. 호락호락 않는 후배 맘 후리기가 쉽지 않았을 텐데도, 후배 바람잡이(?) 노릇 참 무던히도 했습지요. 어느 날 나서게 된 암자 행, 콧수건 달고 엄마를 따라나서던 입학식 날처럼 흡사 그랬습니다.

학승이 계시다는 도량은 어찌나 소박하던지. 유월 초입, 초록의 가람을 흔드는 풍경소리는 또 얼마나 맑았는지요. 청량함으로 따지자면 주지승의 혜안이 더 맑게 읽혔지 싶습니다. 조촐한 모양새로 앉은 암자에 안기는 순간 모두를 날려 보냈습니다. 천연덕스레 스님께 귀동냥을 청했었지요. 야릇하게도 돌아오는 길이 기뻤습니다. 한국불교계를 떠나겠다고 한 푸른 눈 스님에게 격하게 공감했던 여인네가 말입니다.

불가의 이름을 갖지 않아 예불에는 있는 듯 없는 듯 섞입니다. 법석 한 귀퉁이에 자릴 얻고 나면 귀동냥 주머니에 스님의 법어가 담깁니다. 선시에 취할 때는 무릉도원이다가도 어쩌다 천근의 무게로 실릴 땐 도리 없이 휘청거리지요. 남루한 삶의 궤적 때문이거나 좁쌀 뒤웅박만한 제 그릇 탓이기도 할 겁니다.

세속의 객을 가상히 여기신 걸까요. 스님이 이따금씩 물으시지요. 선방 근처라곤 못 가본 대답이 신통할 리 없습니다. 동문서답이 부끄러워 얼굴 붉히다가 아득해 하다가, 그러다가도 다가가 보면 빙긋거릴 때가 있더이다. 죽을 만큼 힘든 비감도, 고뇌도 순리로 새겨야 함을 어렴풋이 알아가는 중에 있습니다. 사람이 곧 부처인 것이고 이 세상 어디든 도량 아닌 곳이 없다고 하시니까요. 깨달음의 주체는 바로 나, 내가 있는 자리는 어디든 도량이라는 것이지요. 나름으로 지키려 했던 신념의 일치가 늘그막에 든 아낙을 붙들고 놓아주질 않습니다.

헌데, 불명(佛名)을 받으라는 채근이 시작됐네요. 법문을 베푸는 선자(仙者)는 여여한 데 불자들의 성화가 더 난감합니다. 법명을 얻는다고 당장 무엇이 달라질는지. 동냥아치에게 적선을 베풀었으니 어서 갚으라는 얘기가 아니었으면 합니다.

살아있는 목숨 치고 동냥아치 아닌 것이 없다고 합니다. 그렇다면 중생만큼 이골이 난 동냥꾼이 또 있을까요. 뱃구레 늘리는 데는 능사이면서 정작 마음동냥은 우습게 여기는 세상. 귀 기울여 들으면 바람소리 물소리, 하물며 목숨이 깃들지 못한 무정물(無情物)까지도 깨달음이거늘 귀에 대고 지르는 고함을 듣지 못한데서야. 이 세상이 귀만 막고 살지 않았어도 이 지경까진 오지는 않았을 테지요. 소귀에 경 읽듯이 흘려들은 죄악이 클 수밖에 없습니다. 만신창이가 된 모습들을 보기가 심히 민망스러운 시절을 살면서, 나 또한 노욕(老慾)을 부리고 사는 삶이 아닌가 싶어 옷깃을 여밉니다.

어설프긴 해도 마음그릇을 채우며 생각합니다. 귀동냥 알뜰히 쓸어 담아 마음 밭 다부지게 갈자고요. 굳은 땅 갈아엎기가 그리 쉽겠습니까만, 이왕이면 깊숙이 갈아엎어 보기 좋게 이랑도 지어야 하겠습니다. 법문 한 톨 귀한 보람으로 틔워 잘 키울 거구요. 비우고 내려놓는 일에도 거리낌이 없어야 할 테죠.

열어젖힌 암자 법문자리에 초여름이 들어앉아 산 뻐꾸기 울음이 구성집니다. 바람도 한결 순하고요. 그러고 보면 너울거리는 초목들만 설법을 하는 게 아니군요. 이 헐거운 중생을 한없이 출렁거리게 한 오늘의 설법은 산 뻐꾸기와 순한 바람이 한몫씩 거들어 점입가경입니다.

귀동냥 중인 이 객도 무언가 오지게 거들고 나서야 할 참입니다.

(제24회 창작수필문학상 수상작품)

쑥부쟁이 꽃다발

안 태 희

산돌림 사이로 정원에 있는 꽃 한아름 들어와 안긴다. 꽃 한 송이 차지하지 못하고 살아온 이십여 년. 잔디밭에는 늘 골프공이 득세를 부리고 있었다. 올해 봄 잔디밭 옆구리를 밀어붙이고 나직한 울타리를 쳤다. 그리고 클레마티스, 밥알시아, 블루새이지, 쑥부쟁이까지 캐다 심었다. 이들은 모두 보라색 꽃을 피운다. 남편은 눈만 뜨면 정원으로 나가 꽃을 들여다보며 눈인사를 하고 손길을 준다. 그렇게 꽃을 좋아하면서 어떻게 이날까지 참고 살았을까? 참 오래도록 속내를 모르고 살았구나 싶다.

나는 정원 한 귀퉁이에 앉아 열무 단을 풀어 다듬고, 그는 쪽파를 다듬는다. 그의 손길에서 다시 태어난 쪽파의 하얀 머리와 푸른 잎이 신선해 보인다. 물김치 맛이 한층 좋아질 것 같다. 요즘은 시키지 않아도 설거지와 청소도 잘 도와준다.

뒷산 자락에서 이주시킨 쑥부쟁이가 정원 한 귀퉁이에서 흐드러지게 꽃을 피웠다. 그 꽃을 바라보다가 문득 옛 생각이 떠올랐다.

첫 발령지에서다. 그 해 여름 동료들끼리 천렵에 나섰다. 남자들은 강물에 낚싯대를 드리우고, 나는 나지막한 산을 끼고 강물이 여울져 흐르는 모싯빛 너래 반석에 자리를 잡았다. 강바람이 지나다가 치마폭에 걸려 파들파들 소리를 내며 종아리를 휘감았다. 바람을 피해 버덩으로 들어섰다. 싱그러운 들판이 모두 내 세상이었다. 장마로 씻긴 모래톱은 어머니 젖가슴처럼 눈부셨고, 얼룩덜룩 자갈이 껴안은 모래벌판은 물비린내 풀 비린내가 풀풀했다.

곱디고운 얼굴을 드러낸 들꽃들은 모두 하늘을 닮아 청초했다. 꽃마중 나간 바쁜 걸음 뒤로 남자 동료가 따라와 쑥부쟁이 꽃 한 뭉치를 꺾어 주었다. 꽃을 들고 아기 세줄나비처럼 들판을 날아다녔다. 꽃이 시들까 걱정되어 강물에 담가놓았다.

어느덧 막차 시간이 촉박했다 허겁지겁 달려와 버스에 오르고 나서야 강가에 두고 온 꽃다발이 생각났다. 이미 버스는 출발했고, 가지고 올 방법은 없었다. 꽃을 생각하니 즐거웠던 하루가 시무룩해졌다. 마치 소중한 물건을 두고 떠나온 느낌이었다. 다음날 출근길에서 어제 꽃을 꺾어주었던 동료를 만났다. 뒷짐 짚은 손에 잠 못 이루게 했던 그 꽃다발이 들려있었다. 슬며시 꽃을 내밀며 겸연쩍게 웃던 그가 후일 내편이 되었다. 그리고 많은 세월이 흘렀다. 둘만 남은 둥지에서 마주보고 앉아 김칫거리를 다듬고 있다.

"저 꽃 좀 봐요." 하고 우리 집 터줏대감 향나무 밑에 자리 잡은 쑥부쟁이를 가리켰다.

"그때 그것이 대단한 나의 착각이었어." 하며 혼자 킬킬거렸다. 눈치를 살피던 그도 맞았다는 듯이 얼굴에 깊은 주름을 지으며 환하게 웃는다. 강바람에 더위를 식힌 것처럼, 한바탕 웃고 나니 속이 후련하다. 둘이 앉아 이렇게 흐드러지게 웃은 적이 있기나 했던가. 흔치 않았다. 사는 게 뭐 그리도 틈이 없었는지! 슬쩍 엿본 남편도 행복해 보인다. 한구석을 차지한 쑥부쟁이도 아스라한 하늘빛을 담고 소리 없이 웃는다.

강원도 산간벽지 초등학교에서 직장생활을 시작했고 정년퇴직하던 날이다. 딸이 안겨준 꽃다발도 모두 보라색 꽃이었다. 그 꽃을 그대로 화병에 꽂아놓았더니, 남편이 보기에 답답했던가? 꽃을 수반과 화병에 나누어서 시원스레 다시 꽂아 놓았다. 그 후로 우리 집 꽃꽂이는 슬그머니 남편의 몫이 되었고, 나는 보는 것으로 족했다.

몇 년 전 2박 3일로 문학기행을 다녀왔다. 집을 나가서도 좀처럼 집 생각이 떠나지 않았다. 공연히 혼자 있는 남편 걱정도 되고 미안하기도 해서 노심초사했다. 돌아와서 조심스레 현관문을 열고 들어오는 순간, 먼저 눈에 확 들어온 것은 조촐한 꽃꽂이였다.

"어마! 당신 나 많이 기다렸네!" 대책 없이 툭 튀어나온 말.

빨간 장미 한 송이는 수반 나직이 앉혔고, 또 한 송이는 장대 목을 하고 먼 곳을 바라보듯 꽃송이를 위로 올려놓은 것이 전부였다. 그것은 한눈에 보아도 기다림의 표현이었다. 지금까지 남편에게서 장미 꽃다발 한번 받아본 적 없지만, 그날의 꽃꽂이는 잊지 못할 형상으로 가슴에 남아있다. 이즘도 일주일이 멀다 하고 꽃꽂이하는 우리 집 남자다. 꽃다발이 가슴에 안기는 것이라면, 수반의 꽃꽂이는 마음과 눈길에 머무는 정이라고 하겠다. 꽃은 꽂는 이의 감성과 심성이 작품으로 승화된다고 한다. 생을 재창조하는 아름다운 의미이기도 하다.

철없던 시절 밤을 서성이게 했던 쑥부쟁이 꽃다발 하나가 평생을 동반자로 살게 한 중매자였다. (제24회 창작수필문학상 수상작품)

눈, 아버지의 싸리비 소리

김미자

아버지, 눈이 옵니다. 종일 그물거리더니 저무는 하늘에서 함박눈이 내립니다. 펑펑 쏟아집니다. 잠깐 사이에 은빛 너울을 쓴 뜰을 내다보며 아버지를 생각합니다. 마당에 쌓이는 눈을 싸리비로 쓰시던 모습이 아른거립니다.

좀 전에 퇴근한 작은애가 현관에 들어서지도 않은 채 서둘러 손녀를 데려가더니, 동영상을 보내왔습니다. 두 팔을 벌린 채 탄성을 지르며 눈 속으로 뛰어드는 네 살배기, 여기저기 제 발자국을 마구 찍으며 내달립니다. 빙글빙글 돌며 춤을 춥니다. 쏟아지는 눈을 처음 맞는 지안이가 어쩔 줄 몰라 깡충거리니, 할미인 저도 덩달아 신납니다. 그 애가 남긴 흔적을 좇다가, 감흥을 못 이겨 집을 나섭니다.

벌써 지워져가는 조그만 발자국들을 가만가만 디뎌봅니다. 짜릿한 감격이 가슴에 물결칩니다. 설국으로 달리는 눈발 속을 쏘대며 마음은 강을 건너고 들을 가로질러 영(嶺)들을 굽이굽이 휘돌아 갑니다. 짙푸른 동해를 우러르고 다시 재를 넘어 눈길에 첫발자국을 찍던 그날로 돌아갑니다. 고향집 앞마당에서 뒤뜰로, 삽짝을 밀고 나가 공터로, 큰길로…. 숫눈 위에 뛰노는 첫딸을 미소로 바라보셨을 아버지. 솟구치는 그리움을 감당하느라 저는 그만 눈사람이 되어 돌아옵니다.

이렇게 눈이 쏟아지는 밤이면 잠 설치며 몇 번이고 일어나 밖으로 나가셨던 아버지. 장지문을 열고 댓돌 아래로 내려서는 넓은 어깨 뒤로 내리던 서늘한 고요를 기억합니다. 곧 그 고요를 흔들어 깨우는 싸리비질 소리가 들려왔지요. 가뿐하고 힘찬 소리를 들으며 추우실까, 감기 드실까 걱정하다가 까무룩 잠들곤 했습니다.

눈이 그치면, 첫새벽부터 길에 나가 눈을 치우다가도 6시만 되면 어김없이 온 집 안의 문을 다 열어젖히며 7남매를 깨우고는 되짚어 대문 밖으로 나가셨지요. 아버지, 기억하시나요, 마지못해 일어나 오들오들 떨면서 이불을 개키던 저희 모습을.

무릎이 푹푹 빠지는, 때론 허리춤까지 차오른 눈을 가래와 삽으로 밀고 퍼내고 꼼꼼히 쓸며, 눈 속에 오롯한 길을 내시던 아버지. 짙푸른 하늘, 마알간 햇살 아래 눈부신 풍경이 되신 그 모습은 제 가슴속에 영원한 명화로 저장되어 있습니다.

동네 어른들이 장비를 들고 나와 신작로 쪽 눈을 치우기 시작하면, 아버지는 몰려나온 꼬맹이들과 눈사람을 만들어 공터에 세워놓고 한바탕 눈싸움을 하셨지요. 눈 뭉치를 든 우람한 체격의 어른이 조무래기들 뒤를 쫓던 모습은 지금도 저를 미소 짓게 합니다.

또 눈을 모아 쌓고 다져 크고 단단한 눈 동산을 만드셨지요. 삽으로 홈을 파서 만든 계단까지 갖춘 눈 미끄럼틀이 완성되면 상기된 얼굴, 장난기 가득한 눈으로 주위를 둘러보며 싱긋 웃으셨지요. 그 순간, 눈싸움을 멈춘 채 숨죽이고 섰던 아이들이 한꺼번에 내달았지요. 이리저리 미끄러지고 엉덩방아를 찧으며 외쳐대던 그 함성, 들리시나요.

운수업을 하신 아버지. 실은 눈이 많이 올 때마다 정선 여량으로, 임계로, 대형트럭을 몰고 산판에 간 기사들 걱정에 잠을 이루지 못하셨던 거지요. 간간이 눈을 치우고 쓸며 무사히 대피했다는 소식을 기다리시다, 어찌어찌 백봉령을 넘었다는 전화가 오면 그제야 가슴을 쓸어내리셨지요. 주차장의 눈을 마저 치우고, 한밤중에 굵은 체인을 바퀴에 감고 돌아온 차들을 맞으며 환히 웃으셨습니다.

같은 이유로 저희 7남매는 철들기 전부터 눈이 와도 함부로 즐거워하지 못했는데, 그 심정을 헤아리셨던가요. 눈싸움도 같이 하고 실컷 지치라고 눈을 쌓아주신 일들, 고맙고 자랑스럽습니다. 더하여 당신의 손주들과 기꺼이 함께해주신 겨울놀이들도 아름다운 추억입니다. 내일은 싸리비를 장만하려 합니다. 눈도 쓸고 손녀와 눈사람을 만들고 눈싸움도 하겠습니다. 눈밭에 미끄러지며 비명도 지르고요. 제 증조부 이야기를 해주면 지안이 두 눈이 더 반짝거리겠지요?

밤이 깊었습니다. 눈은 펑펑 쏟아지고 그리움도 펑펑 쌓입니다. 아버지, 창을 열고 귀를 기울여 봅니다. 눈을 치우며 길을 내시던, 아니 길이 되고 이정표가 되어주신 아버지, 이 한밤 어디쯤에서 눈을 쓸고 계신가요. 멀었다가 가까워졌다가 도로 아득해지는 그 소리를 기다립니다.

그리운 고향의 소리, 산뜻하고 힘찬 아버지의 싸리비 소리를…….

(제24회 창작수필문학상 수상작품)

호박, 그도 타향 나도 타향

장병선

하늘에 뜬 달도 '고향 달'이라더니 서울에서 보는 호박도 '고향 호박'인가. 여의도 63로 대로변 주차장 철망 울타리에서 나의 시선을 당긴다. 호박 덩굴이 온몸으로 주차장을 가린 커튼처럼 보인다. 넓적한 잎과 잎 사이에 덩굴손을 철망에 감아 몸을 의지하고 있다. 내 키보다 높은 울타리에 옷을 입힌 호박 덩굴이다. 실 같은 갈고리 손을, 가녀린 그 손을 내 앞으로 뻗어, 마치 구원이라도 청하는 듯하다.

'손잡아 주십시오'라고 말하듯 허공에서 덩굴손을 허우적거린다. 그러면서도 군데군데에 종 모양의 노란 꽃을 피우고, 수정(受精)해줄 벌들을 부르고 있다. 하지만 이 꽃 저 꽃을 들여다봐도 고향에서 보던, 노란 꽃술 묻은 벌들이 보이지 않는다.

당연하지 싶다. 수시로 주차장에 드나드는 차 소리, 줄 이은 대로의 차들이 뿜어대는 매연, 물결처럼 지나다니는 인파 속에 벌인들 어떻게 발을 붙이겠는가. 그런데 신기하게도 몇 개의 호박꽃은 푸른 감만 한 애호박을 달고 있다. 저만큼 클 때면 호박 밑에 짚으로 만든 똬리를 놓아주시던 어머니 생각이 난다. 마음속에 깊숙이 감겼던

옛일이 실처럼 풀려난다.

고향 집 흙담에 자라던 호박은 어머니의 사랑을 듬뿍 받았다. 담 아래 양지바른 곳에 심어 거름을 주었고, 흙이 건조하면 물을 뿌려 주셨다. 잘 뻗어가도록 덩굴손의 손잡이가 있는 방향으로 줄기를 옮겨놓곤 하셨다. 그뿐만이 아니었다. 호박 곁에 나팔꽃을 심어 호박과 나팔꽃 줄기가 서로 팔짱을 끼고 커가게 해주셨다.

그렇게 정성 들여 키운 호박으로 여러 가지 음식을 만드셨다. 여름철이면 때때로 애호박을 따서 국수에 말아주었고, 호박전, 찌개, 새우젓 볶음 등을 조리하셨다. 그중 특히 아삭아삭 씹히던 호박전과 아릿한 새우젓 볶음의 맛이 일품이었다.

별미는 호박잎쌈이었다. 여린 호박잎을 따다가 깨끗이 씻어서 찜통에 넣고 4~5분 정도 찌셨다. 손바닥 크기의 호박잎에 잡곡밥과 심심하게 끓인 강된장 한 숟가락을 얹어 우물우물 씹는 맛은 여름을 기다리게 하는 음식 중의 하나였다.

가을이면 누렇게 익은 호박을 썰어 넣고 찐 시루떡을 먹었다. 산자락에 떨어진 밤을 주으러 다니면서 즐겨먹던 그 호박떡이었다. 저녁이면 주워온 알밤과 늙은 호박을 썰어 넣고 끓인 호박죽을 식구들과 같이 먹던 그 마당의 그 멍석이 그립다.

그랬던 호박이, 고향의 그 호박이 웬일로 서울까지 왔을까? 하기야 고향에 살던 나도 도시로 나온 지 오래됐다. 60여 년이 덧없이 흘러 내 얼굴엔 세월의 주름이 깊이 파였건만, 저 호박꽃은 옛 모습 그대로 피어나지 않았는가. 타향의 바람에도 물들지 않은 산촌 태생의 그 모습으로.

우리가 떠난 그 집엔 도시 사람이 옮겨와 별장을 지었다. 도농상생(都農相生)이라 할까? 이사 온 도시인이 초가를 허물고 현대식 전원주택으로 탈바꿈시켰다. 덩달아 호박이 자라던 흙담도 시멘트를 발라 매끈하였다.

발 디디거나 손잡을 데가 없으니 훌쩍 떠나온 게 아닐까. 아마도 그럴 것이다. 물과 거름 주고, 뻗어나갈 방향으로 줄기를 놓아주시던 어머니도 아니 계신 고향이라, 나 따라 서울까지 왔지 싶다.

그렇게 생각하니 애처롭기 그지없다. 35~6도 불볕으로 뜨거워진 철망에 몸을 의지하고, 숨이 턱턱 막히는 배기가스를 마셔 가며 산다. 차량 경적에 깜짝깜짝 놀란다. 벌 한 마리 날아들지 않는 주차장이다. 거름기도 물기도 없는 콘크리트 바닥 틈새에 뿌리를 내려 사느라고 얼마나 고생이 많을까. 외로움과 고단함을 지고 산 나의 타향살이에 못지않은 고난을 겪고 있다.

하지만 어쩌랴. 어차피 잘살아 보려고 서울로 올라온 나나, 호박 당신이 아닌가. 뜨거운 철망, 열매 하나 놓을 데가 마땅찮은 고난의 현실은 도시에 나온 누구나 겪는 일이다.

서울에 먼저 온 나는 안다. 숨이 턱턱 막히는 여름도 머지않아 지나가고 선선한 바람이 불어올 것이다. 열매 앉힐 똬리도 누군가가 마련해줄지도 모른다. 살다 보면 타향도 정이 든다. 꾹꾹 참고 견뎌 보자.

호박, 그도 타향 나도 타향. 타향은 영원한 타향이 아니다. 언젠가는 여기가 고향이 된다. 우리가 고향을 그리워하듯 당신 후세가 '태(胎) 자리'인 이곳을 그리워하지 않겠는가. 정붙이고 살아가야 할 터전이다. 다듬고 보듬어야 할 타향이다.

쑥

이윤환

봄철이면 미식가는 아니지만 으레 식탁에 봄나물 한두 가지쯤은 올려 먹는다. 냉이 된장국을 먹기도 한다. 쑥은 단군신화에 등장할 정도로 한국인들의 건강식품으로 오래전부터 식용과 약용을 다양하게 사용되어 왔다. 쑥은 마늘, 당근과 더불어 성인병을 예방하는 3대 식물로 꼽힐 만큼 유익한 성분이 다량 함유되어 있다. 해서, 필자는 쑥 새싹을 좋아한다.

오늘날에는 방사능과 황사 등으로 신체 오염에 대한 두려움이 많은데, 바로 쑥이 피를 정화시키고 부족한 피를 보충해주며 혈액순환을 돕고 몸속의 냉기를 몰아내 몸을 따듯하게 하는데 탁월하다. 추위를 많이 타는 사람이 쑥을 오래 먹으면 좋다고 한다.

쑥은 봄을 제일 먼저 알리는 봄나물이다. 설 지났다고 추위가 가실 리 없다. 꽃샘추위가 남아 있음을 모두 잘 안다. 필자의 부모님 기일이 음력 1월 18일이다. 이때가 지나야 추위가 풀릴 것이다. 그래도 사뭇 길어진 해아래 새싹이 언뜻 비치고 나면 삽시간에 봄이 번진다. 아직 산나물은 이르다. 새싹은(쑥) 볕이 곱게 들어와 앉은 풀에서부터 움튼다. 쑥은 이때가 전성기다. 쑥은 겨울 막바지에 이미 머리를 살짝 내밀고, 어느새 덜 풀린 땀을 풀빛으로 물들인다.

봄꽃 향기 가득한 4월 22일, 오랜만에 고향산소를 찾았다. 날씨는 쾌청하고 공기는 맑았다. 근처 여기저기 쑥이 많아 아내는 하루종일 쑥을 캤다. 진데 마른데 아무데서나 자라는 서민적이고, 강인한 생명력을 가진 풀이기에 필자는 예부터 쑥을 좋아했다. 추운 겨울을 버티고 새싹이 난 여린 쑥 잎을 보고 있으니 어머님 살아생전 쑥떡을 자주해 주셔서 맛있게 먹었던 기억이 새롭다.

필자가 8㎞가 넘는 중학교를 걸어서 집에 도착하면 어머님은 간식용으로 쑥떡을 내놓으신다. 배가 하도 고파 허겁지겁 먹으면 천천히 먹으라고 말씀하시던 어머니 생각이 간절해 어머님 묘에 비스듬히 기대여 하늘을 보니 어머니 닮은 구름이 두둥실 떠가고 있다. 부모님 묘위로 모신 할아버지, 할머니 묘 잡초며 쑥 뿌리를 말끔히 뽑아 드렸다. 외손자 동우는 묘위에 올라가 잡초를 뽑았다. 어찌나 귀여운지 한참을 웃었다.

아내는 고향에서 구해온 쑥을 말리려고 수고가 많다. 양이 많다 보니 전기히터로 말려서 빨리 끝냈다. 말린 쑥으로 설이나 추석 명절 때 인절미를 만들어 식구들을 먹일 계획이라고 한다. 얼마나 고운 아내의 마음씨인가?

그리고 모 근처에서 고사리, 머위 나물을 구했으니 이번 고향산소의 여행길은 기분 좋은 길이 되었다.

쑥은 봄을 제일먼저 우리에게 전달해주는 전령사이며 선구자이기도 한다. 필자가 몇 년 전만해도 새 쑥이 돋아나는 이른 봄이면 아내와 같이 서울 변두리를 많이 다녔다. 그중에 일산들판에 많이 가서 쑥을 캤다. 그러나 필자의 고관절분위와 허리 통증이 심한 후부터 쑥 캐는 일은 정지 상태다. 이번 선산에서 캐온 쑥은 약용으로 쓰인다고 하니 오랜만에 얻은 고마운 수확이 되었다.

『병에 따른 치료식품』 책에 의하면 쑥은 고혈압, 두통, 복통, 부스럼, 인후염, 중풍, 간염, 코피 등등 여러 면에서 특효가 있다고 한다.

그 첫째가 '고혈압'이다. 쑥의 날 잎에 물을 조금씩 부어가며 생액을 만들어 헝겊으로 싸서 한 사발 마시면 된다.

두 번째는 '두통'이다. 두통이 생기면 말린 쑥 한줌을(1회량) 물 3홉이 반쯤 되게 달여서 차처럼 마시면 된다.

세 번째는 '중풍'이다. 중풍이 오면 응달에 말린 쑥 한줌을 물3홉을 반쯤 되도록 달여서 먹으면 특효가 있다.

'코피'. 코피가 나면 응달에 말린 쑥 잎 3g을 물 3홉이 반이 되게 달여서 1~2주일 차처럼 마시면 특효가 있다. 예방약으로도 좋다고 한다. 그 외 복통, 부스럼, 인후염에도 치료가 된다고 한다.

쑥은 우리의 삶과 밀접한 관계가 있는 풀이다. 앞서 서술한 약용으로도 쓰이고 어머니 살아생전 한여름 모기를 쫓는데도 쓰이기도 했다. 무더운 여름, 학교에서 늦게 집에 오면 마당 한 가운데에 모닥불을 피어 모기를 쫓곤 했다. 모닥불에서 타는 쑥내음을 맡으면 무더운 여름밤을 지새우던 추억들이 떠오른다. 어머니는 모닥불이 다 탈 때까지 옆에서 살피며 자식들이 잠들 때까지 지키곤 했다. 얼마나 고마운 모정의 세월이었던가!

그러나 필자는 어머니에 비해 자식들에게 반도 못하고 살고 있다. 앞으로는 쑥 같은 존재가 되어 자식들과 친손자, 외손자들에게 쑥 같은 할아버지, 할머니가 되었으면 한다.

선산의 얼이 서린 소나무

김명원

고향을 방문했을 때는 으레 선산(先山)에 들려 선영의 묘소에 참배했다. 영암군 도포면 수산리에 소재한다. 우리 집안 자손들이 대대로 선조를 모셔온 산소(山所)다.

고향에서 살 때는 매년 시제에 참여 했으나 서울로 이사 온 후엔 몇 번 참여하고 지금은 못하고 있다. 객지에 오래 살다보니 고향도 시제(時祭)도 점점 멀어져 간다. 내 나이 87세가 되고 보니 나이 탓도 있지만 타향 먼 곳에서 참여하기 여간 어려운 것이 아니다.

시재 날이 돌아오면 옛 추억이 어렴풋이 생각난다. 아버지를 따라 시제에 참여했던 천진난만한 어린 시절이다. 산길과 마을을 지나 1시간 이상 걸어서 산소에 도착했었다. 그날은 각지에 사는 후손들이 모여 큰 제사상을 차리고 제문을 낭독하며 유교식으로 제사를 지냈다. 시제를 모신 후 아버지께서 묘소를 돌며 영면(永眠)하고 계신 조상님들의 대수(代數)를 낱낱이 알려주시곤 하셨다. 가장 윗대에부터 순차적으로 아래로 모셔져 있었다.

선산 오른쪽 하단에는 커다란 향나무 한 그루가 오랜 세월 풍파를 견디며 늙은 고목이 되어 서있다. 주변에는 소나무 숲으로 우거져 있으나 한 그루의 향나무만이 만고풍상을 견디며 외로이 선산을 지켜왔다.

풍수지리설에 의해 심어진 향나무다. 선산의 터가 달 명당이라 하여 달에는 계수나무 영상이 있으므로 계수나무 대신 향나무를 심었다고 한다. 산소를 조성할 당시 심었던 향나무다. 긴긴 세월 동안 선영(先塋)을 지키다보니 늙은 고목이 되었고 아랫부분은 많이 훼손되어 있다. 누군가가 제사 때 향불을 피우기 위해 도려내어서 그렇다. 오랜 세월, 수호신처럼 산소를 지켜온 향나무는 자손들의 지극한 효심을 묵묵히 지켜보았으리라 상상 되기도 한다.

선산은 과연 명당답다. 선산에서 남쪽을 바라보면 넓은 들녘 저 멀리 월출산 천황봉이 우람하게 보인다. 북쪽은 언덕바지에 송림이 우거져 있고, 동서쪽은 소나무 숲으로 양 날개를 이루고 있다. 양지바르고 주변 경관이 아름다워 명당같이 느껴진다. 이곳에 후손들이 정성들여 대대로 선영을 잘 모셔왔다. 천상에 계신 조상님들의 명복을 빌며 후손들이 잘 되기를 바라는 깊은 뜻이 담긴 유서 깊은 곳이다.

10여 년 전에 고향에 갔을 때 산소에 들러 성묘를 했었다. 성묘를 마치고 돌아오는 길에 주변을 살펴보니 큰 소나무 밑에 손가락 크기만 한 연약하고 작은 소나무 한 그루가 자라고 있었다. 솔 씨가 떨어져 발아되어 자란 작은 소나무였다. 선산에서 싹트고 자란 어린 소나무를 집 정원에 옮겨 심고 싶었다. 조심스레 파서 선산의 흙을 넣어 신문지로 싸서 차에 실었다. 전라도 영암 땅에서 천리타향 경기도 용인 집으로 옮겨와 정원에 심었다.

정원에는 여러 가지 나무들이 있으나 선산에서 옮겨온 소나무이기에 다른 나무보다 더 소중하게 아끼고 가꾸었다. 집사람이 정성들여 전정하고 수시로 다듬어 원형으로 길렀다. 십년이 지나다보니 지금은 세 살 된 아기만큼 크고 예쁘게 자랐다. 솔잎은 유연하고 탐스럽다. 선산에서 싹트고 자랐기에 선산의 정기와 얼이 서려있는 소나무다.

이 소나무를 보면 미안한 생각이 들 때도 있다. 따뜻한 고향 산천, 이웃 소나무들과 흔들거리며 어울려 살아가야할 텐데 머나먼 객지에서 나와 같이 외롭게 살아가고 있기에 그렇다. 그럴 때면 유심히 바라보고 어루만져주며 고향의 향수를 달래주곤 한다.

시제 날 선영에 참배하지 못하고 선산에서 옮겨온 소나무를 바라보며 불효의 마음을 달래본다. 선산의 얼이 서린 귀중한 소나무를 조상을 섬기듯 정성과 애정으로 가꾸어 갈 것이다.

형제를 얻다

윤연옥

갓밝이*에 강화도로 성묘를 떠난다. 여러 조상이 계신 산을 두고 한 할아버지는 '삼○리'에 따로 계신다. 드넓은 평야를 지나 방앗간 앞에서 모퉁이를 돌면 눈앞에 기와집이 얌전한데 산소지기의 집이다. 그 앞으로 할아버지 산소가 말끔히 이발을 한 채 간동*하다.

대대로 조상을 모셔오는 산을 마다하고 할아버지 홀로 그곳을 택한 까닭을 모르겠으나 다른 깊은 뜻이 있어 그 자리에 잠들게 해 달라 유언하였겠다. 그곳엔 할아버지 산소를 벌초하고 돌봐주는 산소지기가 아직도 변함없이 대대로 지키고 있다. 텃밭 한 뙈기에 농사를 짓는 대가로 산소를 돌보는 중이다. 수십 년 전부터 할아버지 산소를 다듬고 지켜주는 그들이 아직도 남아 우리 걱정을 덜어주니 고맙기 그지없다.

아무 때나 불쑥 찾아가도 반겨주는 안노인, 서울에 아들네를 두고 혼자 살고 있어도 밝고 정갈한 노인이다. 우리가 가면 고수를 넣은 맛깔스런 열무김치 한 통 덥석 싸주며 반기는 모습은 내 친정어머니 같다.

귀가 어둔 노모를 홀로 머물게 함이 마음에 걸려 자주 시골에 온다는 아들을 어느 날 우연히 만나게 된다. 직업이 S대학 ○○라 알고 나니 고맙기도 하다. 안 되면 조상 탓이요, 잘 되면 내 탓이라는데 그 아들은 남의 산소를 지키며 정성을 다하여 잘 되었다는 생각이다. 남의 제사를 지내줘도 복 받는다는데 자손이 자주 못 오는 산소를 오랜 세월 돌보며 덕을 쌓으니 복 받아 마땅하다. 성은 다르나 한 할아버지 묘를 가꾸고 지켜오기에 문득 형제애를 떠올린다.

사람은 한 치 앞을 모른다고 했겠다. 혹여 자신이 필요할 때가 있다면 무엇이든 돕겠다는 노모의 아들이다. 전에는 그가, 이제는 우리가 도움을 받을지도 모른다는 상황이라면 잘못된 표현은 아니겠다.

그는 노모의 효자아들이라는 소문 자자하다. '자신을 위해 향기를 퍼트리지 않는 꽃과 같은 사람'으로 덕스러운 인품이다. 심성 고운 효자 덕인가, 안노인은 건재함과, 밝음과 인자함으로 돋보이니 그 어머니에 그 아들이다.

후덕하고 풍신이 준수한 아들의 말이 가슴을 울려준다. 지난날 지독히 어려운 시절에 용돈 한 푼 주는 사람 없는 처지였다고 한다. 하여, 나의 아버님이 그곳에 할아버지 성묘오기만을 기다렸노라고 털어놓는다. 세뱃돈과 일 년에 몇 번 용돈을 받아들고 녹용처럼 아껴 썼다는 후일담을 듣노라니 모두가 가난한 시절의 이야기겠다.

그 아들은 그날 내 아버님을 끝없이 칭송하며 처음 보는 나의 아들에게도 덕담을 아끼지 않는다. 그 인품 어디 가겠느냐며 등 쓰다듬기를 멈추지 않는 덕스러움을 보며 쑥스러움 감출길이 없다. 우리는 오히려 그의 인성에서 우러나는 훈훈함을 안고 돌아오는 길에 잠시 로댕이 되어 생각에 잠긴다.

로댕의 비서가 라이너마리아 릴케라고 했겠다. 그 후에 릴케는 로댕에 관한 책을 썼다고 알고 있다. 하면 나도 그 효자의 인품과 정성을 글로 남겨도 넘치는 일 아니라고 여긴다.

남남으로 만나 가족이 아닌 산소를 오랜 세월 가꾸고 지켜주는 성의가 쉬운 일만은 아니다. 우리에게 편안함을 베풀었기에 할아버지는 당신의 손자처럼 여겨 지하에서 복을 빌어주었으리라. 이제는 우리가 그 가족을 위해 안녕을 기원할 차례이다.

어쩌면 그는 산소지기 아들이 아니라 혈을 나눈 형제나 다름없다고 느껴진다. 하면 남편보다 아래인 그와 갈모형제* 사이라 해도 지나친 말은 아니지 싶다.

*갓밝이- 막 밝을 무렵
*간동하다-잘 정돈되어 간동하다.
*갈모형제-아우가 잘나고 형이 아우만 못한 형제를 이르는 말.

석전(石田)의 수작(手作)

배 정 화

오세창(1894~1958) 마지막 제자였던 청사 안광석 스승에게 전각과 서각을 사사 받는다. 재료(돌, 나무, 책) 가방은 참 무거웠다. 지방에서 서울로 공부하러 올라오는 날은 일주일에 한 번이다. 청량리에서 마지막 기차를 놓치면 역사 의자에서 첫차를 기다려야만 했다. 뜬 눈으로 밤새 오가는 사람, 바닥에 신문을 깔고 눕는 사람, 노숙자들은 의자에 하룻밤 신세를 지려고 역사에 모인다.

당시 기차역 주변에서 마늘 까는 강제 노동일을 시키려고 중년 아줌마를 납치하던 시절이었다. 벌써 32년 전 세월이다. 그때를 생각하면 소름이 돋는다. 옆자리에서 어느 노인이 나처럼 새벽 첫차를 기다리고 있었다. 노인은 손을 가리키며 "저 사람들이 납치하려고 봉고차로 대기 중에 있는 모양이다." 쳐다보지 말라고 했다. 무서웠다. 수상하면 신고하는 현실이지만 그 시절에는 참 어두운 세상이었던 것 같다.

무거운 것을 들고 한참을 걸으니 구두 뒤축에 쓸려 물집이 생긴다. 구두를 벗고 비닐로 발을 뒤집어 씌우고 고무로 발목을 묶는다.

몇 발짝 걸으니 비닐이 떨어지고 만다. 맨발로 걸어야 했다. 가방을 머리에 이고 맨발로 걸으니 참으로 편했다. 행인들이 쳐다봐도 부끄럽지 않았다. 남을 의식 않고 몸을 혹사시키며 걸어온 인생을 반추하니 억척이란 단어가 내게도 상관이 되는구나 싶다.

전각은 서예를 거친 후에 마지막 작업이다. 8푼과 한 치 정도의 돌에 주묵(朱墨)을 바르고 작은 붓으로 먹을 찍어 전서(篆書)를 쓴다. 손거울을 돌에 대고 거꾸로 문자를 새긴다. 과정은 순탄치 않았다. 상형문자에 대해 공부할 때라 결구(結構), 구성(構成) 등을 착상시키는데 많은 시행착오를 겪는다. 스승의 체본은 참고가 될 뿐이지만 없어서도 안 될 중요한 포인트의 나침판이 되고 있었다. 한인, 명인, 청인, 근대 선각자들의 인보를 임각해 나갔다. 선대가(先代家)들은 평생 인보 한두 권을 남겨둔 작품들을 후학 자는 마땅히 임각을 거쳐야만 했다. 그것이 뿌리이기에 깊이 공부하지 않으면 훗날 전체가 부실해지기 때문이다.

스승의 체본을 오랫동안 의지하게 된다면 늪에 빠져 본인의 소리가 돌출되기 어렵게 되고 결국 법첩의 임각을 체험해보지 못해서 발생한 정저지와(井底之蛙)에 머물게 되어 창작의 나래로 봉착하는데 한계에 머물게 되는 것은 자명했다. 2년 동안 임각 작품을 모아 인보(印譜)를 만들었다. 청사 스승께서 보시며 넓이를 줄여 좁게 하라는 것이다. 스승의 인보 첩과 동일함을 원했다. 스승의 인보는 가로보다 세로가 길었다. 필자가 제작한 인보는 스승과 다르게 원본과 임각을 분별할 수 있게 하였고 전서해석을 붓으로 해서로 썼기에 횡(橫)이 조금 넓어야 했다.

다시 제작한다면 2년의 세월이 소요될 것이다. 동일한 것을 또 다시 하는 것은 죽기보다 싫었다. 스승의 작품을 모방하지 않으려고 시행착오를 무수히 체험했는데…. 차마 수락하기가 힘들어 스승을 뵙기가 불편했다. 스승은 왜 소연(서예의호)이가 안 오느냐고 묻는다. 그러나 말씀드릴 수 없어서 묵언할 수밖에 없었다. 몇 달 후 스승께서 별세하셨다는 통보를 받고 달려갔다. "소연을 많이 기다렸네." 사모님께서 애타하는 눈빛에 맘이 아팠다. 하지만 스승과 소연의 관한 사안을 사모님은 모르기 때문에 말할 수 없었다.

모방(模倣)에 안주하지 않으려고 각오했던 고행들은 깊은 밤하늘 별빛처럼 더욱 빛날 때…. 사모님은 자연스럽게 이해가 하시리라 믿어본다. 모방은 창작의 지름길이다. 스승은 무엇으로 기초를 두고 공부했었나를 더듬어 더 깊게 들어가 헤엄쳐 나올 수 있다면 영역의 안목은 더욱 일취월장(日就月將)으로 발전된다.

힘든 일을 자처하는 작가들의 창작모험은 멀고 머나먼 길이다. 알고서 이 길로 들어서는 작가는 드물 것이다. 취미로 출발해 깨달음으로 다가와 힘든 길을 자처하는 작가가 있는가하면 모험의 길을 포기하며 안주하려는 작가들이 더 많았다.

법첩(法帖) 인보(印譜)를 임각(臨刻) 작품 제작하여 연대별로 필의(筆意) 창작과 함께 발표하는 것은 후학들이 올바르고 쉽게 식별 할 수 있도록 하는 것 또한 선배들의 할 몫 중 하나씩 실천해 나간다.

비단구두(꽃신)

김형도

TV에서 남북이산가족 상봉을 지켜보다가 꽃신을 든 구상연 할아버지의 사연을 듣고는 가슴이 뭉클해지면서 눈시울이 뜨거워졌다. 북의 두 딸을 만나러 상봉장에 간 98세 구상연 할아버지 마음속에는 오랫동안 꽃신이 남아 있었다. 그는 6·25발발 후 석 달이 될 즈음, 황해도에서 인민군에 끌려가면서 가족과 헤어졌다. 여러 전투에 참여했다가 인천상륙작전 당시 미군에 포로가 되어 거제수용소로 보내졌다. 반공포로로 석방되어 갖은 고생을 겪으면서도 북에 두고 온 딸들을 잊지 못했다. 구씨가 가족과 헤어질 당시 여섯 살, 세 살 난 두 딸에게 "고추 팔아 꽃신 사다 줄게."라고 했다.

세월이 흘러 두 딸은 71세, 68세의 노파가 되었지만, 그래도 아버지 기억 속엔 여전히 예쁜 꽃신을 기다리는 어린 딸들이었다. 그는 내일 모레 100세가 되는 노구에 지병을 앓아 방에 누워 있으면서도 딸들을 만나겠다는 일념으로 준비해둔 꽃신만은 잘 간직하고 있었다. 불편한 몸을 이끌고 남북이산가족 상봉장에서 꿈에 그리던 딸들을 만난 아버지는 먼저 꽃신을 내어놓으며 딸들에게 했던 약속을 65년 만에 지키게 되었다면서 눈물을 흘렸다.

두 딸은 꽃신을 사주겠다는 아버지를 애타게 기다리다가 정작 꽃신을 든 늙은 아빠를 보고는 말문을 열지 못했다. 죽은 줄 알았던 아버지를 만나게 되었으니 꿈인지 모르겠다며 눈물을 폭포처럼 쏟았던 것이다. 누가 이들을 65년 동안 갈라놓게 했느냐! 오열하는 딸들을 지켜보던 필자도 눈물을 주체할 수 없었다. 그 장면을 보고는 바로 동요 '오빠 생각'이 떠올랐다.

동요 '오빠생각'에서 비단구두가 누이와 오빠의 연결고리인 것처럼, 이들에게는 꽃신이 아버지와 딸의 연결고리가 아니었을까? 작가 최순애가 소녀 때 서울로 간 오빠를 애타게 기다리며 지은 동요 '오빠생각'은 들을 때마다 가슴이 뭉클해 오는데, 그건 바로 오빠라는 단어 때문이 아닐까….

뜸북뜸북 뜸북새 논에서 울고 뻐꾹 뻐꾹 뻐꾹새 숲에서 울 때
우리 오빠 말 타고 서울 가시면 비단구두 사가지고 오신다더니

오빠는 누이가 있어야 성립되는 호칭이다. 그래서 항상 누이의 오빠다. '누이'란 무한한 연약함, 끝없는 보호, 그러면서도 한없이 정결함 등등을 나타낸다. 오빠라고 불리는 순간 누이를 보호하느라 진지해지고 까닭 없이 어깨에 힘이 들어간 사춘기의 소년, 그 태초의 순결한 소년으로 돌아가지 않을 수 없게 된다. 예나 지금이나 예쁜 신발은 어린이들이 갖고 싶어 하는 귀한 물건이기에 동요 '오빠생각'에서 비단구두(꽃신)가 등장한 것이 아닐까?

1925년 당시 12세였던 최순애가 소파 방정환 선생님이 만든 잡지 『어린이』 동시란에 투고하여 입선한 시(詩)가 「오빠생각」이다. 이 시를 본 박태준 선생님이 그 사연을 담아 작곡하였는데 누이와 오빠 간의 애틋한 사연과 함께 널리 퍼지게 되었다. 최순애는 한 인터뷰에서 '일본으로 유학 갔다가 돌아온 오빠는 늘 일본 경찰의 요시찰 인물이라 집에 자주오지 못했는데, 올 때면 언제나 선물을 사오곤 했던 오빠를 그리며 쓴 시'라고 하였다.

내게 이 동요가 가슴에 와 닿는 것은 3남 7녀의 장남인 나를 오빠라고 부르는 누이들이 많기 때문이다. 아버지의 역할을 대신하고 있던 나는 항상 근엄한 표정을 지어왔기에 성격이 다정다감하지 못하고, 동요 속에서처럼 누이들에게 자상한 오빠가 되지 못했다. 동생을 위하는 마음이 있어도 언제나 무뚝뚝한 표정이어서 누이들이 어렵게 생각하는 오빠였다.

세상을 살만큼 살고 혈육을 그리는 연륜에 다다랐을 무렵, 셋째 누이가 이역 땅에서 하늘나라로 갔다. 암 선고를 받고는 오빠를 부르며 애원하듯 구원의 눈길을 보냈지만, 내게는 아무런 힘이 없었다. 가장(家長)을 대신해야 할 내 자신이 이렇게 무력한 줄 몰랐다. 평소 다정히 대해주지도 못했던 누이를 이국땅에 묻고 귀국하면서 쏟아지는 눈물을 주체할 수 없었다.

어린 소녀가 동요 '오빠생각'을 부르며 오빠를 애타게 기다리는 모습을 떠올려 본다. 이 동요를 들을 때마다 멀리 떠난 누이 생각이 간절해서 못난 오빠는 누이에게 못다 한 정을 가눌 길이 없었다. 바로 그때 이산가족 상봉장에서 꽃신을 든 할아버지를 보았다. 딸들을 만난 구상연 할아버지! 반세기가 훨씬 지나서 딸들에게 약속을 지킨 것이다. 그는 꿈같은 상봉에 눈물도 흘리고 희열도 느끼고, 65년 동안의 끈질긴 기다림에 대한 보람도 느꼈을 것이다.

그 할아버지는 또다시 헤어져야하는 아픔을 겪지 않을 수 없게 된 운명이었다. 두 딸이 기약 없는 작별인사를 할 때 그 아픔을 어떻게 견뎌내었을까? 누군가 엄마랑 아빠랑 떨어져 살라고 한다면 그 심정은 어떠할까? 단장(斷腸)이라는 말이 있다. 새끼를 잃은 어미원숭이가 숨이 끊어져서 배를 갈라보니 창자가 갈기갈기 찢어져 있었다는 이야기에서 비롯된, 창자를 끊을 만큼의 슬픔을 말하는 한자어이다. 두 딸과 그 할아버지의 마음이 그러하지 않았을까?

우리 인간은 언젠가는 태어난 곳으로 돌아가야 한다. 빨리 가느냐, 늦게 가느냐 차이만 있을 뿐이다. 98세까지 살아온 덕분에 그리운 딸들을 보게 되었고, 딸들에게도 비록 백발의 늙은 얼굴일망정 아버지의 모습을 보여주었으니 떠나가더라도 여한이 없을 것이다. 꽃신까지 준비한 아버지요, 딸들을 보고가기위해서는 하늘나라에도 갈 수 없었던 아버지가 아닌가! 아마도 두 딸에 대한 일념 때문에 그렇게 장수하지 않았을까?

소년 소녀들은 자라 어른이 되고 반백의 중년을 거쳐 어느 날 백발의 노인, 노파가 될 것이다. 그러나 누이의 오빠는 항상 누이를 보호하는 의무감을 느낀다. 동요 '오빠생각'은 무의식 속에 가라앉아 있는 바로 그 오빠들을 애절히 불러내는 엘레지에 다름이 아닐 것이다. 마찬가지로 아버지는 자식이 있어야 성립되는 호칭으로, 그들을 끝없이 보호해야 할 의무를 지닌다. 그러기에 아버지는 언제나 자녀들의 무의식 속에 잠재되어 있는 믿음직스러운 후원자이고, 급할 때는 항상 그 아버지를 불러내는 엘레지가 아닐까?

두 딸이 큰 절로 작별 인사를 할 때, 백발인 구상연 할아버지의 무덤덤한 표정에서 인생사의 많은 것을 읽을 수 있을 것 같다. 누이에게 다정다감하지 못했던 오빠이다. 아버지를 대신해야 할 이 오빠는 눈물로 남북이산가족상봉을 지켜보면서 동요 '오빠생각'을 읊어본다.

기럭기럭 기러기 북에서 오고 귀뚤귀뚤 귀뚜라미 슬피 울건만
서울 가신 오빠는 소식도 없고 나뭇잎만 우수수 떨어집니다.

그해 여름의 달콤함과 씁쓸함

오경자

기말고사가 있어 힘들기는 했지만 여름방학을 손꼽아 기다리던 7월은 무럭무럭 자라주는 벼포기를 보면서 농부가 희망의 미소를 짓는 그런 달이었다. 나라의 기초인 헌법을 만든 제헌절이야 우리는 너무 어릴 때라 그 엄숙한 기쁨을 누릴 처지가 아니었지만 11살의 7월은 아픔으로 기억된다. 이제 다 잊었겠지만 6·25전쟁의 피해당사자들에게는 가슴 깊이 간직된 또 하나의 상흔이다.

3년을 끌던 전쟁이 드디어 휴전으로 막을 내렸다. 1953년 7월 27일, 1950년 6월 25일을 잊을 수 없지만 이날 휴전일 또한 잊을 수 없는 날이 되고 말았다. 세상에 70년이 다 돼 가도록 이렇게 허리가 동여매인 채로 질질 끌면서 살게 될지 누가 상상이나 했을까?

더운 여름날 난데없이 겉에 영어가 씌어있는 자그마한 상자가 각 집으로 전달되었다. 궁금해서 뜯어보니 통조림캔을 비롯해서 조그맣게 소포장된 여러 가지 것들이 들어있어 생소하기 그지없었다. 6·25전쟁 중이라 피난민에게 위문품이 가끔씩 전달되곤 했지만 이런 것은 처음이었다. 어른들이 그것들의 소포장을 뜯는데 말하자면 요즘 흔한 1회용 소포장이었다. 어느 것인가를 보니 주황색 가루였다. 입에 넣어보니 새콤달콤 맛이 좋았다.

연이어 다른 봉지를 뜯어 입에 넣으니 한약 같이 쓰다. 세상 나서 처음 먹어본 것들이다 오렌지와 커피 가루였다. 이름도 모르고 먹었지만 그 안에 버터 치즈, 크래커 햄 등등 고루 들어 있었던 거다. 미군들의 전투용 비상식량, 이름 하여 C레이숀이라는 것을 우리 삼천만 백성이 한날에 받아먹었던 거다. 그것이 단순한 전쟁난민 위로물품이 아니라 휴전 민심 달래기용이었다는 설명을 듣고 아연실색할 때는 이미 휴전선이라는 이름의 155마일 분단선이 고착되어버린 후였다. 지금도 그 설명이 사실이 아니기를 바라는 마음이다.

화끈해서 여름이 좋다는 손녀가 바다에 간다고 일회용 음식들을 이것저것 가방에 챙겨 넣는다. 이제 우리가 이럴 정도가 된 것은 기적에 가까운 축복임이 틀림없으니 그저 감사해야 할 일이지만 아직도 묶여있는 허리를 생각하면 눈이 따끔거린다. 7월이 오면 그날의 오렌지 가루 새콤한 맛이 되살아 나 가슴 한구석이 새큰하다. 커피 가루의 쓴맛은 오늘의 역사를 예시라도 하고 싶어서였을까?

아버지는 부재중

김경란

아버지를 만나 뵌 지도 1년이 넘었다. 정체 모를 코로나 바이러스로 대면금지라지만 거리가 멀다는 핑계를 대며 시간이 많이 흘렀다. 언젠가 이날을 돌아보며 후회하겠지만 현재로선 달리 도리가 없다. 아버지는 일제 강점기에 태어나서 20세기 한반도 격동의 시대를 살아오셨다. 90년 가까운 세월을 당신 마음대로 거침없이 살아오신 아버지. 이제 인생 마무리 시간을 앞두고 낯선 병실에서 보살피는 자식 하나 없는 이 고독감을 어찌 견디실까? 평생을 당신 뜻대로 사셨던 호탕하고 자유로운 아버지, 병실에 갇혀 계시니 얼마나 답답하실까? 국내외에서 자식 모두 톡에서만 동동거릴 뿐 할 수 있는 게 없다.

시간이 흘러도 정지된 이 적막감은 뭐란 말인가? 긴 세월도 삶도 지나고 보면 한순간인 것을 아버지는 뭣 때문에 인생을 낭비하며 사셨는지 한번 여쭤보고 싶었는데 정신이 맑은 날이 돌아올 수 없으니 허사가 되었다. 나의 기억에 아버지는 평생을 집보다는 친구와 술이 좋아 늘 밖으로만 다니셨다. 지금도 그 부분은 이해할 수 없지만 당뇨와 치매로 연명만 하시는 아버지가 너무 안타깝다. 혹시 우리 오남매를 잊진 않으셨을까? 백 가지 상념과 더불어 성장기 고향에서의 추억이 아련히 밀려온다.

아버지는 어린 시절 일찍 부친을 여의고, 청소년기는 한국전쟁을 겪으셨다. 그렇지만 홀어머니 아래 성장하셔도 별 부족함 없이 외아들로서 특별대우를 받고 사셨다. 도시로의 유학은 당연하였고 집 안에는 당시 흔치 않던 S미싱과 괘종벽시계, 신문명의 상징인 LP판과 유성기도 소유하고 있었지만, 급여를 받으시면 신상품 음향기기와 TV, 냉장고 같은 전자제품도 동네 최초로 장만하셨다. 집안 사정과 관계없이 당신의 인생을 즐기며 사셨던 것이다.

아버진 직설적인 성품으로 당신이 곧 집안의 법이었다. 좋아하는 물건이나 음식에 집착이 강하여 절대 포기하지 않으셨다. 특히 술에 관한한 여든이 넘도록 그러하셨다. 이런 아버지 탓에 우리 가족은 당연히 편하지가 않았다. 하지만 맏딸인 내게는 유난히 관대하셨고 사랑도 많이 주셨다. 원하면 선물과 용돈도 자주 주셨으며, 고교 때는 성적이 우수하다고 지방에서는 갖기 힘든 스케이트를 출장길에 사다 주시기도 했다. 늦은 밤에 한잔하시고 친구 분과 오셔서 늦게까지 공부한다고 민망할 정도로 딸 자랑도 많이 하셨다.

그런 아버지가 지금 요양원과 병원을 두루 거치다 고향을 떠나 장남이 사는 남쪽 도시의 요양병원에 계신다. 당신이 왜 거기 있어야 하는지도 모른 채 면회도 금지된 외로운 말년을 보내신다. 가족도, 말도 잊어버린 채 하루하루 연명하고 계시지만 멀리 있는 내가 아버지를 위해 할 수 있는 일은 아무 것도 없다. 부모와 자식 관계는 천륜인데 손 놓고 바라보며 일상을 잘만 지내는 나의 무기력에 자괴감이 든다.

무덥던 지난해 여름 면회 온 나를 겨우 알아보시고 딸 이름을 표정 없이 중얼거리시던 아버지. 오랜 병원생활로 피골이 상접하신 모습이 처절하여 수건으로 전신을 닦아 드려도 멍하니 맡기신 채 말씀이 없다. 현실이 믿기지 않고 가슴 아파 흐느껴 울기만 했다.

명절에 두 아들이 자기식구들을 데리고 와서 잔치처럼 즐거움을 주고 갔다. 사흘을 들락날락하며 어린 손주들이 재롱과 사촌간의 정을 나누는 모습이 보기에 참으로 좋았다. 그런데 아버지는 그런 사소한 즐거움도 갖지 못한 채 낯선 곳에서 적막하게 하루하루를 지내신다.

사람의 일생이 얼마나 한순간인지 영원할 것 같던 아버지의 추상같고 단호했던 모습은 간 곳 없고 가파른 비탈에 겨우 의지한 한그루 노송 같다. 가을볕이 곱다. 김장고추를 말리며 생각에 젖는다. 언제까지 건강하게 머물다 갈지 모르지만 삶을 잘 정리하며 살아야겠다. 한 세대가 지나가고 다음 세대가 등장하는 것이 순리이지만 오늘은 이 당연함이 서글프다.

남편의 대화상대

신윤선

바닥을 뒹굴며 무력한 하루를 보내고 있는데 남편의 전화다. 저녁 메뉴가 뭐냐는 질문에 "밥이지 뭐야." 퉁명한 대답이다. 골고루 먹기를 좋아하는 남편의 식성을 잘 맞추고 살지만 가끔은 귀찮아 대충 넘어갔으면 하는 생각에 툭 내뱉듯 한 말에 "할 말이 없네." 통화는 끊겼다. 남편은 나이가 들어갈수록 잔소리랄까? 사소한 질문이 많아졌다. 궁금한 게 왜 그리 많은지 내 개인 일도 시시콜콜 묻는다. 꽁생원 같아진다는 생각에 한마디로 딱 잘라 말하면 대화가 안 된단다.

냉정하듯 전화는 끊었으나 퇴임해 쉴만한 나이인데 강추위에도 가장의 소임을 다하는 남편에 대한 측은함이 내 속을 비집는다. '그래, 귀찮아도 해줘야지.' 벌떡 일어나 김치 송송 썰어 넣은 비지찌개를 올려놓고 김치찜을 하려고 양파를 크게 썰어 볼에 담는다. 돼지 목살도 두툼하게 썰어 다진 생강과 마늘을 넣어 주물러 올리고 배추김치는 꽁지만 잘라 넉넉히 넣는다.

들기름도 넉넉히 두르고 뚜껑을 덮어 1시간가량 푹 쪄낸 김치찜을 즐겨 먹는다. 현관문이 열리자, "무슨 냄새가 이리도 좋지?" 하며 들어온 남편은 봉지 하나를 식탁에 툭 놓고는 "얼른 밥 줘." 세면실로 휙 들어간다. 뭐지? 하면서 보니 떡볶이다. 손등으로 툭 치듯 밀어 놓고 살짝 열띤 소리로 "아니 먹고 싶다고 할 땐 들은 채 안 하더니 실컷 먹었는데…." 사실 지난주부터 몸살기로 입맛이 없어 매콤한 떡볶이가 먹고 싶다 해도 빈손으로 들어오길래 서운함을 잔뜩 넣은 떡볶이를 오늘 낮에 해먹은 터.

"에이! 사다 줘도 공이 없어." 워낙 목청 큰 소리에 흥분이 섞인 남편의 불만은 집안을 울린다. 물론 저녁 식탁에 올려놓은 떡볶이는 소외된 채 식어갔다. 자연 곱지 않은 말이 오가고 서로 말하고 싶지 않다는 대화로 끝났다.

저녁상을 물리고 공허해진 분위기에 원고나 정리하자는 마음으로 집필에 여념이 없는데, 거실에서 들려오는 소리. "아니 왜 그래. 그러니까 자식들도 아비하고 대화를 피하지. 불쌍한 사람은 가장들이라니까." 남편의 우렁찬 목소리에 손을 멈추고, 뭐지? 기막혀, 외면당한 떡볶이에 대한 불만의 소리인가? 그러든지 말든지 하고 다시 고쳐 앉아 원고 정리에 집중하는데, "여자는 집안에서 살림만 해야지. 밖으로 좀 나다니면 저가 잘난 줄 알고 남편 알기를 우습게 알아. 애들도 저게 뭐야. 어미가 그러니까 아비를 우습게 알고, 제멋대로네, 에구 세상이 왜 이래, 테스 형이 생각난다."

듣고 있자니 어이가 없었다. 저녁 잘 먹고 무슨 속 좁은 억지인가 싶어, 하던 일을 그만 접고 거실로 향하면서 당차게 말한다. "당신은 먹고 싶고 필요할 때 사다 줘야지. 양껏 먹고 난 뒤에 늘 한 발 뒤늦게 사다주니까 해주고도 좋은 소리 못 듣는 거야. 애들한테든 나한테든 늘 그렇잖아요."

남편은 힐끔 나를 쳐다보며 뭐야라는 뜻으로 큰 눈을 힐끔 보며 손사래로 조용히 하란다. 어정쩡 바라보니 남편의 몸체와 얼굴은 텔레비전 속으로 들어갈 듯한 자세다. 화면과 남편의 눈은 스파크를 내고 있다. "그렇지, 남자가 그래야지 그래그래." 잘했다고 손뼉을 치며 신나게 대화를 한다.

남편은 귀가하자마자 TV를 켠다. 그리고 깊은 밤까지 화면에 대고 많은 이야기를 한다. 손뼉도 치고 일어나기도 앉기도 하고 거실을 오가고 빙빙 돌기도 하고 몸으로 액션도 하면서 그렇게 텔레비전과 대화를 한다. 아마도 아내와의 대화보다 드라마 속 출연자들과의 대화가 더 즐겁지 싶다.

아름다운 뒷모습

조순배

11월이다. 어느덧 올해의 가을도 저물어 가는구나. 집 근처에 있는 보라매공원을 간다. 공원입구에는 오래된 은행나무가 길 양쪽에 줄 지어 늘어서 있다. 바람이 나뭇가지를 흔들 때마다 노란 잎들은 우수수 떨어지고, 길은 떨어진 잎들로 노란융단을 깐 듯 아름답다. 나무아래 긴 의자 위에도 길에도 길을 걷는 이의 머리위에도 은행잎은 떨어진다. 사람들이 손전화를 꺼내들고 사진을 찍는다. 의자에 앉아 있던 나도 손전화를 꺼내든다.

노랗다. 모두 노랗다. 그리고 아름답다. 노부부 한 쌍이 휠체어를 밀고 지나간다. "아! 예쁘다." 하며 은행잎을 주워서 휠체어에 앉아 있는 노인의 손에 쥐어준다. 부부로 보이는 그들. 남편을 일으켜 세운 부인은 지팡이를 주며 걷기를 권한다. 한 발 한 발 힘들게 걷는 남편을 부축하며 셀카로 사진을 여러 장 찍는다. 남편이 쓰러질 듯 앉자 사진을 보여준다. 사진을 보며 미소 짓는 남편을 향해 엄지를 세워 보인다. 그들의 모습이 보기 좋아서 가까이 다가간 나는 부인을 향해 "힘드시죠?" 하고 말을 건넨다.

나를 똑바로 쳐다보던 그녀는 "옆에 계신 것만으로도 축복입니다." 한다. 그녀의 얼굴에서 힘들거나 고통스럽거나 하는 표정을 찾을 수 없다. 휠체어에 앉아있는 노인을 바라보니 커다란 눈에 눈물이 어리어 금방이라도 쏟아질 듯 그렁그렁하다. 그 분의 말은 들을 수 없었지만 고맙고 미안해하는 마음이 전해온다.

부인은 남편의 어깨에 손을 얹더니 이어폰 한쪽을 남편의 귀에 꽂아주고 한쪽은 자신의 귀에 꽂은 뒤 휠체어를 밀고 멀어져 간다. 그들 머리위에 떨어지는 은행잎이 그들의 등 뒤에서 노란별로 떠오른다. 점점 작아져 가는 그들의 뒷모습을 한참을 바라본다.

지난 늦은 봄날 강화도 갑곶 성지 근처에 사는 친구를 찾았다. 집 앞에는 자목련이 활짝 피었다. 그 자목련에 시선을 빼앗긴 나를 향해 친구는 "우리집 양반이 성체를 모시고 싶다하네." 하며 휠체어에 남편을 싣고 밖으로 나왔다. "모처럼 왔는데…." 하며 말끝을 흐렸다. 친구는 몸이 불편해진 남편과 함께 이곳에 내려와 살고 있다.

천천히 휠체어를 밀면서 성지를 향하여 걸었다. 마을에서 논으로 이어지는 시골길을 따라 철쭉도 피고 자주목련도 피고 냉이 꽃도 피어있다. 울타리 없는 집에 매어 놓은 개들이 요란하게 짖었다. 손바닥만한 텃밭에 장미도 피고 고추, 부추, 상추도 싱싱하게 자라고 있다. 이곳저곳 둘러보며 나는 그들의 뒤를 따라갔다. 얼마를 가던 친구는 걸음을 멈추더니 남편에게 지팡이를 쥐어주며 "걸어 보셔요." 했다. 한 발씩 힘겹게 걷는 모습에 나는 눈시울이 젖어서 되돌아섰다. 넘어질 듯 걸음을 옮기던 그녀의 남편. 다시 휠체어에 앉은 남편을 천천히 밀고 가던 친구의 뒷모습에 따스한 봄볕이 안개처럼 내리고 있었다. 그 뒷모습보다 더 아름다운 그림이 있을까?

가끔 "힘들어서 어떻게 해." 하는 내게 "저 양반이 없다면 내가 살아야 할 의미가 없다네." 하며 안타까워하는 나를 오히려 위로해 주었다.

공원길에서 은행잎을 주워 남편의 손에 쥐어주고, 이어폰으로 함께 음악을 들으면서 '옆에 함께 있는 것만으로도 축복'이라던 부인의 말과 '저 양반이 없다면 살아야 할 의미'가 없다고 하던 친구의 말. 그녀들의 말을 떠올릴 때마다 가슴이 따스해지고 누구에겐가 감사를 드리고 싶어진다.

저물어 가는 가을 길에서 그녀들의 뒷모습이 노랗게 물들어가는 환상에 잠긴다.

다시 찾아간 망금정(望錦亭)

임익홍

우리 가족은 해마다 내 생일 기념으로 5월이면 성지를 찾아 가족 모임을 갖는다. 이순 무렵부터 지금까지 20년 가까이 되어 간다. 금년(2019년)에는 익산시 망성면에 있는 나바위성당을 찾아갔다. 나바위성당은 한국인으로 첫 사제가 된 김대건 안드레아 신부가 1845년 10월 교우 11명과 함께 페레올 주교와 다블뤼 신부를 태우고 우리나라에 처음으로 상륙한 곳에 세워진 성당이다. 김대건 신부와 관련한 성지로는 생가인 당진의 솔뫼, 시신을 옮겨다 모신 안성의 미리내 등이 있는데, 이곳들에 비하면 나바위성지는 덜 알려져 있다. 고향 익산에 있는데도 내 자신 이번이 처음인 것도 그렇다.

성당 건물은 초대 본당 주임으로 부임한 베르모렐 신부가 1906년 공사를 시작하여 다음 해에 완공하였다. 처음에는 한옥의 전통 양식을 취했는데, 10년 뒤 새로 들여온 종을 올려놓기 위해 종탑 부분을 고딕식으로 바꾸었다고 한다. 사적 318호 국가지정문화재로 지정되어 있다. 전통 관습에 따라 남녀 자리를 구분하기 위해 칸막이를 한 기둥이 지금도 그대로 남아 있다. 화사한 계절 5월의 중순 토요일, 순례자들이 많을 것으로 생각했는데 그렇지 않았다. 신부님은 우리 가족을 위해 특별히 미사를 집전해 주었다. 다행히 광주에서 순례를 온 필리핀 여인 일행이 자리를 함께해 덜 허전했다. 우리는 수련원 식당에서 점심을 먹고, 운동장가의 정자에서 다과를 들며 정담을 나누었다.

나바위는 나암의 우리말 표기로 너럭바위가 화산에서 강가를 따라 널려 있어 생긴 마을 이름이라고 한다. 화산은 작은 동산이지만 산이 아름다워 우암 송시열 선생이 화산(華山)이라는 이름을 지어 주었다고 한다. 나바위성당도 산 이름을 따라 화산성당이라고 불렀는데, 완주군 화산면의 화산성당과 혼동을 피하고자 1989년부터 나바위성당으로 부르고 있다.

필리핀 여인들이 성지를 돌며 십자가의 길과 묵주기도를 마치고 산에서 내려온 다음, 우리 가족도 자리를 정리하고 화산에 올랐다. 작은 동산이지만 오르면서 보니 그렇게 작게만 느껴지지 않았다. 화산의 봉우리는 널찍한 암반으로 되어 있다. 그곳에 김대건 신부 순교기념비가 있고, 또 망금정(望錦亭)이란 정자가 있다. 망금정이란 문자 그대로 금강을 바라보는 정자라는 뜻이다. 당시의 교구장 드망즈 주교가 1912년부터 매년 6월 대구에서 이곳까지 와 피정을 하였는데, 베르모렐 신부가 주교님을 위해 지었다고 한다. 흐린 날씨 탓에 금강이 멀리 둑길 너머로 어렴풋이 보였다. 둑을 쌓기 전에는 도도히 흐르는 강물이 눈에 가득히 들어왔을 것이다. 지금은 강둑까지 비닐하우스가 즐비하게 들어서 있다. 문득, 오늘은 볼 수 없지만 다시 찾아와 도도히 흐르는 금강을 보고 싶다는 생각이 들었다. 그 금강을 바라보며 명상의 시간을 가져보고 싶다는 생각을 가슴에 담았다.

2주가 지난 6월의 둘째 토요일, 새벽에 잠이 깼다. 다시 자려고 했지만 잠이 오지 않았다. 불연 나바위성당에 다녀와야 하겠다는 생각이 들었다. 이틀 뒤 월요일에 가려고 마음을 정하고 있었지만, 장맛비가 있으리라는 예보가 있었다. 비가 오기 전에 다녀오고 싶은 생각에 마음이 초조해졌다. 배낭에 컵라면과 끓인 물, 그리고 아들이 여행을 갔다가 돌아오며 선물로 사온 술 한 병을 넣고 집을 나섰다. 용산역에 도착해 보니 가까운 시간에는 좌석표가 없었다. 그렇다고 집으로 돌아갈 수도 없었다. 굳이 망금정까지 내려가야 하는 것일까, 자문을 하면서도 1시간 반 이상이나 기다려 기차를 탔다.

강경역에 12시가 넘어 도착했다. 그래도 다행스러운 것은 역전에서 하루에 몇 차례 없는 익산으로 가는 버스를 곧바로 탈 수 있었다. 또 나바위성당 입구까지 10분이 채 걸리지 않았다. 올라갈 때는 역까지 걸어서 갈 수 있으리라는 생각을 하며 성당 입구에 들어섰다. 놀랍게도 주차장에는 관광버스가 5대, 그리고 10여 대의 승용차도 보였다. 순례자들이 식사를 마치고 무리지어 나오고 있었다. 지난번처럼 한적하기를 바랐던 내 기대와는 달랐다. 나는 운동장 가에 놓여 있는 식탁에 자리를 잡고 컵라면에 더운 물을 부었다. 그리고 술병을 꺼내 술을 종이컵에 따랐다. 순례자들이 성지를 돌며 십자가의 길과 묵주기도를 마치고 내려오기를 기다리며 술을 한잔했다. 더위에 취기가 올라왔다.

순례자들이 거의 내려왔다고 생각될 쯤에 화산에 올랐다. 망금정 바로 아래 마애삼존불이 있다는 설명문이 있다. '만선과 무사 안녕을 기원하던 간절한 마음이 담겨져 있는 삼존불' 앞에 섰다. 금강이 내려다보였다. 지난번에는 날씨가 흐려 강인지 평야인지 잘 구분이 되지 않던 금강의 도도한 물줄기가 눈에 들어왔다. 멀리 황산대교도 보였다. 바로 내가 보고 싶었던 그 금강이었다.

망금정은 삼존불의 바위 위에 있다. 주교님도 이곳에서 금강을 내려다보며 피정의 시간을 가졌을 것이다. 나는 그곳에 혼자 앉아 강물을 바라보며 내가 살아오면서 받았던 상처, 그중에서 지금까지도 쉽게 잊히지 않고 내 안에 남아 있는 깊은 상처가 씻기기를 바랐다. 그리고 내가 다른 사람들에게 주었던 상처, 그들 가슴에 지금도 남아 있다면 그것들도 씻겨지기를 기도했다. 그렇게 기도하는 것도 잠시, 3명의 남자가 내가 있는 곳으로 올라왔다. 한 사람은 이 마을에 사는 사람으로 신자인 듯했고, 다른 두 사람은 놀러온 것으로 보였다. 나보다 나이가 조금 적은 것으로 보여 남아 있는 술을 한 잔씩 따라 주고, 나도 한 모금 더했다. 그리고 성지를 돌아 화산을 내려왔다.

십자가 바위가 있는 부근에 '성 김대건 신부 일행 착륙지점'이란 표지판이 있다. 그곳에서 금강 둑까지 700m, 시멘트로 포장된 농로다. 강둑에 올랐다. 강물이 멀리서 보던 것보다 더 도도히 흐르고 있었다. 내 마음속에 잠겨 있던, 씻어 내고 싶어 했던 그 아픔들이 쓸려 내려가고 있는 듯했다. 이제 내가 다른 사람들에게 주었던 상처들도 이곳에 씻겨 내려가기를 바랐다. 아니 그것은 내가 할 수 있는 일이 아니지만 그렇게 되리라고 믿었다.

이 시간을 위해 나는 새벽길을 나섰던 것이다. 금강을 따라 갈대가 자라고 있었다. 편안한 마음으로 둑길을 혼자 걸었다.

> 마음이 부서진 이를 주는 가까이 하시고
> 넋이 꺾인 이들을 구하시도다(시편 33편)

눈먼 자들의 도시

이정희

리모컨으로 TV채널을 계속 돌렸다. 자막에 '눈먼 자들의 도시'라는 소제목이 눈에 띄었다. '실화탐사대'라는 프로였다. 지금까지 '실화탐사대'는 과학 이야기인 줄 알고 시청할 생각을 하지 않았다. 이번에도 '눈먼 자들의 도시'라는 자막이 없었다면, 채널을 다른 곳으로 돌렸을지도 모른다.

눈먼 자들의 도시는 포르투갈 작가 주제 사라마구가 1995년에 발표한 소설 제목이다. 소설은 어떤 남자가 차를 타고 가다가 갑자기 눈이 멀어지면서 전개되는 이야기다. 눈이 멀면 까맣게 보여야 하는데, 남자는 온통 우유처럼 하얗다고 말한다. 그러면서 갑자기 눈먼 자들이 늘어나기 시작한다. 정부는 전염을 우려하여 눈먼 사람들을 격리시킨다. 안과의사가 눈이 멀어 격리되자, 그의 아내는 눈이 멀지 않았다는 사실을 숨기고 남편을 돕기 위해 병동에 들어간다.

감시자인 군인들의 폭행과 살인 등, 짐승보다 더 못한 취급을 받는다. 그들의 더러운 짓을 참을 수 없었던 의사의 아내는 대장격인 한 남자를 죽인다. 얼마 후 사람들의 눈이 다시 보이기 시작한다.

반면에 안과 의사의 아내는 시야가 하얗게 보인다고 말하면서 소설은 끝난다.

눈먼 자들의 도시? 무슨 내용인가 궁금하여 TV앞으로 바짝 다가앉았다. 시청하는 내내 긴장감과 공포감에 숨을 제대로 쉴 수 없었다. 안타깝다 못해 화가 났다. 어떻게 이런 일이 우리나라에서 일어날 수 있단 말인가.

평소 밝은 성격이었던 L씨는 작은 불빛만 봐도 벌레가 꿈틀거리는 것처럼 보여 일상생활을 할 수 없었다. 햇빛에 눈이 부셔서 선글라스 없이는 외출조차 어렵다. 그녀는 창문마다 빛이 들어오지 않도록 캄캄하게 커튼을 쳤다. 휴대폰 충전기나 셋탑박스의 작은 불빛도 모두 검은 테이프로 가렸다.

그녀와 유사한 증상을 보이는 사람이 지난해 9월부터 급증했다. 안과의사는 시력을 잃은 환자를 보고도 원인을 알 수 없어 당황했고, 수술방 실장은 안타까움에 눈물을 흘렸다. 환자가 생긴 장소가 한 군데에 국한된 것이 아니라 전국에 퍼져 있었다. 안과의사는 후배 의사로부터 한 통의 전화를 받았다. 후배 의사는 A주사제를 사용했는지를 물었다.

시력이 점점 떨어지고, 벌레가 꿈틀거리는 것처럼 보이는 원인이 밝혀졌다. 이들은 곰팡이균에 감염되었다. 치료해도 재발 가능성이 높고, 최악의 경우 안구 적출까지 해야 하는 무서운 감염병이다. 귤에 곰팡이가 피면 썩어가는 모습처럼 각막이 녹는 현상이다. 나는 전율했다.

TV에 나온 환자들의 사정은 하나같이 딱했다. 효도선물로 자녀가 어머니에게 백내장 수술을 권했는데, 불행하게도 어머니는 실명 위기를 맞았다. 자녀들이 후회의 눈물을 흘렸다. 효도가 아닌 원망을 낳았다. 26세 된 청년은 렌즈 삽입술을 받고 곰팡이균에 감염되었다. 이제 막 회사에 입사했는데, 치료를 위해 결근하는 일이 많다 보니 퇴사 압력을 받고 있다고 하소연했다. 그 청년의 어머니는 절규했다.

생계를 위해 배달까지 해야 하는 한 환자의 사정도 딱하기는 마찬가지다. 엘리베이터의 숫자가 안 보여서 애쓰는 모습 등, 다양한 사연을 시청하면서 안타까움을 넘어 분노까지 치밀었다. 이 피해자들의 공통점은 한 제약회사에서 생산한 A주사제를 사용해 수술을 받은 환자다.

2020년 9월에서 11월 사이에 백내장, 녹내장, 렌즈 삽입술 등, 수술한 환자들이 곰팡이균에 걸린 것으로 확인되었다. 곰팡이균에 걸린 환자들은 하나같이 가슴을 쳤다. 왜 하필이면 그 시기에 수술을 받았단 말인가. 좀 더 일찍 받던지, 그 시기를 피해 늦게 했다면….

전국에 146명이 감염되었지만, A주사제를 생산한 제약회사는 42명만 보상해줄 계획이라고 발표했다. A주사제는 현재 판매중지 처분이 내려졌다. 피해자들이 곰팡이균과 A주사제의 인과관계를 입증해야 하는 상황이 벌어진 것이다. 그건 까다롭고 입증할 방법이 막연하다고 했다.

옛말에 몸이 천 냥이면, 눈이 구백 냥이라 했다. 눈이 그만큼 중요하다는 의미이다. 주제 사라마구의 '눈먼 자들의 도시' 끝 장면이 떠올랐다. 눈먼 사람들이 하나둘 눈을 뜨듯이, 곰팡이균에 감염된 환자들이 치료를 받아 정상으로 돌아오기를 기대해 본다.

사람들은 '운이 좋다, 운이 나쁘다'라는 말을 한다. 수년 전에 나도 백내장 수술을 받았다. 나는 운이 좋았다. A주사제를 사용하여 수술을 받은 환자들만 억울할 뿐이다. 어디에 하소연할 수 없다는 것도 안타깝지만, 실명의 위험을 안고 살아야 하는 하루하루가 지옥이 아닐까.

소설과 현실이 겹쳐지면서 나도 잠시 세상이 하얗게 보이는 듯했다. '눈먼 자들의 도시'이다.

건망증의 미학

전병훈

80세 노인이 95세 선배 노인에게 물었다.

"선배님! 지금 이 나이에까지도 형수님께 'Darling, Honey, Love'라고 부르시는데 그 비결이 무엇입니까?"

선배 노인 왈, "마누라 이름을 10년 전에 까먹었어. 혼날까봐 물어 보질 못 했어…."

이 얼마나 정감어린 사랑의 고백인가. 그들의 한 생의 금실지락(琴瑟之樂)이 고스란히 녹아있는 침전물이요, 사랑의 엑기스(extract)다. 오죽했으면 막내처남 내외가 그토록 부러워했을까. 아메리칸 드림의 꿈을 기필코 성취해 내고야 말겠다는 각오로 모든 것을 망각하고 앞만 보고 달려왔으나, 황혼녘에 되돌아보니 무심히 흘려버린 사랑의 허탈감만 남는단 말인가.

오매불망(寤寐不忘) 꿈에서도 사무치게 그립던 고국은 멀기만 하고, 팔순의 이방인 되어 외톨이로 남겨진 허망한 신세인 것이지. 말년에 찾아드는 이민 1세의 서글픈 심정을 감히 누군들 헤아릴 수 있으랴. 이 유머는 내게 건망증의 슬픔보다는 그 미학의 울림으로 다가온다.

건망증으로 이름이 잊힌 것이 아니다. 호호 탕탕하고 개방적인 미국의 노부부가 평생을 스킨십으로 다져온 짙은 사랑에게 흔쾌히 양보한 것이다. 사랑의 포용이요, 관용이다. 국적은 바꿀 수 있어도 피는 못 속인다 했거늘, 이민생활 반세기에도 처남은 서구의 사랑법에는 근접도 못했나 보다. 연륜이 차면 건망증의 미학이 눈에 들어오듯이 아무나 철인이 되나 보다.

누구에게나 살아오면서 휴대물품을 잃어버리거나 대인관계에서 실수를 범하는 등 건망증으로 인한 낭패나 당혹스런 경우를 겪은 경험이 있으리라. 해서 건망증은 늘 부정적 의미로만 인식되기 십상이다. 건망증은 '잘 잊어버리는 성질'이다. 단순한 건망은 기억의 망각이거나 상실 등 기억장애이다. 건망은 질병이 아니라 습관이다. 습관은 생각을 바꾸고 행동을 고치면 바뀔 수 있다. 건망증이라 예외이랴. 건망증은 흔히 치매와 동류(同類)로 치부(置簿)되면서 더 홀대를 받고 있다. 치매는 '말씨나 행동이 느리고 정신작용이 완전하지 못함'을 말한다. 건망증은 억울하게도 치매의 희생양이 되고 있다. 치매를 예고하거나, 치매로까지 발전하는 경우도 있지만 건망증이 치매의 누명을 모두 수용하기에는 너무 억울하다.

건망증은 개인적 환경과 사회적 환경의 영향을 크게 받는다. 개인적으로는 습관이나 생활태도의 차이에서 비롯되고, 사회적으로는 문명의 발전과 밀접한 관계가 있다. 노래방의 대중화로 노래가사는 우리의 머리에서 차츰 지워져 가고 있다. 컴퓨터의 보급 또한 건망증에 크게 일조를 한다. 스마트폰의 생활화는 미리 저장해둔 단축번호로만 활용하다 보니 심지어는 자기 집의 전화번호마저 기억 못하게 막고 있지 않은가. 한편, 우리의 수리능력은 어떠한가. 전자계산기의 보급은 두뇌의 기초적인 암산능력마저 퇴화시키고 있다. 이처럼 문명의 발전은 인간의 지적 사고나 계산능력을 무력하게도 한다. 인간의 두뇌나 수족은 사용하지 않으면 퇴보하기 마련이다.

건망증은 축복이다. 4차 산업혁명이 성취한 고도정보화 사회에서 흘러넘치는 정보홍수 시대를 살아가는 현대인에게 필요 없는 정보를 지워버리는 '잊힘과 망각'의 기능이 없다면 우리의 두뇌인들 지탱해 낼 수 있을까. 정보범람에 휩싸여 오히려 인간의 사고능력은 훼손되고 삶의 질은 저하되고 말 것이다. 잡다한 쓸모없는 것은 오히려 이를 잊어버리는 것이 행복의 원천이 됨은 자명하다. 해서, 두뇌는 언제라도 참신한 사고를 창출할 수 있는 여백을 확보해야 한다. 건망증은 인간의 창의적인 사고의 산실이요 새로운 정보를 보관하는 보고이다.

건망증을 예방하는 방어기제(防禦機制)는 다양하다. 사색에 잠기는 산책을 비롯한 규칙적인 운동, 안온한 충분한 수면, 독서, 메모의 생활화 등이 그 대표적인 것이다. 특히, 메모 습관은 건망증 예방 수단이 됨은 물론, 불요불급한 정보의 기억에 따른 뇌의 과중한 부하(負荷)를 경감시켜줌으로써 단기기억의 한계를 극복시켜 주고, 나아가 인간의 창의적인 사고의 성장동력(momentum)을 제공한다. 메모 습관은 단연코 건망증 예방과 기억력 향상의 백미(白眉)라 하겠다. 평소 생활태도를 개선하고, 별 의미 없는 정보는 잊어버리는 '머리 비우기'를 실천하며 건망을 사랑하는 것이 오히려 정신을 맑게 한다. 무엇보다도 사랑을 많이 나누는 것이 그 1순위이겠다. 사랑은 건망증의 예방은 물론, 치매까지 막아줄 뿐만 아니라 인간 행동의 활력소이다.

우리 세대는 사랑의 표현이 많이 서툴다. 동방예의지국의 후손인 탓일까.

언감생심, 아직도 평생을 헌신해 온 아내에게마저 사랑의 표현에 머뭇거린다. 층층시하(層層侍下) 대가족의 분위기에서 우리의 정서가 이름 부르기를 거부한다면 '여보'나 좀 고풍스럽기는 하나, 그 예스러움이 좋은 '임자'라는 애칭을 사용해 보면 서먹한 우리의 부부사랑도 한결 보다 품위가 있고, 따스해지지 않을까. 서구인들의 사랑법이 마냥 부럽다. 사랑을 물씬 풍기는 서두에 인용한 유머를 다시 한 번 새겨본다. 이름보다는 애칭에 훨씬 더 애정이 간다. 10여 년이나 사랑을 늘려준 마력이 있지 않은가. '짙은 사랑에 묻혀버린 건망증!' 과연 건망증 미학의 극치이다.

2.

내 마음 나빌레라

선택

김성철

작지 않은 규모의 중견기업에서 정년퇴직한 이후 새로 입사한 이 회사는 직원 8명의 작은 규모의 회사이다. 5층 건물의 한 층을 다 사용하지 못하고 절반만 임차해서 사용하고 그나마 영업직원이 5명이라 모두 외근 나가는 날에는 사무실에는 나와 여직원 단둘이 사무실에서 조용하게 각자의 일을 하며 간간이 들려오는 전화벨 소리와 응대하는 여직원의 목소리가 사무실을 울릴 뿐 항시 조용하다.

오늘도 일찍부터 북적거리던 영업직 직원들의 외근 나간 이후에는 적막을 감돌고 가끔 미화원 아주머니가 오전 청소를 끝내고 들어와 여직원 책상 옆에서 커피 믹스 한잔 들고 수다 피는데 오늘은 이 아주머니도 오지 않았고 커다란 낡은 가방에 양말과 옷들을 가득 담아서 팔러 오던 잡상인도 오지 않아 조용한 사무실 분위기다. 그래도 시간은 흘러 점심시간이다.

이런 날의 점심시간이면 여직원과 둘이서 서초동 골목을 헤매고 다닌다.

여직원은 170㎝가 넘는 키에도 굽이 높은 힐을 신고 다녀 대한 민국 평균보다 내가 더 크지만 이렇게 둘이 걸으면 내가 올려다보아야 하며 서구적인 미모의 소유자이지만 입맛은 한국의 전통적인 아줌마들의 입맛보다 더 한국적인 입맛의 소유자라 포크보다는 젓가락 사용을 즐기고 파스타보다는 된장찌개를 좋아하는 타입이다. 사무실이 조용한 날은 일찍 점심을 먹고 오려고 노력하지만, 우리가 자주 가는 고○식당이나 전○집 그리고 김치찌개를 주로 하는 ○○○식당은 항시 줄을 서서 기다려야 한다. 영업직원들과 같이 가는 날은 사전에 한 명이 메뉴며 식당이며 미리 다 결정해서 예약하므로 나는 선택보다는 그냥 대세에 따라 순응하여 메뉴선택의 고민은 할 필요가 없다.

오늘도 사무실에서 나와 왼쪽으로 오십 미터쯤 가서 작은 골목길을 돌아서면 고○식당이 있고 그 앞에 줄 수 있는 사람들을 보면서 나도 기다릴 것인가 그냥 지나칠 것인가를 잠시 갈등하다가 무심히 지나기를 선택하고 조금 더 가면 전○집 앞에서 기웃거리다가 여직원의 눈치를 한번 보고 순간적으로 또 기다릴 것인가 지나칠 것인가를 잠시 고민하다가 다음 골목의 ○○○식당으로 진출한다. 여기서 결정하지 않으면 다시 왔던 길을 돌아서 회사 건물 뒤편의 단가가 조금 비싼 식당으로 가야 하므로 이곳까지 오면 결정을 한다.

오늘도 점심 한 끼를 위해 몇 번의 선택을, 몇 번의 결정을 했을까?

90년대 후반에 일요일 저녁 우리를 TV앞으로 불러 모으던 유명했던 프로그램이 있었고 그중의 한 코너가 군에서 막 제대한 이모 개그맨을 스타 반열에 올려놓은 프로그램이었다. 내용은 특정한 설정으로 이야기를 전개해나가다가, 주인공이 어떤 선택의 갈림길에서게 된다. "그래! 결심했어!"라는 대사와 함께 선택한 루트의 전개를 하나씩 확인하게 된다.

음악도 Boney M의 Felicldad를 남궁연이 리샘플링하고 이것을 싸이가 재해석해 인생극장 A버전과 인생극장 B버전으로 리메이크하여 선택시 긴장을 고조시켰다. 선택은 A는 보통 이익은 볼 수 없지만, 도덕적인 선택과 B는 이익이 따르는 부도덕한 선택으로 나누어 두 개의 선택에 대한 결말을 보여준다. 보통은 권선징악적 내용으로 도덕적인 선택을 하면 나중에 그게 복으로 돌아오고, 부도덕한 선택을 한 것은 일이 꼬여 망하는 스토리가 많다. 물론 도덕적인 선택을 한다고 다 잘 풀리는 건 아니고 '다 말아 먹었지만 사랑을 확인한 우리는 마음만은 부자' 같은 엔딩이나, 결과적으로 그냥 소시민적으로 살게 되면서 그때의 선택을 아쉬워하는 엔딩이 나는가 하면, 뭘 선택하건 시궁창인 엔딩도 종종 있었다. 어찌보면 단순한 컨셉의 단순한 전개지만 그 순간의 선택이 결국 도덕적 선택을 해야 복을 받는다는 전형적인 스토리지만 국민정서에 부합해서 큰 인기를 모았던 프로그램이다.(나무위키 인용)

내가 집사람을 처음 만난 곳은 직장 선배의 주선으로 서교동의 제과점이었고 첫 데이트 약속을 한 곳은 무교동의 한 다방에서 만나기로 했다. 당시 내가 다니던 회사는 동작구 대방동에 있었고 전철 1호선이 있었지만, 역까지 걸어가기는 가깝지 않아 회사 정문 앞 정류장에서 버스를 타고 약속장소로 갔다. 하지만 러시아워라 길은 차량으로 엉키고 엉켜 버스는 제시간에 도착하지 못해 약속 시각에서 거의 한 시간 지나서야 도착할 수 있었다. 지금은 버스 전용차선과 버스정류장마다 도착시각이 표시되어 시간 예측도 가능하고 핸드폰으로 카톡이나 문자로 상황설명이 가능하여 약속 시각에 대한 부담이 없지만, 그때는 IT의 혜택을 받지 못해 약속장소에서 올 때까지 기다리다 지치면 못 오는구나 하고 쓸쓸한 맘으로 입구의 메모판에 쪽지 하나 적어놓고 다른 곳을 이동하거나 바람맞았구나 하고 돌아가는 것이 보통의 일상이었다.

70년대에 유행했던 펄시스터즈의 '커피한잔'이 생각난다.

'커피 한잔을 시켜놓고 그대 오기를 기다려 봐도
웬일인지 오지를 않네! 내 속을 태우는구려
8분이 지나고 9분이 오네 1분만 지나면 나는 가요
난 정말 그대를 사랑해 내 속을 태우는구려
아~ 그대여 왜~ 안 오시나
아 사람아 오~ 오~ 기다려요'

10분만 기다리면 간다는데 첫 데이트를 한 시간 가까이 기다려준 집사람이 고맙고 덕분에 결혼 후 40여 년을 큰 사고 없이 살 수 있었던 선택에 대해 항시 감사하며 살아간다.

정읍사(井邑詞)

박춘민

정읍사는 작자 연대 미상의 백제 가요다. 한글로 기록되어 전하는 가요 중 가장 오래된 것으로 악학궤범(조선시대의 의궤와 악보를 정리하여 편찬한 악서)에도 실려 있다고 한다. 몇 년 전 MBC가 드라마 수백향을 방영한 적이 있었는데 정읍사는 그 주제가였다. 정읍사 가사 그대로에 곡을 붙인 민요조의 노래이다. 나는 이 노래가 좋아 매일 드라마 방영시간을 무척 기다렸다. 극의 내용보다 주제가가 더 좋았다. 노래는 아내가 저녁 늦도록 돌아오지 않는 남편을 기다리며 남편의 무사안일을 달빛에 의존하여 애절하게 비는 내용이다.

달하 노피 곰 도다샤
어귀야 머리 곰 비춰 오시라
어귀야 어강됴리 아으 다롱디리
져재 녀러신고요
어귀야 즌데를 드뎌올세라
어귀야 어강됴리 아으 다롱디리
어느이다 노코시라

어귀야 내 가논데 점 그를세라
어귀야 어강됴리 아으 다롱디리

풀이해 보면

달님이시여 높이높이 돋우시어
아 멀리멀리 비추어주소서
시장에 가 계시는 지요
아 위험한 곳을 디딜까 두렵습니다
어느 곳에나 짐을 놓으십시오
당신 가는 곳에 (날이)저물까 두렵습니다

보름밤이었던가 보다. 여인은 남편의 발자국마다 달빛이 훤히 비추어 위험한 곳을 피해 무사히 돌아오기를 간절하게 빌고 있다. 여인의 남편에 대한 사랑이 눈물겹도록 아름답다. 달빛 아래 서성이며 행여 임의 그림자가 보일까 하며 애태워 기다리는 여인의 심경이 가련하기까지 하다.

정읍시 문화공원 안에 정읍사비가 있다. 공원의 맨 위쪽에 백제여인의 차림을 한 동상이 두 손을 모은 채 정읍시가지를 내려다보고 있다. 망부상(亡夫像)이다. 이 망부상은 설화의 주인공 '월아'의 모습이다.

망부상 뒤로는 '월아'의 슬픈 사랑이야기를 8폭 병풍같이 한 폭 한 폭 그림과 글씨를 넣어 돌판에 새겨놓았다. 제1도(圖)에서 8도까지 주제와 설명을 곁들였다. 1도는 「아픈 사랑의 이야기」, 2도는 「목숨을 건 언약」, 3도는 「또 하나의 삶」이다. 4도는 「꿈같은 세상의 나날」, 5도는 「돌아올 수 없는 길」, 6도는 「달님에게 소식을 물어」이며 7도는 「피로 물든 땅」 그리고 마지막 8도는 「끝없는 기다림」이다.

'월아'는 노모를 모시고 소금 장사를 하던 '도림'과 혼인을 하여 아들까지 낳고 꿈같은 세월을 보낸다. 그런데 어느 날이었다. 밤이 깊어도 남편이 돌아오지 않았다. 장사를 나갔다가 느닷없이 백제군에 징발되어 신라군과 접전을 하게 된 것이었다. 이를 모르는 '월아'는 남편의 안위를 휘영청 밝은 달님에게 부탁하고 안타까이 정읍사를 읊조리며 남편이 있음직한 곳을 향한 채 쓰러졌다. 그러나 몇 날 며칠이 지나도 영영 돌아오지 않는 남편, 그만 식음을 전폐하고 그 자리에 쓰러져 숨을 거두고 말았으니 망부석이다. 마을에서는 이를 가련하게 여기어 '망부사'라는 사당을 짓고 매년 제사를 올리고 있다한다. 이미 열녀문은 없어졌지만 남편을 기다리다 숨을 거둔 '월아'의 처지는 두고두고 기려지는 열녀이야기인 것을.

삼국유사나 삼국사기에 기록된 다른 여인들의 이야기도 볼 수 있다. 백제 시대의 개루왕 때 일엽편주를 타고 강 위로 떠가는 남편을 찾아 왕궁의 화려함도 물리치고 몰래 왕궁을 빠져나와 남편 '도미'의 뒤를 따랐다는 「아랑 이야기」, 또 저 유명한 무영탑에 얽힌 「아사녀의 설화」, 신라 때 왜로 끌려간 남편을 기다리다 망부석이 되었다는 「박 재상의 아내」, 백제 왕국의 마지막을 앞두고 남편의 칼 아래에 순순히 목숨을 내놓았던 「계백장군의 아내」 등 우리네 역사와 함께 숨 쉬는 여인들의 순애보! 아름다운 정절이요 사랑이다. 후손인 우리 몸속에도 왜 같은 피가 흐르고 있지 않겠는가. 여인네들의 남편에 대한 순정은 지금도 여전하리라고 본다.

"달하 높이 곰 도다샤 어귀야 머리 곰 비취 오시라…." 가련한 듯한, 애절하게 들리던 그 노래가 오래도록 귓속에 맴돈다.

망개 총각

조철형

백석역으로 가는 길에 '망개떡'이란 간판이 보인다. "아, 망개떡!" 눈이 번쩍 뜨였다. 망개떡을 만나려 서둘러 볼일을 보고, 돌아오는 길에 들렀다.

유리벽에 '자연이 만든 '건강 수제 떡은 無방부제 無색소 無향료인 三無'라고 게시했다. 들어서니 내부가 아담하고 정겨운 풍취가 풍긴다. 메뉴판에 전통 식혜, 단호박 식혜, 대추차, 연잎밥 등 전통 음식이 소개되며, 진열된 떡들이 구미를 당긴다. 망개떡, 쑥 굴레떡, 쑥 찰떡, 오메기. 곱게 차려입은 아주머니들이 정갈스럽게 떡을 빚는 것을 볼 수 있다.

접시에 담은 먹음직스러운 망개떡을 보기만 해도 군침이 돈다. 배가 출출한 밤에 "찹쌀떡, 망개떡." 외치는 소리가 골목을 돌아 사라지면 침만 삼키느라 애를 썼던 그 추억의 망개떡이 아닌가.

고향에 큰댁과 작은댁, 우리 집 세 집이 가까이 살았다. 추석 명절 때면 송편과는 별도로, 친정의 솜씨를 발휘하여 한두 가지 떡을 더 장만한다. 우리 집은 망개떡, 큰댁은 취떡, 작은댁은 팥 인절미를 해서 서로 나누어 입을 호강시켰다. 외할아버지 생신 때는 찹쌀 가루로 빚은 망개떡을 갖고 어머님 따라 덩실거리며 외가로 가던 길은 그리움의 길이었다.

망개나무는 야산이나 돌무지 등 척박한 땅에도 잘 자란다. 지천이어서 쉽게 볼 수 있다. 흔하여 귀한 대접을 못 받지만 구황 작물이고 약초이다. 몸에 쌓인 노폐물 제거와 염증 치료에 진가를 발휘한다. 금수강산이 주는 선물이다.

봄이 되면 나는 '망개 총각'이 된다. 앞집 아주머니가 붙여준 이름이다. 아버지를 따라 산에서 망개 순을 채취하는 방법을 배웠다. 낫으로 가시 넝쿨을 헤치면 적갈색을 띤 망개 순이 여기저기 죽순처럼 솟았다.

망개 순은 섬유질과 무기질, 천연 비타민과 단백질이 풍부하다. 이 망개 순과 가지에서 돋아난 야들야들한 연녹색 잎을 채취한다. 망개나무 잎들이 서로 햇볕을 받아 윤기가 난다. 한 살 아래인 곱디고운 옥순이 얼굴 같다.

주루막에 가득 담은 망개 순과 잎을 앞집에 나누어 주면, 아주머니가 망개 총각한테 매번 신세 진다며 온기가 있는 달걀을 주시곤 했다. 아주머니는 오줌소태에 시달렸는데, 망개 순을 달여 먹어 효과를 보았다고 고마워했다. 그러고 보면 내가 지금까지 시원하게 소변을 볼 수 있는 것은 망개 순과 잎을 많이 먹어서인지도 모른다.

냉이 철이 지나면, 기다렸던 망개 순이 그 자리를 대신한다. 망개 순과 잎을 살짝 데쳐 고추장으로 무치거나 쌈장에 싸서 먹으면 옅은 맛과 독특한 향이 입안에 감돈다. 잎은 감나무처럼 매끄럽고 두껍다.

연할 때 채취하여 쪄서 말린 후 달여 차로 마시면 백가지 독을 제거한다고 알려졌다.

형들이 담배를 끊기 위해 잎을 말아 피우면 니코틴 독이 풀리고 금단현상도 나타나지 않아 망개 잎을 말려 보관했다. 그러니 망개나무는 금연 나무다. 가시에 찔리고 볼품없는 천덕꾸러기 넝쿨이지만 알고 보면 엄청나게 베푸는 고마운 나무다. 초근목피로 연명하던 시절, 도토리나무와 더불어 빼놓을 수 없는 구황 나무였다.

망개떡 잎은 여름에 채취하여 말린다. 망개떡을 할 적에는 말린 망개 잎을 찐다. 감잎처럼 둥글넓적하여 손질하기 쉽다. 찹쌀가루를 쪄서 치대어 모양을 만든다. 팥소를 넣고 반달이나 사각형으로 빚어, 두 장의 망개 잎 사이에 넣고 묶어 찐 떡이 망개떡이다.

섬유질이 풍부한 잎은 떡이 쉬지 않도록 감싼다. 떡이 달라붙지 않으니 먹기 편하게 만질 수 있다. 떡에 잎의 약효가 배었으니 그야말로 선식(仙食)인 약떡이다. 입에 넣어 씹으면 쫀득쫀득하며 팥소가 입안에서 살살 녹는다.

소나무는 죽어서 복령을 남기는데, 망개나무는 혹 같이 생긴 덩이 뿌리를 안고 자란다. 그 뿌리가 복령인 토복령(土茯苓)이다. 녹말이 많아 옛날 춘궁기에 곡식에 섞어 밥을 지었다고 한다. 고려가 망하여 두문동으로 들어간 선비들이 뿌리를 캐서 연명했다는데 그게 바로 토복령이 아닌가 싶다. 신선이 남긴 곡식인 선유량(仙遺糧)이라 했으니 신령스러운 곡식 나무임에 틀림없다.

김장을 담글 때 망개 잎을 사이사이에 넣으면 김장이 시지 않고 무르지 않는다. 김장이 끝나야 비로소 단풍이 드니 김장까지 챙긴다.

단풍이 들며 열매가 붉게 익으면 약효 성분이 뿌리로 내려간다.

망개 총각에게는 토복령이 보물이다. 가시덩굴을 헤치고 토복령을 캐서 한약재로 팔았다. 토복령을 씻어 쌀뜨물에 이틀간 담가 독성이 처리된 약재는 발한, 이뇨, 해독, 관절염, 피부염, 통풍 등 다양한 치료에 쓰인다. 특히 요산 배출과 간 기능 보호에 탁월하니, 건강을 챙기는 노인에게는 귀가 솔깃해진다.

가시 넝쿨 줄기에 달린 5~10개씩으로 익은 붉은 열매가 청미래덩굴이며, 꽃꽂이 부재료로 쓰인다. 먹으면 달착지근했다. 옥순이가 좋아하는 그 빨간 열매가지를 꺾을 때 가시에 찔려 피가 났건만 아무렇지도 않았다.

토복령을 판돈으로 백고무신을 사 신고, 다음날 학교로 부리나케 등교했다. 학교 정문에서 옥순을 기다리며 자꾸 새 고무신에 눈이 갔다. 옥순을 만나자 주머니에서 청미래덩굴을 꺼내 얼른 머리에 꽂아 주고 교실로 뛰었다. 돌이켜보니 망개 총각의 순정이었다.

망개떡을 입에 넣고 오물거리니 청미래덩굴이 눈에 아른거린다. 망개떡 향기를 맡으러 왔는가. 어느새 청미래덩굴이 곁에 와 있다. 아~ 망개 총각 시절로 돌아가 청미래덩굴을 가슴에 꽂고 멋을 부리고 싶다.

약속

한정순

하얀 모시적삼 같은 새벽안개 속에서, 하루도 빠짐없이 장독대에 정화수를 떠놓고 두 손 모아 빌던 엄마의 뒷모습을 나는 기억한다. 그래서인지 지나는 길에 남의 집 장독대만 보아도 마음이 울컥해질 때가 많다. 꽃을 몹시 좋아했던 엄마다.

"꽃이 겁나게 피었시야."

그럴 때 엄마의 표정에는 평상시의 억척스런 모습과는 전혀 다른, 어떤 순수함 같은 것이 묻어 있었다.

"나 살았던 일본에도 봄이면 꽃이 엄청 이뻤어야, 길거리는 깨끗하고…."

엄마는 독백처럼 말끝을 흐리며 일본 살던 이야기를 자주 하셨다.

엄마에게서 들은 이웃나라 이야기는 내게도 늘 동경의 대상이었다. 지금 생각하니. 어쩌면 엄마의 인생에서 가장 행복했던 시절이 아니었을까. 그런데 그때는 그걸 미처 깨닫지 못했다. 엄마는 칠순을 앞두고 집 앞 빙판에서 넘어져 팔을 심하게 다치셨다. 깁스를 풀었어도 팔은 예전 같지 않고 부자연스러웠다. 그 때문이신가 한사코 고희잔치를 안

하겠다고 해서, 대신 20여 일 일정의 동남아7개국 여행을 보내드렸다. 그 여행에서 돌아오신 엄마는 그렇게 좋아할 수가 없었다.

“꽃도 꽃도 희한한 게 너무 많이 피고, 참말로 이쁘고…. 맛있는 음식도 많고, 세상의 좋은 곳은 다 가본 것 같아야.” 하시며 상기된 얼굴로 이야기를 풀어놓고는, “나 살던 일본도 벚꽃이 피면 무진장 보기 좋았시야.” 후렴처럼 뒷말을 이으셨다. 그때 알았어야 했는데…, 엄마가 그곳을 몹시도 가보고 싶어 했다는 것을. 무심코 흘려들었던 이야기들이 엄마의 간절함이었다는 것을 반백의 나이가 되어서야 깨달았다.

엄마의 기도는 옷깃을 잔뜩 여미게 하는 겨울, 몹시 춥던 어느 날에 멈췄다. 장독대에 놓인 정화수는 얼어버렸고, 그 위에 새벽 서리가 내려 쌓여갔다. 병원 침대에 힘없이 누워 창밖 하늘을 바라보시며, “여기서 내가 걸어 나갈 수 있을랑가?” 하시는 그 순간, 가슴이 철렁 내려앉았다. “엄마, 왜 못 일어나? 일어날 거구, 퇴원하면 나랑 일본으로 여행가자. 만사 제치고 꼭 모시고 갈게.” 계획했던 바도 없었는데 엄마의 그 말에 그렇게 약속하고 말았다. “정말이냐? 꼭 그래다오.” 아이처럼 좋아하시는 엄마의 모습에 적잖이 놀랐다. 아아, 난 참 바보였구나. 어쩌면 이리도 바보였을까. 가슴이 시려오며 눈물이 나는 걸 꾹 눌러 참고 억지웃음을 지어보였다.

그해 겨울이 채 가기 전에 엄마는 하얀 눈발에 오열하는 나를 두고 고단하던 이승에서의 신발을 벗어놓으셨다. 세상에서 유일하게 완벽한 내 편이던 엄마. 온 몸이 삼베로 덮어씌워지고 돌처럼 굳어버린 시신을 부둥켜안고 울고 또 울었다. 봄이 미처 오기도 전에 그렇게 떠나셨다. 어느 날 갑자기, 연기처럼.

엄마가 돌아가시고 8년 만에 혼자서 일본에 갔다. 동경 시내를 걸으니 무어라 표현할 수 없는 먹먹함이 고통스럽게 다가왔다. 젊고 예뻤던 엄마도 예전에 이 길을 걸었을 걸 상상하며, 엄마의 영혼과 손잡고 되도록 천천히 그 길을 걸었다. 그 먼 나라도 보내드렸으면서 이렇게 가까운 곳을 한번쯤 왜 못 모시고 왔을까? 회한에 가슴이 미어졌다.

경치 좋은 곳에서 곱고 부드러운 흙을 골라 준비해간 비닐 팩에 담았다. 그곳 사람은 아니지만 그곳에서 오래 살았던 엄마의 추억을, 그리움을 한 주먹 집어 담았다. 후지산에도 온천물이 좋다는 하꼬네에도 갔다. 노천탕에 피곤한 몸을 담그니 노곤해졌다. 누군가 내 등에 물을 끼얹는다. "정순아, 물 참 좋지?" 지그시 감았던 눈을 뜨고 뒤돌아보니 나 혼자다. 환청이었다. 와락 가슴 밑바닥에서 솟구쳐 오르는 뜨거움이 눈물이 되어 나도 모르게 주르륵 흘러내렸다.

엄마, 미안해. 정말 미안해…. 수증기에 얼굴을 감춘 채 한참을 울었다. 쉽게 잠을 이룰 수 없는 밤이었다. 그곳에서도 곱고 좋은 흙을 퍼 담았다. 그렇게 4박 5일의 슬픈 여행을 마치고 돌아왔다.

올해 한식날, 비석을 세우고 일본에서 담아온 흙을 산소 한 편에 묻어드렸다. 엄마의 표정이 너무나 궁금했다. 좋아하실까? 그러리라 믿고 싶다. 살아계실 때 못 지킨 약속을 엄마가 돌아가신 뒤에야 지켰다. 후회하는 아픔을 대가로 치른 약속이긴 하지만, 그래도 조금은 위안이 되었다. 가슴에 올려져 있던 돌 하나를 내려놓은 기분이다.

탯줄이 잘리던 순간, 그 품에서 떨어져 나와 하나의 독립체가 되었지만 영혼의 탯줄을 꼭 쥔 채, 엄마가 걸었던 엄마의 길을 나는 지금 가고 있다.

(파주)

목련꽃이 필 무렵

정윤수

봄바람이 산들거리는 계절이 성큼 다가오니 길 가는 여인들의 옷차림이 한결 가벼워 보인다. 정원수 사이로는 이름 모를 수많은 풀들의 연약한 새싹이, 단단한 흙과 돌 틈을 헤치고 땅위로 솟아오른 것을 보는 순간 강인한 생명력에 대한 신비감을 새삼 느끼게 한다.

햇살이 따사롭게 쏟아지는 이 봄철에 굳이 꽃구경하러 멀리 여행을 떠나지 않더라도, 내가 살고 있는 마을주변에는 왕벚나무를 비롯해 산수유, 라일락, 목련, 장미, 철쭉 등의 꽃을 골고루 감상할 수 있다.

그중에 목련종류(Magnolia sp.)로는 꽃의 여왕이라 일컫는 백목련을 비롯해서 산목련(코부시), 함박꽃나무, 자목련, 태산목 등을 들 수 있다.

꽃피는 봄철에 집 현관문을 나서노라면 우아한 백목련과 그 호위병 같은 산목련이 가까이서 나를 반긴다. 특히 이들 두 종류는 생리적으로 특수한 근연(近緣)관계가 있음을 발견하게 된 일화(逸話)를 소개하고 싶다. 백목련은 꽃잎이 겹쳐있기에 아름다운 꽃이 피기 전

봉오리의 모습이 마치 '붓' 모양과 흡사해서 '필화(筆花)'라고 하며, 나무 이름을 아예 목필(木筆)이라 부른다. 그윽한 향기가 난초 비슷해서 목란(木蘭) 등의 다양한 이름을 갖고 있다. 꽃눈의 형성은 이미 지난해 8~9월에 이루어진다. 당시 나무속의 영양분으로 질소성분이 탄수화물량보다 많으면 꽃눈 형성이 적어진다. 한편 탄수화물량이 질소성분보다 많으면 꽃눈이 많이 맺게 된다. 꽃눈이 분화(分化)되는 8~9월경에 형성된 꽃눈은 겨울을 나기 위해 온 몸을 잔털로 감싸고 있다. 이 나무는 원래 난대성(暖帶性) 수종이기 때문이다. 그러므로 줄기를 짚이나 비닐 등 보온재로 감싸줘야 월동이 가능했다.

이제는 기후 온난화로 중부지방에서도 월동에 그다지 문제가 되지 않는다.

백목련 꽃봉오리를 낮에 보면 선비가 애지중지하는 새 붓을 나뭇가지에 꽂아 놓은 것 같고, 밤이 되면 나뭇가지마다 수많은 백조(白鳥)가 앉아 깊은 잠에 빠져 있는 것 같다. 나는 변화무쌍한 예술적인 이 백목련꽃이 빨리 피지 말고 그냥 봉오리 모습으로 오래오래 남아 있기를 바라고 있다. 하지만 예로부터 많은 사람들에게 사랑을 한 몸에 받아온 백목련 꽃이건만, 심어서는 절대로 안 되는 장소가 있다. 즉 선대묘역(先代墓域)이나 사우(祠宇) 주변에 심으면 후손들이 바람을 피운다는 속설(俗說)이 전해 온다. 그래서인지 조상묘역이나 사당 주변에 백목련나무가 심겨있는 것을 좀처럼 볼 수 없으니, 이 속설을 믿을 수도 안 믿을 수도 없는 노릇이다. 백목련 꽃에는 결정적인 결점이 하나 있으니 종자를 맺을 수가 없다는 것이다. 왜 종자를 얻기가 어려우냐고요?

'속씨식물' 중 꽃잎이 겹으로 피는 꽃들은 대부분 생리적으로 열매

맺기가 어렵다. 설령 홑꽃의 종자를 심더라도 자라난 차세대는 변이(變異) 현상이 나타날 확률이 높다. 예를 들어보면 감 종자를 심으면 고염나무가, 맛있는 배 종자를 심으면 돌배나무로 변이된다. 복숭아나무와 사과나무 등 모든 유실수(有實樹)는 변이된 개체로 나타나기 때문에 '접목(接木)'으로 우수한 형질을 보존한다. 접목(grafting)의 번식수단을 일본사람들이 우리보다 먼저 개발해서 백목련의 접목묘를 생산, 1970년대 초반까지도 우리나라에 대량 수출했다. 그러나 수입된 묘목은 유통과정에서 상당량이 말라죽게 되어, 실수요자에게 적지 않은 실망을 안겨 주었다. 참다못한 국내의 한 양묘업자가 백목련을 직접 생산코자 여러 가지 접목방법을 시도했으나 성공하기가 쉽지 않았다.

그래서 그 양묘업자는 일본으로부터 백목련묘목 생산기술의 정보를 입수해보려고 온갖 노력을 해보았지만, 일본 사람들이 자기네 산업정보를 순순히 알려줄 리 만무한 일이었다. 그 이야기를 듣게 된 필자는 고민 끝에 일본에서 수입한 백목련 묘목의 '접목부위'를 잘라내고, 그 밑동에서 새싹이 자라나는 상태를 살펴보았다. 그 대목(stock)은 다름 아닌 '산목련'이라는 사실을 확인할 수 있었다. 알고보니 매우 쉬운 비밀을 알게 된 것이다. 필자는 그 양묘업자에게 '산목련' 대목에 여러 가지 접목방법을 적용해보라고 일러주었다. 산목련은 홑꽃이기에 종자를 쉽게 생산할 수 있다. 이것을 파종해서 어린 묘를 양성시켜 대목으로 사용하면 된다. 2년 후 그 양묘업자는 "접목에 성공했으니 고맙다"는 소식을 필자에게 보내왔다. 그로부터 몇 년 후 백목련 접목기술은 국내 양묘업자들에게 널리 전수되었으며, 마침내 일본에 역수출하는 성공사례를 남기게 되었다.

내 집 뜰에서 꽃피워 마음과 눈을 즐겁게 해주는 백목련꽃은 수입된 것이 아닌, 우리나라 양묘업자에 의해 길러진 것이라 생각하니 어쩐지 남다른 애착과 정감을 느끼게 된다. 자연속의 많은 식물들은 무성번식(asexual: 암 · 수의 교배 없이 조직분리 됨)의 경우, 혈통관계가 가까워야 친화력(affinity)이 높게 되어, 대목과 접수(scion)간의 활착률이 향상되는 생리적 현상에 근거한다. 그 원리는 식물의 유합조직(癒合組織: 상처를 아물게 하는 세포)의 결합에서 기인되는 것이다. 우리 인체에 비유하면 장기(臟器)를 이식 받는 환자는 장기를 제공하는 사람과의 거부현상(negative)이 나타나지 않는, 혈통이 가까운 사람이어야 되는 것과 같은 원리이다.

한편 유성번식(sexual propagation: 종자번식)에 있어서는 무성번식과 상반되는 현상이 나타난다. 즉 혈통이 가까운 식물간의 교배(암꽃에 숫꽃가루를 제공)를 하게 되면, 제1세대(世代)인 어미나무보다 품질이 낮은 차세대(次世代)가 나타나기 십중팔구이다. 그러므로 고등식물들은 지혜롭게도 우수한 후손들을 퍼뜨리고자 혈통이 가까운 품종간의 '교배행위'를 기피하려는 생물학적 지식을 가지고 있으니 놀라울 뿐이다.

이를테면 어떤 한 그루의 나무에 암꽃과 수꽃이 함께 붙어있는 양성화(암 · 수꽃, hermaphrodite. F.)의 경우, 암꽃과 수꽃은 각각 꽃피는 시기를 달리한다. 한그루에 달린 꽃가루와의 자가교배(自家交配)를 하지 않는 현상을 흔히 볼 수 있다. 생물학을 연구하는 사람으로서 이와 같은 자연현상을 궁구(窮究)해볼 때 실로 조물주에 대해 경의를 표하게 된다.

그동안 국민적 관심사였던 가족법의 개정으로 2008년 1월 1일부터는 10촌 이상이면 일가친척에 상관없이 혼인할 수 있게 되었다고 한다. 이는 윤리・도덕적인 문제는 덮어두고라도 유전학(遺傳學)의 영역에서 살펴볼 때 사람들의 미래생활이 말 못하는 식물만도 못한, 실로 몰상식한 존재로 돌변되어 가는구나 생각하니 가짜 뉴스였으면 좋겠다.

얼마 전에 원로 유학자는 "우리 국민들이 한문(漢文)을 익히지 않아서, 온 국민의 9할은 모두 짐승이 되어 버렸어."라고 한탄하는 기사를 읽어본 적이 있다. 일부계층 사람들의 사실주의만을 고려한 나머지, 법률적으로 동성동본(同姓同本)의 혼인허용이라는 한계를 넘어, 같은 오대조(五代祖)의 자손들이 제사 올리려고 모였다가 서로 시선이 끌려 혼인할 수도 있다는 것이다. 8촌간인 그 부모들은 뜻밖의 사돈 간이 되어야 하는 기상천외한 가상(假想)이 현실로 나타나게 되었다. 혹시나 상황이 이 정도에 이르게 된다면 현세의 우리들 가정생활 형태가 그 옛날 삼국시대의 난혼(亂婚) 사회로 회귀(回歸) 되는 것은 아닌지 실로 두려운 느낌이 든다. 미처 장가 못 간 우리나라 노총각들이 혈통관계가 아주 다른 베트남, 캄보디아, 태국, 필리핀 등 동남아 국가 여성들과의 혼사(婚事)가 성행 중에 있다. 차라리 우성인자(優性因子: 뛰어난 유전자)의 확률이 높은 이들 차세대들에게 기대를 걸어 보는 게 좋겠다.

아름다운 백목련꽃이 피는 이 계절에 개운치 않은 미래 상황에 대해 우리 모두는 심각하게 고민해볼 필요가 있지 않겠는가!

어디서 무엇이 되어 다시 만나랴

허열웅

예술은 인간의 아픔을 치료해주는 문화백신인지도 모른다. 한 편의 시가 그림 속으로 들어간 서울 부암동 '환기미술관'을 찾았다. 본관 1층 중앙홀에 '어디서 무엇이 되어 다시 만나랴' 연작이 전시되어 있다. 한 편의 시가 무수한 단색톤의 점화(點畵)가 되고 다시 같은 이름의 연극무대로 확장되는 과정을 당시의 편지와 화보 등 각종 자료를 통해 세심한 시선으로 보여준다. 수화(樹話) 김환기가 캔버스에 그린 점은 윤동주의 별이었다. 점 하나에 추억과, 점 하나에 사랑과 점 하나에 쓸쓸함과 동경(憧憬)을 담아 그리고 또 그렸다. 네모로 둘러싸운 청회색 점들이 마침내 우주 같은 화면을 가득 채워졌다.

저렇게 많은 중에서
별 하나가 나를 내려다 본다
이렇게 많은 사람 중에서
별 하나를 쳐다본다

밤이 깊을수록

별은 밝음 속에 사라지고
나는 어둠 속으로 사라진다

이렇게 정다운
너 하나 나 하나는
어디서 무엇이 되어 다시 만나랴

-「저녁에」 김광섭

미술은 이성적 사고와 초월적 사유를 캔버스 위에 결합시키는 행위이자 실천인지도 모른다. 1970년 뉴욕에 아내와 함께 머물던 김환기 화백은 한국일보로부터 제1회 한국미술대상전에 응모해 달라는 요청을 받는다. 그는 친구인 김광섭 시인에게서 받은 시에서 영감을 얻어 출품할 작품을 그리기로 결정한다. 고국에 있는 소중한 벗들을 생각하며 푸른 점 하나하나에 친구와 고국산천에 대한 추억을 담아 그려진 출품작 점화(點畵)는 '어디서 무엇이 되어 다시 만나랴'의 제목으로 완성된다. 미니멀한 이미지와 색채가 인상적인 '점화'에는 김환기의 모든 삶과 예술세계가 함축되어 있어 대상을 수상하게 된다.

김환기 화백이 한국 아방가르드와 추상미술의 선구자가 되기까지는 그의 두 번째 아내 김향안의 뒷받침이 컸다. 본래 이름은 변동림으로 「날개」의 시로 유명한 천재 이상(李箱)과 결혼했으나 사별하고 만다. 그 후 친지의 소개로 김환기 화백을 만나 재혼을 한다. 그때 성과 이름을 김향안으로 바꿨다. 향안(鄕岸)은 그가 이제까지 사용하던 '아호'이었다. 그녀는 남편과 예술의 대화상대로 뒷바라지에 충실했고 수필작가로도 활동하며 작품집 『월하의 마음』, 『카페와 참 종이』를 출판하기도 했다. 또 한 남편이 그동안 써온 일기를 편집하여

『어디서 무엇이 되어 다시 만나랴』 제목의 산문집도 출간했다.

시는 인간이 놓치는 공간이나 세상의 빈틈을 포착하고 자기 내면에서 울려나오는 목소리에 귀를 기울여 풀어놓는 언어예술이다. 보들레르의 산문시 이후 말라르메는 음악으로, 랭보는 견자(見者)로 시론을 펼쳤지만 폴 발레리는 시를 무용에 비유하기도 했다. 그림을 그린다는 것은 사유의 수단이고 내면의 성찰 과정이자 내면 깊숙한 어떤 것과 조우하는 과정이다. 동시에 육체에 기억된 감각을 표현하는 예술이다. 김광섭은 그림이 떠오르는 주옥같은 시를 썼고 친구 김환기는 그 시를 바탕으로 추상미술시대를 앞서 간 화가였다. 간송 전형필 선생은 김환기 화백을 '우리 문화를 재창조 한 사람'이라 평했고, 유홍준 교수는 역사에 길이 남을 20세기 화가로 박수근과 김환기를 꼽았다.

예술의 최종 목표는 '존재의 중심'을 표현하는 '승화'에 있다. 시(詩), 서(書), 화(畵)는 결국 같은 뿌리다. 자신의 예술미학을 나타낸 서예가 추사, 진경산수화의 겸재 정선 등이 있고, 백석의 연인 김영한 여사는 1,000억 원대 재산을 시주하면서 아깝지 않으냐는 질문에 "그(백석)의 시 한 줄만도 못하다." 했다. 그만큼 짓기도 감상하기도 어렵고 소중하다는 의미일 것이다. 글을 쓰면서 그림으로 마음가짐을 표현하고자 화필(畵筆)을 든 노벨문학상 수상자로는 '예이츠', '타고르', '포크너', '버나드쇼', '귄터 그라스' 등이 있다.

별관에는 김환기와 그의 아내 김향안의 뉴욕 생활이 오롯이 담긴 화실과 많은 그림이 전시되어 두 사람의 사랑과 예술혼을 느낄 수 있었다. 시가 다 설명하지 않고 전달하듯이 추상 미술도 보이는 것에 집착하지 않고 마음에서 우러나오는 것을 표현하였기에 나름대로 자유롭게 내 멋대로 해석하고 감상하며 심취했다. 평일 날이라 관람객도 별로 없고 도슨트(Docent)의 설명도 들을 수 없어 천천히 돌아보니 그림은 사람과 교감하면서 존재하는 것, 미술품은 인간의 부족한 부분을 채워주고, 감상자에 의해 확장되고 성장한다는 것을 알게 되었다.

스티브 잡스도 로스코의 그림을 감상하며 영혼의 안식을 느끼고 자기 공명을 했다고 고백했다. 예술을 치유의 방법으로 본 것이다. 사람마다 취향이 다른 까닭은 이렇듯 각자 자신에게 부족하다고 느끼는 빈틈이 다르기 때문일 것이다. 비어서 허전한 자신의 틈새를 채우기 위해 우리는 자신에게 위로가 되는 예술을 감상하고 맘껏 즐기면 이것보다 더 멋진 삶이 어디 있으랴.

예술가의 몫은 사람들이 자아를 들여다볼 수 있는 거울을 손에 들려주는 것이다. 시인은 시로써, 화가는 그림으로, 음악가는 노래로써…. 오래 가는 예술은 결국 점 하나마다 고향산천과 친구의 얼굴을 기억해낸 진실이 담긴 김환기의 점화 '어디서 무엇이 되어 다시 만나랴' 같은 예술작품이라고 생각되었다. 미술애호가들도 이를 인정하여 최근 국내미술작품 경매 최고가인 47억 원을 기록했다. 그동안 내가 써온 글들이 고졸(古拙)한 작품에도 이르지 못하면서 한 폭의 추상화가 되는 시를 써야겠다는 욕심을 품어보았다. 북한산 자락에 조화롭게 숨은 듯 자리 잡은 미술관을 나오며 매일 한 뼘씩 높아지는 10월 하늘을 고개 들어 올려다보았다. 그곳 파란 광장에서도 詩, 書, 畵의 전시회가 열리고 있었다.

여보 몇 시야

고희숙

창에 어둠이 묻어있다. 밤새 뒤척인 것 같은데 조금은 잔 모양이다. 가시지 않은 잠을 애써 밀어내며 거실을 향해 묻는다. "여보 몇 시야?" 시간이 궁금해서가 아니다. 나도 깨었다는 것을 알리는 신호이다. 대답이 없다. 무슨 일인가. 새벽 운동을 나갔던 사람이 돌아오고도 남을 시각인데. 느리게 몸을 일으켜 밖으로 나온다. 한 모금의 숨소리도 묻어있지 않은 거실엔 한기만 가득하다. 소리 없는 누군가가 내게 일러준다. 이 공간엔 너뿐이라고.

그 사람이 집을 비운 지 일 년 하고도 몇 달이 지났다. 착각을 하는 건지, 아님 착각을 하고 싶은 건지 모르겠다. 오늘따라 더욱 길어 보이는 소파 한 켠에 몸을 던지듯 눕는다. 반대 방향으로 누워 TV를 보자며 그다지 낡지도 않은 소파를 새것으로 바꾸었었다. 그리고선 몇 번이나 누워 보았을까. 초점 없는 시선이 민망해 천장을 올려다본다. 어둡다. 아무것도 보이지 않는다. 전등을 밝혔는데도 내 시야는 어둡기만 하다. 지난겨울엔 탈 없이 살던 집에 갑자기 냉기가 돌았다. 장롱 위에서 오래도록 잠자고 있던 병풍을 꺼내 창을 가렸다. 빛을 가린 탓에 어둡기만 했지 추위는 가시질 않았다. 그제야 알았다. 추운 것은 몸이 아니라 마음이라는 것을.

삼 년이란 세월은 참으로 매정했다. 몸을 가눌 수 없을 만큼 드센 바람 앞에 눈물은 사치였다. 그 사람은 칠십을 넘기고도 노인성 질환이 전혀 없었다. 그런데, 어느 날부터 몸에 이상 증세가 나타나기 시작했다. 등이, 허리가 조금씩 아프다고 했다. 말이 어눌해지고, 젓가락질이 자유롭지 못했다. 예사로운 일이 아니란 걸 깨닫고 동네 병원부터 대형병원으로 길고 지루한 검사가 이어졌다. 그리고는 죄인마냥 웅크리고 앉아 담당 의사를 기다렸다. 그 사람도, 나도 타는 듯한 입술에 연신 침만 발라 대면서. 진료실 문을 나서면서 약속이라도 한 양 입을 다물었다.

대학로에 내리쬐는 칠월의 햇살은 어찌 그리도 뜨겁던지. 갈피를 잡지 못하는 걸음은 술 취한 사람처럼 질퍽거렸다. '운동 신경원' 무슨 말일까. 의학 상식이 전무했던 난 우습게도 그리 생각했다. 운동이 부족하다는 말인가. 아닌데. 새벽마다 몇 시간씩 걷고 오는 사람한테 운동 부족이라니. 그리고 이어지는 설명에 사계절을 넘나들 듯 혼란스러웠다. 조금씩 늦추기는 하여도 치료가 불가능한 질환이란다. 지나는 바람이었으면 얼마나 좋았을까.

내 집에 파고 든 바람은 커다란 생채기와 함께 눌러 앉았다. 냉장고에서 얼음물을 꺼내 마시다 말고 그 사람에게서 등을 돌렸다. 민망하고 부끄러워 얼굴이 달아오르는 것 같았다. 의사의 설명을 듣던 짧은 순간에 머리를 스치던 게 떠올랐다. "나 어떻게 하지?" 아픈 건 그 사람인데 난 내 걱정을 했다. 빛처럼 스쳐가는 짧은 순간에. 화끈거리는 얼굴에 퍼붓듯 찬물을 한 컵 더 들이마셨다.

그 사람은 긴 소파 구석자리에서 요동을 하지 않았다. 눈만 뜨면 붙박이가 된 듯 그렇게. 우린 둘 다 조금씩 허물어져 갔다. 실낱같은 기대를 안고 가쁘게 뛰어도 보았다. 그러나 어디에서도 답은 없었다. 숨 쉬는 것조차 힘이 들어 기계의 힘을 빌리는 악순환이 이어졌다. 심장이 바스라지게 아프다가도 때로는 미치도록 얄미운 것은 무슨 심사일까.

가끔, 인생은 참으로 우습다는 생각을 한다. 열아홉 하얀 교복을 입은 나를 보며 가슴에 품었다던 그 사람. 그때가 그리 멀지 않은 날 같은데. 까맣던 머리엔 서리가 내리고 몸에선 갈잎처럼 바스락대는 소리만 난다. 어느 날인가 병상에 있는 그 사람에게 그런 말을 했다. 전생에 내가 당신한테 지은 빚이 많은가 보다고. 기계에 의지해 숨을 쉬기에 소리를 낼 수 없어 입모양으로 그 사람 말을 듣는다. 미안하단다. 두 손으로 크게 원을 그리며 많이 미안하단다.

그 사람을 병원 침상에 눕혀 놓고 전철역을 향하는 내 발길이 돌덩이다. 몇 해 전 어느 날처럼 칠월의 햇살이 머리를 달군다. 그만 돌아가라고 문 쪽을 향해 손을 내젓던 그 사람 모습이 걸음마다 밟힌다. 내일 아침에도, 그리고 모레도 눈을 뜨면 거실을 향해 소리칠 것이다. 부러 착각인 줄 알면서도.

"여보 몇 시야?" 하고….

마음의 허기(虛氣)

김종길

진료실에서 만났던 그녀는 후드가 달린 추리닝을 입고 들어왔다. 보통의 동그란 얼굴, 빨간 입술은 나이에 비해 짙은 화장. 왼쪽 어깨가 훤히 드러난 옷에 긴 머리가 어깨를 덮고 있었다. 요염한 모습은 아니지만.

"어떻게 오셨는지요?"

"난 누구에게나 사랑을 받고 싶어요."

뜻밖의 대답이다. 불안이나 우울, 혹은 머리가 아프다는 답이 통상인데 의외여서 엉뚱하게 물었다.

"주변에 열 사람이 있다고 하면, 몇 사람에게 사랑을 받고 싶은데요?"

"열 사람이요."

"과하군요. 다시 꼽아 보세요."

"여덟 사람이요."

"역시나 과한데요."

"여섯 사람, 아니 절반은 안 될까요?"

그녀가 추구하는 환상이 보였다. 세상의 남자를 다 갖고 싶은 욕망, 어떤 야심에 찬 사내가 세상을 다 갖고자 이웃나라로 진군해 들어가듯이, 그녀는 세상의 모든 남자들 나라로 진군하고 싶은 인상이었다. 제국의 대왕이거나 황후 앙투아네트 정도라면 몰라. 하기는 현실계에 이런 모습의 환상이 드문 건 아니다. 사람은 모두가 환상 속에 산다고 해도 좋을 지경이니. 많은 정신질환자들의 세계는 속사정이야 다르지만 이런 식의 환상을 꿈꾸며 살고 있다. 한 정신의학자는 '정상인은 밤에만 꿈을 꾸고 정신환자는 종일 꿈을 꾼다'고 술회하였다.

내 앞의 여인은 그 수많은 꿈꾸는 사람 중 하나일 뿐이다. 그녀는 불만족스러운 표정을 보였기에 약간의 설명을 덧붙이자, 그녀는 속내를 말했다. "노를 할 줄 몰라요. 사랑을 받고픈 마음 때문인 거 같아요."라고 부언하였다. 모두의 사랑을 받고픈 건 그녀의 자유다. 허지만 현실 의 삶이 허용하는지에 대해서는 이해하였다. 현실을 완전 부정하는 심한 환자는 아니다. 다만 사랑 문제 하나는 그런 현실을 '노' 하겠단다.

그녀와 같이 완벽한 사랑을 실천하는 현실에 들어갔다가 실패하고 돌아오는데 성공한 여인이 있었다. 첫 결혼을 하고 2년 만에 이혼 도장을 찍은 E, 그녀의 짧은 행복한 시간과 긴 시련의 여정을 관찰했기에 그녀의 비탄에 찬 일화와 회복까지의 고행을 기억하고 있다.

"남편은 선행하는 '키다리 아저씨'였고 그와 결혼한 것은 나의 우월감이었어요. 반대의 마음도 있었지만. 이혼 과정에서 법원에 다니는 건 심장이 파열하는 고통, 상실 그리고 자멸의 유혹, 아주 많이

슬펐어요. 그는 11월에 근무를 마치고 독일로 귀국 예정이고요. 마지막 보름 전에 그에게 밥을 해주고 싶어서 집에 찾아갔어요. 벨을 누르니까 문은 열어 주더라고요. 밥을 해주고 싶어서 왔어. 밥을 짓고 나니까 집에 가라고 떠밀어요. 끝날 때는 서로 안고서 미안하다고 말했어요. 그가 날 선택한 이유는 똑똑하고 착하기 때문이라고 했어요. 사랑하는 뭔가를 위하여 성공하기를 바란다고 말하더군요. 그는 꼭 이혼 전별금을 보내주겠다고 했어요. 구좌를 보내라고 했지만, 난 안 보냈어요."

나는 그녀를 만나는 동안에 목이라도 맬까봐 여러 차례 조마조마했다. 어린 성장기의 상처가 그렇게 몰아가는 환상놀이였기에 착각이라도 일으키면 큰일이었다. 그녀는 전남편에 대하여 부연 설명을 했다. 가끔은 악~ 소리를 지르기도 했고, 전처의 자식을 가진 남자였다. 아이는 똑똑했지만…. 아마도 정신과 약을 먹는 거 같았다고. 아버지를 '그 사람'이라고 불렀던 아들, 더 설명하지 않아도 그 또한 사랑에 배고픈 남자인걸 아시겠지요? 내게 반문했다. 갑자기 철이 든 질문에 나는 깜짝 놀랐다. 사랑에 배고픈 사람끼리 만나면 서로가 채워줄 수 없다는 말, 그녀는 자기문제의 핵심에 대한 이해를 잘 하고 있었다.

그녀 자신이 바로 사랑의 허기에 굶주려서 환상을 찾아 외국인을 만났던 것이었으니까. 외국인은 그녀의 환상, 외국어를 잘 하게 되는 미래를 그렸고 그를 통하여 고픈 배를 채우고자 하였다. 그녀 자신이 상대의 허기를 채워주는 상대역을 하였지만 결혼의 현실에서 부족한 피드백에 자신은 늘 배가 고팠다. 그의 첫 여자가 떠난 이유도 같은 이유가 아니었을까 싶었다. 그녀는 지혜롭게 '상호 허기를 맞춰줄 수가 없음'을 터득했다.

그녀는 결혼하기 수년 전부터 허기를 느끼고 있었지만 그게 뭔지도 모르고 살았다. 그래서 특히 엄마에게 패악을 저지르고 온 가족을 힘들게 하면서 자학하였다. 언젠가는 웅크리고 방에서 며칠을 굶기도 했다. 억척스런 고집을 식구 누구도 당해내지 못했다. 물은 열심히 마시고 있었기에 생존하였다. 약을 유지하였기에 시간이 지나면서 생기를 찾고 도전을 멈추었다. 유사한 반항이 해마다 수차례 진행되면서 빈도는 누그러졌고 취업에 성공하여 삶의 의욕을 키워나가다가 남편을 만났다. 그녀는 참으로 순수하고 착한 모습의 여인이었고 웅크렸던 내면아이도 조금씩 성장해 갔다. 십년 세월이 넘고 중년이 되어서야 철이 들었다. 그런데 기적 같은 일이 일어났다. 그녀의 어머니가 사경을 헤매다가 회복되고 나자 그녀는 머리에 번개라도 맞아 소생하듯이 다시 취업을 했고 능력을 인정받는 직장인이 되었다.

상대를 갖는 것, 성관계는 육신적 욕망의 해결에 그치는 일이 아니다. 성관계는 두 가지 콘텐츠를 담고 있으니 육체적 내용은 물론이고, 두 번째 정신적 내용이 중요하다. 즉, 하나가 되는 밀접한 친밀감이다. 둘이 하나가 되었기에 '나는 네 것, 너는 내 것'이라는 물리적, 화학적인 하나가 되는 특성이다. 1+1은 3이상이 될 수도 있다. 잘 먹기만 하면 어른이 되는 일은 당연하지만 정신적 성장은 사랑과 훈육이 필요한 오랜 과정이 필수적이다. 결핍이 발생하는 이 성숙의 과정에서, 전혀 결핍이 없기를 바라기는 어렵다. 큰 상처를 입으면 결핍이 발생한 자리를 환상이 대신하고 후일에 왜곡된 욕망으로 분출된다. 모든 부모는 자녀가 이상적으로 성숙하는 어른이 되는 미래를 꿈꿀 것이다. 현실은 헛된 욕망을 좌절시키는 정글, 그곳에는 쾌락이 준비되어 있고, 즐기도록 유혹한다. 오늘의 무대에서 자칫 허기진 배를 위하여 허겁지겁 도리를 벗어나다가 자칫 징벌을 당하는 불행한 파티장이 되지 않도록 조심스럽게 운전을 해야 하는 일이다.

눈물 예찬

공대천

우리에게는 하얀 가슴을 안고 심하게 울었던 날들이 있었고, 또 몸부림치며 울어 보아야할 날들도 다가올 것이다. 많이 그리고 자주 울어보아야 눈부신 날들이 주는 세상의 소중함을 깨달을 수 있으리라. 눈물에도 많은 종류가 있다. 평범하고 세속적인 슬픔의 눈물, 사랑을 심어 주는 애정의 눈물, 진솔한 기도 중의 눈물, 스쳐간 사랑의 애잔한 눈물, 가슴을 찢으며 울부짖는 통한의 눈물도 있다. 그리고 못 다한 후회가 주는 탄식의 눈물도 있다. 이렇게 우리 곁에는 없어야 하는 눈물도 있지만, 많이 흘릴수록 더 좋은 눈물도 있다. 우리를 위한 신의 배려일 게다.

힘들고 외로울 때에 손을 잡아주고 위로의 말을 건네줄 때, 조용히 흘리는 눈물이 신뢰의 눈물이다. 가여워서, 안쓰러워서, 도와주고 싶어서, 아픈 가슴을 쓰다듬어 주는 눈물이 동정의 눈물이고 연민의 눈물이다. 그리고 잘못했기에 용서를 빌고, 상처를 입힌 사람의 행복을 빌고, 자신의 마음을 정화시켜가며 고요 속에 흘리는 눈물이 신앙의 눈물이고 회개의 눈물이다.

이러한 눈물들은 흘리면 흘릴수록 마음이 치유되고, 평온을 찾게 해주며, 깨달음을 얻게 해주는 행복한 눈물이다. 세상을 따뜻하고 밝게 만드는 사람 그리고 맑은 영혼으로 세상을 아름답게 변화시켜 가는 사람들은 좋은 맛의 눈물만을 흘린다. 그들이 부르는 눈물의 노래에는 언제나 주위의 사람들을 배려하는 사랑의 향기가 난다.

눈물을 노래함에 있어서 중요한 하나가 있을 것 같다. 우리에게는 수많은 눈물의 끝이 '감사의 눈물'이어야 하지 않을까? 모든 눈물의 끝은 미움, 시샘, 갈등, 분노 그리고 절절한 미움과 증오 등을 잠재우고 마지막에는 모든 것을 포용하는 감사의 눈물이 되었으면 싶다.

어떠한 상황 아래에서라도 감사하는 눈물만 있다면 우리 모두는 서로의 가슴을 안아주며 살기 좋은 세상을 만들어 갈 수 있으리라. 신이 우리에게 주신 감사의 눈물은 서로의 마음을 비우게 하고 배품을 가르쳐 준다. 아름다운 세상을 만들어 준다.

나에게도 잊지 못할 눈물이 있다. 두 가지 암 수술을 한지 채 삼 년도 안 된 68세의 늦은 나이에 주위의 걱정과 만류에도 불구하고 산티아고 순례길 800㎞를 걸었다. 40일간의 여정 중 36일을 걸으며 흘렸던 나의 눈물, 몸 안의 수분 전부를 증발시키며 땅 위에 뿌렸던 눈물은 복합적이었다.

흘려야할 모든 종류의 눈물을 나는 36일 동안 한꺼번에 쏟아 부었다. 그 많은 눈물 중에서도 돌아가신 아버지에 대한 후회의 눈물이 최고의 치유였다. 아버지에 대한 미움과 원망이 나의 탓임을 깨닫게 해준 감사의 눈물이었다. 그리고 내 아이들에게 내가 해주는 만큼 받지 못한다는 외로움도 나의 탓임을 알게 해준 깨달음의 눈물이기도 했다.

그날 밤, 칠흑 같은 어둠 속에서 고요히 흘린 눈물은 내 마음의 소리를 들려주었고, 앞으로 살아갈 날들을 바르게 놓아 주었다. 내가 내 스스로에게 위로를 받은 치유였다.

우리가 살아가는 세상의 눈물 백화점에는 각양각색의 수많은 눈물이 나열되어 있다. 자신에게 맞는 서너 개 쯤의 눈물을 아주 비싼 값으로 사 보자. 그 눈물을 지갑의 깊은 곳에 넣어 두었다가 외로울 때에 하나씩 끄집어내어 보며 더 외로워져 보자. 그렇게 해서 순간 순간 흘려보는 눈물은 아름다운 삶을 만들어주지 않을까? 삶의 풍요가 평화로운 숨을 쉬게 해주지는 않을까?

눈물은 마음이 깨끗한 눈을 뜨게 해주는 아름다움이다. 그릇된 과거를 잠재워 주는 용서이기도 하다. 잘못된 지난날을 바꾸어주는 치유이며, 싫어하는 사람의 고통을 알게 해주는 포용이기도 하다. 그리고 마음이 가난한 사람들의 아픔을 품어 주기도 하는 사랑이다. 내면의 눈을 맑게 하여 어리석음을 깨우치게 하고, 우리가 살아 가야할 길을 바르게 놓아도 준다. 그리고 눈물은 사랑이 모자라는 사람들을 함께 묶어주는 행복이다.

신이 우리에게 주신 사랑의 선물이다.

만신창이, 그럼에도 감사

신혜경

만신창이(滿身瘡痍). 충격이나 실패 따위로 마음이 심히 상하여 모든 의욕을 잃은 상태를 비유적으로 이르는 말. 기본 의미는 온몸이 제대로 성한 데가 없을 만큼 여러 군데를 다친 상태다. 지금 나의 몸이 그렇다. 후자에 해당하는. 그럼에도 나는 감사한다.

강한 체질은 아니지만 감기 한 번 걸리지 않고 성장했다. 대학 졸업 몇 개월 전 교생 실습까지 끝내고 멋지고 아름다운 교직의 날을 꿈꾸던 어느 날. 급성 폐결핵이라는 어두운 그림자가 나를 덮쳤다. 소화제도 못 먹던 나인데, 독한 약과 항생제 주사로 몸 곳곳이 망가졌다. 5개월여 만에 완치되었지만, 중추신경 어딘가를 건드렸는지 생사(生死)의 고비를 넘나들었다. 몸은 중심을 못 잡아 비틀거렸다.

하지만 사랑의 하나님은 새 생명을 주셨고 나는 교단에 설 수 있었다. 학생들과 선생님들의 사랑 듬뿍 받으며 탈 없이 근무할 수 있도록 지켜주셨다. 내가 원하던 가르치는 행복을 만끽하며, 엄청난 수업량과 폭발적인 업무에도 불평하지 않고 감당하며 최선을 다했다. 여러 학교에 스카웃(?) 될 때마다 모든 것이 나의 능력이라 믿으며….

모든 것이 나를 향한 하나님의 사랑과 은혜이건만 어느 사이에 겸손은 사라지고 교만이 나를 넘어뜨렸다. 몇 학교를 거치며 생활관 관장으로 밤을 지새우며 수없이 코피를 쏟았다. 성대 결절을 반복하며 고3 수업까지 병행했다. 나를 따라다니는 과중한 업무량에도 불구하고 높은 평가에 내 몸을 혹사했다. 게으름도 피지 못하고 모든 일을 감당했다. 분담하며 도와주는 동료들이 있어도 교직을 택했을 때, '선생이라고 입으로 말만 하지 말고 솔선수범하는 교사가 되라.' 하시던 아버지의 당부를 기억하며…. 인간의 생각을 뛰어넘으시는 하나님의 계획 속에 오지(奧地) 학교 발령에 대한 원망과 불평도 용서하시고, 그렇게도 갈망하던 서울 전입을 허락하셨다.

그런데 어느새 또다시 잃어버린 감사의 삶. 그리고 다시 찾아온 고난과 시련을 통해 나를 연단하신 하나님. 실업계 고등학교에서 내가 가장 피하려던 의상과 책임자가 되었다. 사대 가정교육과 특히 식품 영양, 조리 분야를 집중 전공한 나. 의상, 특히 서양 의복 분야는 기본적 지식 외에 문외한이었다. 전공 아닌 전공 분야 수업을 위해 유명한 패션 전문 학원, 전통 한국 의상 학원에 수강하며 수업 연구, 의상 발표회, 교육 환경 개선 위한 최첨단 장비와 시설 구축, 전문대학과 연계 협력, 서울시 가정과 교사 연수업무 추진으로 쉴 틈이 없었다.

설상가상 엄마의 투병. 간병인이 있어도 나만 찾으시니 점심시간마다 차를 몰고 집을 오가던 어느 날, 눈에 검은 먹 줄기를 뿌린 듯 앞이 캄캄하여 진단받은 '녹내장' 판정. 또 몸을 가누기 힘들 정도로 온몸이 떨리는 증상으로 검사한 결과, '근육신경 이상증'으로 완치 불가라는, 절망적 상황이 되었다.

왜 나에게 이런 시련을 주시느냐고 눈물로 기도하며 치유를 바랐건만 '바울'이 몸의 가시를 제하여 주시기를 기도할 때 "네 은혜가 족하다."시던 하나님께선 나를 더 내려놓기를 원하셨다. 육체적 피로가 겹치면 떨림은 더 심했다. 학생들, 동료 교사, 사람들 앞에 서는 것이 부끄러워 말하지 못하는 정신적 갈등에 힘들었다. 그 속에서도 정년퇴임까지 지켜주셨으니 감사할 뿐이다.

퇴임을 앞두고 다시 주어진 십자가의 길. 3년간의 언니 간병으로 나의 육체는 한없이 지쳤다. 그 상황에도 나를 향한 하나님 사랑의 명령. 지방 학교 근무와 가정사를 핑계로 교회 봉사와 헌신을 제대로 할 수 없다며 내 일이라 생각지도 않던 직분들이었다. 자격도 능력도 없기에 피하려 애썼지만, 내가 하는 것이 아니요, 하나님이 뒤에서 일하시며, 돕는 이들 보내심을 믿고 나아가라고 나를 다독이시며 세우셨다.

내 속에 여전히 남아있는 교만과 하나님보다는 사람의 눈을 더 의식한 약한 믿음과 과욕으로 인해 지나치게 무리한 탓에 다시 적신호가 찾아왔다. 간과 신장의 수치 상승으로 위험 경고를 받고, 또 수술도 어려운 척추디스크, 협착증, 전방 전위로 서 있기조차 힘든 극심한 통증. 심한 이명(耳鳴)에 따른 난청까지, 지금 내 몸은 머리부터 발끝까지 총체적 만신창이다.

그럼에도 감사하다. 내 아픔이 주님 당하신 십자가 고통에 비할 수 있으랴. 만신창이지만 호흡이 있고, 걸을 수 있고, 볼 수 있고

들을 수 있음에 감사한다. 나의 힘이요, 나를 아시는 하나님이 내 영혼 회복시켜주실 소망이 있음에. 치료받을 수 있는 여건과 매일 기도할 수 있음에 감사다. '주는 나의 찬송이시오니 나를 고치소서! 그리하시면 내가 낫겠나이다.' 왜냐고 묻지 않고 기도 중에 내가 무엇을 할까를 생각한다. 겸손하게 나를 내려놓고 지금까지 내 삶을 연장하셨고 지키시며 날개 아래 보호하시는 은혜에 감사한다.

나는 나의 역경에 대해 하나님께 감사한다. 왜냐하면 나는 역경 때문에 나 자신, 나의 일, 그리고 나의 하나님을 발견하였기 때문이다.

삼중고(三重苦) 시련과 고난을 이겨낸 헬렌 켈러의 명언을 떠올리며 또한 고백한다. '주님, 주님 한 분이시면 충분합니다!'

현대판 부적, 행운의 2달러

홍 만 식

나는 20여 년 전 현대판 부적을 만들었고, 지금 이 부적들이 사회 곳곳에 널리 퍼져있다. 부적이란 악귀를 쫓고 복을 가져다준다고 믿어, 글씨, 그림, 기호 등을 그린 종이를 가리키는 종교 용어이다. 부적은 일상적으로 쓰이는 글씨와 알 수 없는 그림에 이르기까지 종류가 다양하고 인간의 나약한 마음을 위로하는데, 어느 정도 긍정적 효과를 낼 수 있다고 생각한다.

내가 근무했던 외환은행은 외국환거래와 무역금융의 원활을 도모함으로써 한국의 경제성장에 중추적 역할을 하였다. 한편, 세계 각국 통화를 외국은행들과 직접 수출입하여 고객들에게 판매하였고, 거래은행들은 주로 유럽, 홍콩, 싱가포르와 미국의 은행들이었다. 아울러 전 세계에 지점망을 보유한 국제적 상업은행으로서 규모가 상당히 큰 까닭에 외국은행들은 외환은행을 유치하려고 경쟁이 치열하였다.

1999년 본점 외환업무부 부부장으로 근무하던 어느 날, UOB(United Overseas Bank) 은행 싱가포르 본점으로부터 초대장을 받았다. 그

초대장의 주요 내용은 외국통화 수출입 가격 협상 및 외국통화 업무처리의 견학에 관한 제안이었다. 방문할 곳은 이 은행의 본점이 있는 싱가포르와 홍콩지점 및 상해지점이었다. 부장님은 나에게 출장을 권하였고 나는 휴가를 받아 편한 마음으로 가족과 함께 홍콩으로 갔다. UOB 홍콩지점을 방문하여 지점장과 외국통화 수출입업무에 관한 면담을 하였고 외국통화 수출입 부서에도 직접 방문하여 위폐 감별 능력이 충분한지를 면밀하게 살펴보았다.

다음날, 싱가포르에 있는 UOB 본점을 찾아가 그 은행 책임자와 외국통화 수출입 가격 협상을 시작하였다. 먼저 외환은행은 한국을 대표하는 외국환 전문은행으로서 거래량이 많다는 사실을 부각하였고, 외국통화 수출입 원가분석 자료를 근거로 홍콩은행이나 미국은행보다 외환은행에 유리한 가격을 제시했다. 처음에는 서로 각자의 의견을 주장하였으나 결국, 외환은행이 만족할 만한 수준에서 합의하였고 최종 결과는 서면으로 통보하기로 했다. 미팅이 끝나자 그 은행 책임자가 UOB 은행 방문 기념이라고 싱가포르 통화 몇 장이 나란히 붙어있는 기념 지폐를 선물하였다. 신기하였고 감사 표시로 좋은 선물이라는 인상을 받았다.

오후에는 가족들과 센토사섬과 시내 관광을 하는데, 7살 아들이 음식이 바뀐 탓인지 변비가 심하고 고통스러워했다. 싱가포르 공항 의무실을 찾아가 주사를 맞고 상해로 가는 비행기에 탑승했다. 하지만 비행기에서 아들은 거의 실신 상태가 되어 승무원에게 의사를 찾아달라고 부탁을 하였다. 의사를 찾고 있다는 기내 방송이 나오자마자 승객 중 의사 한 사람이 뛰어와 아들을 살펴보았다. 그는 아들이 위급하지는 않다며 2시간 후에 상해에 도착하니 앰뷸런스를 공항에 대기시키는 것이 좋겠다고 말했다. 마침내 상해공항에 도착하였고, 의사 한 명과 UOB 상해지점에서 보낸 승용차가 우리를 기다리고 있었다. 곧바로 상해대학 부속병원으로 달려가 아들을 입원시켰으며 검사결과 병명은 장염이었다. 치료를 시작하자 병세가 호전되기 시작했다. 남은 일정을 모두 취소하고 서울로 급히 돌아왔으며 아들은 강남세브란스병원에 입원하여 며칠 더 요양하였다.

그 요란한 출장 겸 휴가를 마치고 은행에 출근하여 책임자 회의 시간에 출장 성과와 향후 업무계획을 보고했다. 덧붙여 우리도 UOB 은행처럼 통화로 기념품을 만들었으면 좋겠다는 제안을 하였더니 부장님도 적극적으로 찬성하여 구체적인 내용까지 토의하였다. 나는 미국 사람들이 2달러 지폐를 행운을 가져오는 돈이라고 믿고 있는 관습에 착안하여 그 계획을 수립하고 추진했다. 미국에서 근무했던 경험으로 판단해볼 때, 2달러 지폐는 발행량이 극히 적고 사용하기에도 불편하여 미국인들은 기념으로 보관하는 경우가 많다. 따라서 시중에 유통되는 경우가 거의 없으므로 2달러 지폐확보가 급선무라고 생각했다.

우리와 거래가 있던 미국 Citi Bank 책임자를 만났다. 만일 Citi Bank에서 2달러 신권을 조달해주면 경쟁은행과 비슷한 가격에 수출입 물량을 늘여주겠다고 제안을 하였더니 약 일주일 만에 회신이 왔다. 그 은행에서 미국 연방 준비은행(Federal Reserve Bank)과 접촉한 결과, 외환은행이 필요로 한 물량은 충분히 공급해줄 수 있다고 하였다. 이 회신을 받고 즉시 외환은행 로고가 들어간 카드를 디자인하였다. 문학을 좋아하는 부장님의 '그레이스 켈리(Grace Kelly)' 이야기를 기초로 '신비의 미화 2달러 지폐'라는 제목의 이야기를 썼고 영어로 번역해 카드에 병기하였다. 그렇게 행운을 상징하는 2달러 카드가 우리 사회에 처음으로 탄생하게 된 것이다.

약간 설레는 마음으로 홍보기사를 작성하여 각 신문사로 발송했다. 경제신문에서는 호의적으로 기사를 크게 실어주었고, 특히, 내가 작명한 '현대판 부적'이라는 용어를 그대로 써주었다. 신문이 배포되자 은행의 관계기관과 거래처의 반응이 상당히 좋았고 구해 달라는 요청이 쇄도했다. 전국의 지점에 행운의 2달러와 카드를 발송하여 고객에게 사은품으로 활용할 것을 권유하는 공문을 발송했다.

거래처 사장님들은 행운의 2달러 지폐를 영업장 객장 등에 비치하였고, 개인 고객들도 행운의 기를 받으려고 부적처럼 지갑에 넣고 다녔다. 이 지폐가 정말로 행운을 가져왔는지는 확인할 수는 없지만 지금도 음식점이나 가게에서 흔히 볼 수 있다는 사실이 신기하고 반갑다. 행운의 2달러는 미국의 법적 지폐이므로 경제성 측면에서 볼 때, 다른 부적과는 차원이 다르다고 자부한다.

가끔 아들의 책장에 서 있는 2달러를 바라보면 상해로 가는 비행기에서 마음고생을 했던 일이 머리에 떠오른다. 행운의 2달러 지폐 덕분인지 잘 자라준 아들이 고맙고 기특하다만 하다. 인생의 궁극적인 목표는 행복이다. 행복이란 일상에서 충분한 만족과 기쁨을 느끼는 상태라고 규정해 볼 때, 인간은 정신적 만족 없이 행복할 수는 없다고 하겠다. 내가 만든 '현대판 부적, 행운의 2달러'가 인생의 난관을 극복하고 내일의 꿈을 키워줄 수 있는 현대인의 사랑받는 소장품이 되기를 소망한다.

달빛무늬의 손자

남복희

둘째 손자인 건희는 끝말잇기하다 잠이 들었다. 눈이 부셔 창밖으로 시선을 보내니 진즉 와서 기다린 듯 환한 달빛이 서있다. 잠든 녀석도 달빛무늬 이불을 덮고 있다. 커튼대신 유리 창문에 그려진 고전적인 문양이 달빛과 손잡고 무늬를 그렸다. 신기하기도 하고 귀해서 무늬가 사라질까 봐 손으로 만져본다. 순간 무늬가 움직인다. 손자가 꿈을 꾸는 모양이다. 한 쪽 팔을 옆으로 옮겨 달빛무늬를 잡고 있다.

안방에는 빈 벽이 있고 넓은 창이 있어 달빛도 소풍오고 햇빛도 단골고객이다. 안방 빈 벽면에 햇빛이 기울 때면 어둠이 오기 전 생각들이 보란 듯이 서성이고, 영화처럼 소박한 우리 마음을 영상으로 보여주는 여름날 해거름시간이 좋았다. 말없는 친구를 만나는 시간처럼 몇 번 얼굴 보이다가 사라지곤 했다. 폰으로 옮겨본다. 언젠가 작품으로 태어날 햇빛의 조각무늬들이다. 빈 벽이 주는 행복이다. 무언의 힘으로 우리를 반기는 친구들이 있어 슬며시 웃게 한다.

2년 전 일이다. 생활소품들을 구경하던 중 나비들이 춤추는 누비 이불을 구입했다. 친구를 만난 듯 반가워 자세히 보니 9개 나비의 날갯짓이다. 연보라, 연녹색, 연분홍, 노랑, 파랑 등의 나비의 몸짓이 각기 다르다. 나비 안에 그려진 문양도 조금씩 다르고 조용하고 화려했다. 당장 사용하려고 펼쳐보았다. 변덕이 왔다. 나비 이불을 덮고 있으면 날아갈 것 같고, 조금 어수선한 듯도 해서 이불장에 넣어두었다. 가끔 쳐다보며 몇 개월이 지난 후 다시 꺼내어 보니 나비가 차분해졌다. 내 마음이 차분해진 것이다. 색과 무늬가 주는 감정의 전달이다. 말하지 않는 무늬라도 기다리는 시간이 필요한 것 같다. 편하게 느껴지기까지.

오래도록 기억에 남아있는 무늬가 있다. 작은 꽃무늬 한복을 즐겨 입으셨던 어머니의 모습이 오래 남아 어느 날 나도 모르게 작은 꽃들이 안개처럼 별처럼 뿌려진 잠옷을 샀다. 가볍고 부드러운 면소재로 넉넉한 품이 부담이 없고 이르게 가신 어머니를 떠올리며 잠옷을 아끼면서 만지곤 했다. 막내딸이 둘째아이 가졌을 때 편하다고 가져가서 입고 다시 가져온 어머니 닮은 연분홍 잠옷이다. 노랑, 하양 작은 꽃무늬 잠옷은 세월을 넘어 행복했던 어머니와의 그 시절을 공유하고 있었다.

좋아하는 것도 세월과 닮아가는 것 같다. 뜨거운 태양이, 줄기찬 소낙비가, 크게 소리 내는 파도의 몸짓이 좋아보였는데 이제는 조용한 달빛이, 해거름 햇님의 작별인사가 친구처럼 여겨지고 가끔은 어린이 창작극을 보는 것처럼 수선스런 손자들의 몸짓들이 힘을 나게 하는 지금의 세월이 반갑다.

달빛무늬 손자가 어느 날 말한다.

"해님이 부끄러운가 봐요."

창밖의 주황색 해님이 얼굴을 조금 보이다가 사라진 모습을 보고 시인처럼 말한다. 아이들 마음에 비친 세계는 무지개동산 같다. 어린 손자들의 노는 모습이 살아가는 힘이 된다. 형제끼리 전쟁놀이, 병원놀이, 그림그리기, 예쁜 말로 할머니에게 웃음도 선물하는 '달빛 무늬 손자'의 순진한 미소가 살아가는 이유도 된다. 달님에게 감사할 일인지, 함께 사는 복을 누리는 나는 행복하다. 잠든 녀석의 이불 위에, 무늬 위에 조용히 손을 얹어본다.

살아계신 어머니

임병미

어머니는 돌아가셨다.

어머니가 안 계시는 명절은 너무나 쓸쓸하다.

아무도 살지 않는 시골집은 마당까지 풀 천지다. 뒤꼍으로 이어지는 길은 아예 없어졌다. 어머니 살아생전, 늘 정갈했던 마당가의 조그만 텃밭엔 고추며 가지가 주렁주렁 열렸다. 마당 끝 길옆 밭에는 김장배추와 무가 파릇하니 자라고, 저만치 떨어진 밤나무에서 굴러온 밤송이가 서너 개씩 보이곤 했다. 장독대 커다란 독엔 동네에서 가장 맛있다고 소문난 된장이 머리에 굵은 소금을 이고 그득하니 들어앉았다. 올망졸망 고추장단지에는 육남매 자식 집으로 팔려갈 고추장이 색깔도 곱게 익어갔다.

이젠…. 그 독들은 말끔히 비워져 햇살과 바람만 머물다간다.

시아버지가 돌아가신 뒤로 안방이 아닌 거실에서 생활한 어머니, 그곳엔 여기저기 주인 잃은 물건들이 우두커니 앉아있다. 학교 문턱도 가본 적 없는 어머니가 복지관에 간 첫 날, 우리는 축하하는 의미로 짜장면을 먹었다. 어머니는 나도 학교를 다닌다며 환하게 웃으셨다. 복지관에서 만드신 종이 목걸이와 플라스틱 모빌만이 썰렁해진 옷걸이에 자리를 잡았다.

텔레비전 위, 어느 해 어버이날 큰며느리가 드린 비누장미꽃바구니가 제 빛을 잃어가고 있다. 혼자 남은 집에서 허허로운 마음을 조금이라도 달래주었을 텔레비전. 이제나 저제나 자식들에게 전화가 올까하고 하루에도 몇 수십 번씩 바라봤을 전화기. 초저녁잠이 많아 까무룩 잠이 들다 전화를 받으면, 자식들이 엄마 잠 깨운 것 미안해 할까봐 애써 말소리를 다듬으셨다.

"주무셨어요?"

"안 잤어. 뭐, 벌써 자?"

반가워하며, 전화 줘서 고맙다는 말도 잊지 않던 어머니는 자식들 목소리를 품에 꼭 안고 그제야 단잠에 빠지셨을 것이다.

이젠…. 텔레비전도 끊기고 전화기 벨이 울리는 일은 없다.

주방 안쪽 냉장고는 어머니 보물창고다. 민들레, 고사리, 각종 봄나물들을 먹기 좋게 다듬어 차곡차곡 넣어두셨다. 지난해 김장김치로 만든 만두와, 은행과 옥수수도 있다. 특히 봄을 품은 냉이는 살짝 데쳐 콩가루를 듬뿍 묻혀두었기에 팔팔 끓는 된장국에 넣고 파만 송송 썰어 넣으면 다른 반찬이 필요 없는 맛난 냉이된장국이 되었다. 애고추는 찹쌀풀을 입혀 햇볕에 바싹 말렸다 기름에 튀기면 고소한 고추튀각이 되었다.

싱크대 안쪽에는 크고 작은 기름병들이 있다. 자식들이 보낸 용돈을 모아 가장 실한 깨를 사 햇살 좋은 날 깨끗하게 씻고, 일어 말렸다. 동네 초입에 자리한 방앗간 기름틀에서 나오는 맑은 기름은 자식들이 먹을 큰 병에 먼저 담았다. 맨 나중 찌꺼기와 함께 나오는 탁한

기름은 작은 병에 담겨 어머니 몫이 되었다. 어머님은 늘 그랬다.

이젠…. 냉장고는 빈 가슴으로 허망하게 서있고, 싱크대엔 어머니 마음 흔적만이 조금 남아 있다.

안방의 작은 탁자에는 보고플 때마다 쓸어내리고 눈길이 머물던 손주들 돌・백일 사진이 병풍처럼 서있다. 그 앞엔 아기 예수님을 안은 선한모습의 성모상과 손때 묻은 묵주가 있다. 성당에 다녔던 어머니가 새벽 네 시면 일어나 두 손 모으고 자손들의 건강과 성공을 간절히 기도드렸다.

윗목 서랍장에는 여름철 습기를 제거하고, 좀이 스는 것을 방지하기 위해 신문지 두 세 겹을 바닥에 깔았다. 그 위에 누군가 사다준 내복이며 양말, 앙증맞은 손지갑이 포장지도 뜯지 않은 채 가지런히 놓여 있었다. 어머니 속옷들은 보풀이 일고, 양말 뒤끝이 헤질 듯 닳았어도 입어서 편하고, 아직 신을만하다 하셨다. 나이 들으니 손에 익은 것이 좋다며 새것은 늘 자식들에게 내주셨다. 어느 여름날, 어머니는 내게 서랍장에서 한지로 꾸민 작은 상자를 꺼내주셨다. 그 안엔 분홍 천에 예쁜 수가 놓인 접부채가 들어있었다. 지금도 가끔 어머니가 생각날 때 꺼내보곤 한다.

이젠…. 서랍장은 바닥에 깔아 놓았던 신문지들 차지가 되고. 탁자위에는 영정사진만 덩그러니 놓여있다.

어머니 영정사진을 바라보니 "어서 오너라. 먼 길 오느냐고 힘들었지?" 하고 예전처럼 환하게 웃으신다. 그러자 집 안팎 무채색이었던 모든 공간에 고운색이 입혀지고 정겨움과 웃음이 묻어난다. 어머니 사랑과 그리움이 가득 들어찬다.

어머니는 살아계신다.

부채를 탐하다

한 정 희

"혹 당신은 부채에 가려지는 것 아닙니까?"

복더위가 기승을 부리던 어느 날, 부채의 이모저모를 이야기하던 라디오방송 진행자가 툭 던진 말이다. 말인즉 길을 가다가 달갑지 않은 사람이 눈에 띄었을 때 꼭 마주치지 않아도 된다는 게다. 부채를 양산 삼아 본인의 얼굴을 슬쩍 가리고 지나치란다. 내키지 않는 상대를 만나 괜한 스트레스 받을 것 없이 부채 하나로 간단히 해결할 수 있다는 설명이다. 요는 타인한테 그런 꼴을 당하지 않게 자신을 잘 간수하라며 마무리 짓는다. 정색을 하고 말한 것은 아니지만 우스갯소리로 넘기자니 긴 여운을 남긴다. 과연, 나는 남에게 어떻게 비치는지 매우 궁금하다.

아닌 게 아니라 가끔 입장이 거북한 때가 있다. 딱히 상대에게 피해를 당한 것도 아닌데 만나기 떨떠름한 경우가 없지 않다. 그런가하면 잘 나가는 사람 앞에서는 상대적 박탈감으로 주눅이 들기도 한다. 또한 내 마음이 편치 않거나 행색이 초라할 때 아는 이를 만날까봐 조심스럽기도 하다. 부채는 그저 한여름 바람을 내는 소품인 줄 알았는데 그게 아닌가 보다. 이제부터 부채를 꼭 챙겨야 할까보다.

그런데, 불편한 상대를 피하고자 부채로 내 얼굴을 가려 그 자리를 면피하는 것이 대수가 아니지 싶다. 되레 상대가 나를 피하기 위해 부채를 사용하는 것이 더 큰 문제다. 방송 진행자도 그 점을 물었을 터. 오죽하면 남의 부채에 가려질까. 이참에 곰곰이 나를 들여다본다. 혹 주제넘거나 젠체하여 남의 심기를 언짢게 한 일은 없는지. 결코 아니라고 장담할 수가 없다. '열 흉 가진 자가 남의 흉 한 가지를 본다.'고 하지 않던가.

부채 이야기를 하다 보니 단발머리 시절이 생각난다. 여름밤이면 으레 마당에 모깃불을 피우고 멍석을 깔았다. 그러면 약속이라도 한 듯이 콩물 먹인 노란 부채를 든 이웃 아주머니들이 하나 둘 모여 둘러앉았다. 어른들은 부채질을 하며 두런두런 얘기를 나누고 우리는 모깃불 연기를 마시며 술래잡기를 했다. 그러다가 어머니 곁에 누우면 이마의 땀을 훔쳐 주고 연신 부채질을 해주셨다. 덕분에 더위를 먹지 않고 긴 여름을 날 수 있었다.

또 잊히지 않는 기억이 있다. 먼 일가 할머니가 큰집에 오시면 동네 사람들이 사랑채로 모였다. 그분은 전기수가 된 듯 '숙영낭자전, 심청전' 등의 이야기를 맛깔나게 들려주었다. 그중 회심곡(回心曲)을 구성지게 읊을 때면 모두 숨소리도 내지 않았다. 다만 "암 그렇고말고" 하고 가끔 추임새를 넣을 뿐이었다. 나는 무슨 의미인지 알아듣지는 못해도 왠지 슬프다는 생각을 했다.

그 후, 십수 년이 지나 우연히 창의 대가를 통해 회심곡을 들었다. 어릴 적에 들었던 희미한 기억에 자료를 찾아보았다. 긴 사설

중에 한 대목이 눈길을 끌었다. '단야(短夜) 밤에 모기 빈대 각다귀 뜯을세라 곤곤(困困)하신 잠을 못 다 주무시고 다 떨어진 세살부채를 손에다 들고 온갖 시름 다 던지고 허리 둥실 날려 주시며….' 두세 번을 읽고서야 목울대가 뜨거워졌다. 유난히 더위를 타 부채를 손에 달고도 땀띠로 애를 먹던 어머니. 생전의 그 모습이 아른거린다.

부채를 엿보다보니 어느 책에서 본 그림이 눈에 선명하다. '조선 후기 진경산수화의 대가 겸재 정선 선생이 부채에 그린, 금강산의 정양사(正陽寺)'이다. 그림 설명이 어지나 자세한지 금강산을 마주 한 듯 생생하다. 금시라도 부채 속 기암괴석에 생기가 돌고, 수백 년 묵은 장송들이 일렁이면서 솔바람을 낼 것만 같다. 사찰에서는 불경과 목탁소리가 산골짜기를 감돌고 처마 끝 풍경이 은은하게 울릴 듯 하다. 그런가 하면 저 산마루턱 바위에 선비들이 둘러앉아 시 한수를 읊으며 금강산 풍치에 취했을지도 모른다. 이렇듯 선생은 소소한 물건도 홀대하지 않고 여유와 낭만을 즐겼으니, 진정 풍류를 아는 멋진 선비임에 틀림없음이다.

그러고 보니 우리 집에도 부채가 하나 있다. 오래전 서예가인 남편 친구가 집들이 선물로 보내준 것이다. 갓난이 키만 한 쥘부채에 손수 쓴 네 글자 '처염상정(處染常淨)' 무슨 뜻인지도 모르고 벽이 허전하여 줄곧 걸어 두었다. 새삼 부채를 눈여겨본다. 그간 어찌 그리도 무심했을까.

생각지 않게 부채를 탐(探)하다가 이런저런 생각에 들었다. 그저 여름 한철 더위를 쫓는 하찮은 물건으로 여겼는데 쓰기 나름 아닌가. 시절이 바뀌어 부채가 그리 소용되지는 않지만 예전에는 두루두루 요긴하게 쓰였을 부채. 옛것이 자꾸 잊히고 밀려나는 것 같아 아쉽기도 하다. 아무려나 제 흠은 보이지 않게 마련이다. 하지만 볼썽사납지 않도록, 남의 부채에 가려지지 않게 나를 건사함에 게을리해서는 아니 되리라.

내 마음 나빌레라

하수옥

툭툭 털어버릴 수도 누구에게 한 움큼 주어 버릴 수도 없었던 나의 삶의 흔적이 옥탑방에 웅크리고 있다. 까마득하게 잊고 있었는데 산문 지도 선생님이 과제로 명화감상문을 제출하라고 하니 불현듯 떠오른다. 아, 그렇지 옥탑방에 처박아 두었던 '이삭 줍는 여인'과 시아버님과의 그 찬란했던 시절이 선물같이 떠오른다.

시아버님 방에 걸려있는 인쇄된 '이삭 줍는 여인'의 액자를 수로 놓을 수 있느냐 하시기에 나는 흔쾌히 할 수 있다고 답했다. 남실바람이 불고 있는 오후에 36년 전에 하늘색 공단에 3년여에 걸려 수를 놓은 '이삭 줍는 여인' 액자에게 참으로 오랜만에 봄볕을 맛보게 했다. 그 시절에 나에게도 이렇게 햇볕이 따스하게 비추어 주었을 것이다. 나의 얼굴에도 세월의 흔적이 있고 액자도 많이 낡아있었다.

'이삭 줍는 여인' 프랑스 사실주의 화가. 장프랑수아 밀레의 1857년 대표작. 밀레는 일하는 농민과 아름다운 자연이 어울리는 목가적인 풍경을 그렸다. 허리를 굽혀 땅에 떨어진 이삭을 줍는 세 여인. 너무나 친숙한 밀레의 명화다. 저 멀리 쌓여있는 노적가리에 비해

가난한 농촌의 세 여인은 궁핍한 삶을 살았던 우리들의 어머니 모습이다. 들에는 황금빛이지만 가난한 우리들의 어머니가 마음속에 쌓인 욕심을 버리고 작은 것에 감사하며 이삭을 줍는 여인들의 아름다운 모습을 동경 하셨으리라 짐작된다.

5~60년대에 피죽도 끓여 먹을 것이 없어 소나무 껍질을 벗겨 끓인 송케죽을 먹으며 연명하던 시절에 보리이삭. 나락이삭을 주워서 가족의 끼니를 때워야 했던 우리들의 어머니 모습이 명화 속에 있다. 그림을 보니 "서두르지 마라 서두르면 실수가 있다." 하시던 말이 잊히지 않고 떠올랐다. 가부장적이고 다분히 권위적인 분이었지만 며느리들의 생일을 잊지 않고 선물을 꼭 챙겨주셨다.

직장에서나 집안에서도 그분의 뜻이라면 거역할 수 없었다. 이런 분의 큰며느리인 나는 당사자인 아들을 제쳐두고 2시간 40분이나 선(先)을 보았다. 동석했던 시고모님께서는 신문에 날 일이라고 말씀하셨지만 나는 부드러운 미소에 학식과 정이 넘치는 말씀에 내가 먼저 본가의 아버님 대하듯 했다. 훗날 건방지지 않고 도리를 알고 있는 것이 마음에 들어 혼인을 결정하셨다고 했다. 나는 마음이라는 것의 실체를 가늠할 수 없으니 내 마음의 크기가 얼마 만큼인지 모르겠지만. 그러나 아버님의 마음은 그 어떤 폭풍이 지나고 비바람과 찬 서리에도 변함없이 꿋꿋이 간직하고 계시는 것을 느끼며 존경했다.

"세상이 다 미쳐 돌아가도 너만은 미치지 않았으면 한다." 하고 당부하시던 말씀 때문에 다소곳하고 조신하지 못한 나는 착한 며느리 병을 앓기도 했다. 가득하기를 바라는 나의 음흉한 속내를 들키지 않으려고 블리자드 같은 바람(미국 버지니아에서 부는 심한 추위와 강한 눈보라를 동반한 서

북풍)이 불어와 외롭고 허허로움 때문에 나의 부족함이 드러날까봐 조심하면서도 한편으로 겁나기도 했다. 고상하고 세련되기를 바라셨지만, 어쨌든 나는 나의 책임을 다하려고 노력하며 지냈다. 지금 생각하면 그것은 아주 잘, 이건 정말이다. 봄날 햇살이 좋은 날에는 김부각을 해야 했고 매일 식사에는 붉은 새우튀김과 당근 전, 진석화젓(생굴을 천일염에 간하여 단지에 담고 창호지를 발라 밀봉하여 3~5 년이 되면 젓국물을 달여서 붓는다. 고약같이 새까만 진석화젓이 된다)이 빠지면 안 되는 불문율 같은 것이 있었다. 절기 따라 찬을 챙기는 어머니는 주위에서 열녀문 세워주어야 한다고 말할 정도로 대단한 열녀이셨다.

그 시절에는 사방이 높은 벽으로 둘러쳐 있는 것 같아 탈출구를 찾지 못하고 올려다볼 곳은 오직 하늘 밖에 없는 것 같이 느끼기며 지냈다. 쉬운 말조차도 누구에게 제대로 하소연하지 못하는 나에게 '좋아좋아 잘하고 있어. 참 좋은 모습이야.' 하고 내 스스로에게 최면을 걸기도 했다. 아무리 둘러보아도 적군뿐이고 아군이라고는 단 한 명뿐이지만 그도 약간 흔들리는 돈키호테 같은 효자다.

나에 인생에 가장 가까이에 두 분의 스승님이 계셨다. 시가와 친가의 아버님들이다. 지쳐있는 나에게 생기를 넣어주셨고 차디차게 식었을 때 내 마음 건드리지 않고 조용하게 위로해 주시기도 했다. 굳이 말하자면 가장 좋은 위로자였고 믿고 의지할 수 있는 내 편이었다. 밑에 동서들이 시샘을 하기도 했으니까. 지난 시간이 이렇게 그리운 데 내가 없으면 누가 기억해 줄까. 말갛게 소녀같이 웃으시던 시어머니. 그 시간이 지나니 내게 향수로 다가오며 시부모님의 한없는 사랑을 받고 살았구나.

나의 마음 한편 빼닫이(전라도 사투리. 서랍) 속에 고이 간직하고 싶은 추억들이 나비가 되어 아버님과 눈부신 나날들이 봄 햇살을 받고 날아다니고 있다. 집이 좁아 딸애는 엄마 머리 위 천장에 걸어놓고 보라고 하지만 내가 떠나더라도 가보로 이어가기를 은근이 바라며 다시 표구를 맡겼다. 참, 지금까지 말하지 않았지만 거역하지 않고 고분고분 수를 놓아주어서 고맙다고 수고비 3만원을 주셨는데 그 돈으로 친구 여섯 명과 점심식사를 아주 즐겁게 하며 존경할 수 있는 시부모를 둔 나를 모두가 부러워했다. 이런 마음 벅찬 즐거움이 그리움이 되어 봄 햇살에 나비가 되어 날아다닌다.

나를 담은 집

공화순

TV에서 즐겨보는 프로그램이 있다. '건축탐구 집'이다. 막연하지만 오래전부터 살 집을 직접 지어보겠다는 꿈을 키우고 있었다. 설계도까지 그려놓고 있었지만 결국 TV로 대리만족을 하는 셈이다.

집은 다양한 모습을 지닌다. 모양과 크기는 물론이고 사는 사람들에 따라 제각각 다른 이야기들을 담고 있다. 그래서 어떤 집이라도 사는 사람들의 성품을 닮기 마련이다. 장난삼아 친환경주택이라며 어설픈 설계를 해놓고 진즉에 건축계획도 세웠다. 시공부터 자재 등, 필요한 것을 나름 꼼꼼하게 적어놓았다. 그때까지만 해도 내 손으로 집을 지을 수 있을 거라 생각했다. 관련업계 일을 하는 지인에게 설계도를 보이며 실용화할 수 있는지도 타진해봤다. 하지만 너무나 소박했던 그 작은집의 설계도는 써보지도 못한 채, 책장 틈바구니 속에 깊숙이 묻혀버렸다.

TV에서 보는 집들은 저마다의 사연을 품고 하나같이 멋진 모습을 뽐낸다. 다양한 집을 감상하다 보니 터무니없는 욕심이 고개를 들기 시작했다.

"중정이 있는 집을 지어야지. 계단을 이용해 넓은 책장을 만들고 계단 중간에 세로로 긴 창을 내야지. 지붕 아래 천창이 있는 다락을 만들고 긴 겨울밤을 그곳에서 별들과 지내리라. 작은 여분의 땅에는 들꽃들을 아무렇게나 심고 가꾸며 계절을 잡아둬야지."

어느새 꿈은 시작했던 설계와 전혀 다른 방향으로 커져만 갔다.

내가 지금 보고 있는 집들은 지은 사람들의 땀과 노력의 결실일 것이다. 그래서 모두 아름다운 작품이 되었다. 그런데 내 눈은 너무나 쉽게 그 완성된 집들을 바라보고 있다. 그들의 보이지 않는 수고를 계산하지 못한 것이다. 생각이 여기에 미치자 부끄러워진다. 바깥 풍경을 많이 담으려면 큰 창을 내고 추위를 감수한다고 했다. 주변 자연과 어울려 살기 위해 기꺼이 나무와 새들과 집을 공유하는 것을 보며 많은 생각을 하게 된다.

어쩌면 사람의 몸집도 이와 다르지 않을 것이다. 외형을 근사하게 갖추고 있다고 해서 속 모양까지 다 근사한 것은 아니다. 한때 표면에 드러난 것 없이 소박한 집이라며 쉬이 지나쳤던 적이 있다. 하지만 외부에서 본 것과 달리 내부에 중정을 품고 환한 빛이 가득한 집을 봤을 때의 당혹감은 충격에 가까웠다. 그때부터다. 중정을 놓은 집이 마음속에 깊이 자리 잡게 된 것이. 동시에 사람도 이와 같아서 겉모습으로 섣불리 판단해선 안 되겠다 싶었다.

처음 보는 사람을 유독 경계하고 내 기준에서 판단하여 쉽게 다가서지 못하는 못된 버릇이 있다. 나이를 먹으며 이런 나의 지나친 경계와 편견은 주춤하게 된다. 내 눈이나 판단도 전적으로 의지할 것이 못 된다는 걸 알기 때문이다. 집이 작다 해서 초라하다고 할 것인가. 작지만 누군가에겐 필요한 것을 충족시킨다. 최소비용으로 실용적인 집을 지을 수만 있다면 얼마나 멋진 일인가.

나는 작은집을 소유하고 있다. 물리적인 공간으로서가 아니라 내 활동영역에서 나를 품고 있는 공간은 남들보다 비좁다. 많은 사람을 품지도 못하고 그렇다고 내어줄 만큼의 여유 공간도 지니질 못했다. 그저 나만 겨우 추스를 정도의 집이다. "마음은 빙산과 같아서 수면 위로 드러난 부분은 1/7에 불과하다."고 지그문트 프로이트(1856~1939)는 말했다. 물리적으로 보여주는 집마저 작고 초라한 나로선 얼마나 위로가 되는 말인가. 돌이켜 개선의 여지도 열어두고 있으니 다행한 일이기도 하다.

지금까지 수많은 집에 관심을 갖고 바라보았다. 내 집을 감당할 생각도 없이 멋진 집들만 좇은 셈이다. 그러다보니 어느새 인생 한 바퀴의 모퉁이가 코앞에 닥쳤다. 이제 외형이 아닌 내부를 들여다볼 시점이다. 한동안 아무리 고민하고 노력해도 키우지 못했던 몸집이었으나 지금까지 무탈하게 나를 품어온 집이다. 나보다 큰 집이었다면 잘 감당할 수 있었을까. 공평하신 하나님은 모든 사람들에게 감당할 만큼의 것을 주신다고 했다. 내게 주어진 물리적인 공간 역시 내가 감당할 수 있는 최적의 공간일 테니, 이 작은집을 환히 밝힐 중정 하나 품어볼 일이다.

숲속의 작은 오두막을 바라본다. 겨우 한 사람 웅크리고 살아갈 수 있는 집인데 주변 나무와 아무 새들과도 거리낌 없이 어울린다. 비바람도 막아주고 숲속에서 도란도란 누군가의 소박한 이야기를 담고 있는 모습이 오늘따라 꽤 근사하다.

3.

사랑, 되돌아오다

육십, 뜨거워도 괜찮아

- 사랑하라, 한 번도 사랑하지 않은 것처럼

이명지

나이가 들었다고 아무도 사랑하지 않는 것은 직무유기다. 사랑도 받아본 사람이 잘할 수도 있고, 받을 줄도 안다. 사랑을 받을 줄 모르는 사람도 있다. 받아본 경험이 많지 않아서가 아닐까? 그런 이는 사랑을 할 줄도 모른다. 사랑의 언어를 알지 못하는 것이다. 사랑하지 못하는 사람은 뜨겁게 자신을 안아줘야 한다. 자신 안의 안테나를 찾아내야 한다.

강아지를 키워보면 교감하는 수신호가 있다. 주인이 저를 이뻐하는지, 어떤 행동을 하면 맛있는 간식을 주는지를 안다. 말하지 않아도 아는 언어, 그것으로 강아지를 훈련한다. 말할 줄 아는 인간이라고 모든 것을 말로 다 하지는 않는다. 눈빛, 몸짓, 목소리에도 수십 수백 가지가 담긴다. 다만 표현해야 한다. 무엇으로든 표현이 되어야 상대에게 신호가 닿는다. 교감이 되는 것이다. 내 마음을 왜 못 알아주나? 하고 섭섭해 하는 것은 어리석은 일이다. 표현하지 않으면 모른다. 일일이 알아차리기에 사람들은 너무 바쁜 세상을 살아가고 있다. 어떤 식으로든 표현해야 한다. 표현하다 보면 상대의 신호를 잡는 데도 민감해진다. 마음이 보인다. 교신이 가능해지는 것이다. 아니, 더 많은 사랑의 신호가 삐삐 안테나를 울릴 것이다.

작년 여름 전원살이를 위해 전원주택 단지로 이사를 했다. 시골에 가서 텃세를 당하지 않고 좋은 이웃을 만나려면 3대가 덕을 쌓아야 한다는 말까지 들으며 걱정이 컸다. 에이, 거기도 사람 사는 우리 땅인데 뭐 그리 어려운 일일까? 스스로 마음을 다독이면서도 걱정이 되긴 했다.

지은 지 오래된 별장을 사 공사를 시작했다. 20년의 세월이 어우러진 마당의 조경이 좋아 낡은 집을 샀더니 손댈 곳이 많았다. 대기업에서 건축디자이너로 있던 사위가 막 자기 사업을 시작한 터라 공사를 사위에게 전적으로 맡기고 초기에는 가보지 않았다. 먼지 날리는 공정이라고 열흘이 지난 후에나 오라는 것이다. 가기로 한 날을 하루 앞두고 난리가 났다는 소식을 들었다. 동네 대표라는 분이 와서 온갖 트집을 잡으며 공사를 방해해 대판 싸움이 벌어졌다는 것이다. 며칠 전부터 와서 주인이 누구냐? 전화번호를 내놓으라 했다는 것이다. 시끄러운 공사를 하면서 주인이 코빼기도 보이지 않으니 심기가 불편했던 모양이었다. 공교롭게도 그다음 날 가서 동네 이웃들에게 인사를 하려던 참이었는데, 아차, 한발이 늦어버렸다. 그분의 노여움이 이해는 됐다. 나의 불찰인 것이다.

다음날 나는 과일 몇 상자를 싣고 현장에 갔다. 사위를 앞세우고 제일 먼저 어제 불상사를 빚었다는 동대표를 찾아갔다. 그런데 의외로 반갑게 맞아주시며 새로 이사 올 사람에게 이 동네의 규칙 등을 알려주려 했다며 순한 얼굴을 했다. 이사 왔을 때 알려줘도 무방한 것들이었지만 누가 오는지 궁금함이 컸거나 먼저 인사하지 않고 공사를 시작한 것이 괘씸했던 모양이었다. 진작 인사를 했더라면 이런 일이 없었을 텐데 나의 안이함이 감정을 상하게 했나 보았다. 가까이 이웃한 댁들도 찾아 인사를 했다. 공사로 불편함을 끼쳐 죄송하다고 하니, 새 이웃을 기다리는 설렘으로 인내할 만하다며 환영해주었다. 이 동네는 10여 가구가 조금 넘는 전원주택 단지다. 그나마 절반은 별장으로 쓰는 집이라 주말에만 사람이 오니 주거하는 집은 대여섯 가구여서 대체로 비어있던 집에 사람이 들어오니 반가웠나 보았다.

이사 온 지 이제 1년. 네 번째 계절인 봄을 맞고 있다. 유난히 장마가 길던 여름에 이사를 왔는데 남한강이 바라보이는 집이라 물안개가 피어오르는 풍경이 어찌나 운치 있던지 장마도 선물 같았다. 우리 집 단풍나무는 빛깔 곱기로 이 동네서 최고라고 이웃들이 말해주었는데 가을이 되자 정말 그 찬사에 보답이라도 하듯 불타는 붉은 빛으로 황홀한 가을을 선사했다.

겨울은 더욱 환상이었다. 집집마다 정원수로 소나무가 많은 이 동네는 겨울에도 푸른빛을 잃지 않았다. 세상을 뒤덮은 흰 눈 위로 고고하게 푸르름을 자랑하는 소나무의 위용은 사방으로 동양화를 그려냈다. 추사의 세한도가 부럽지 않았다. 나의 시골살이를 격하게 환영하는 듯 올겨울은 눈도 많이 내려 폭설에 갇히는 젊은 시절의 꿈도 실현해봤다. 애인과 함께는 아니었지만 말이다. 마당이라는 시루에 한가득 백설기를 쪄놓은 것 같은 풍요로운 마당에 디딤돌이 나올 만큼만 오솔길을 내고 강아지처럼 뛰어도 보고 익살스런 표정의 눈사람도 만들며 동심으로 돌아가 본 아름다운 겨울이었다.

십 년을 경영하여 초려 한 칸 지어내니
반 칸은 청풍이요 반 칸은 명월이라
저 청산은 들일 데 없으니
둘러두고 보리라

예전부터 애송했던 조선 시대 호남가단의 수장 송순의 시조가 입에서 절로 흘러나왔다. 지금 나의 심정이 딱 그랬다.

전원살이의 백미는 역시 이웃이다. 우리 조상 삼 대가 덕을 쌓으셨나 보다. 따뜻한 이웃들과 살고 있으니 말이다. 신고식을 호되게 치르게 했던 대표님도 텃밭에서 수확한 감자나 옥수수를 대문 앞에 두고 가시고, 앞집 옆집에서 소박한 음식이 울을 넘는다. 마당에 파라솔을 펴고 왁자하게 낮 술판이 벌어지기라도 하면 석양이 얼굴을 비출 때까지 웃음소리가 그치지 않는다. 도시의 어떤 풍류를 여기다 비길까.

강변 따라 산책길을 같이 걷기도 하고 맛있는 음식을 함께 먹으러 가기도 한다. 낯선 이방인이 정착할 수 있도록 지역의 정보를 살뜰히 챙겨주고 시골살이의 불편함을 해소해 줄 믿을만한 사람들을 소개해 주기도 한다. 내가 이웃들에게 한 것은 하나뿐이다. 인사, 진심을 담아 인사를 건넸을 뿐이다. 진심이 아닐 리 없다. 나는 이 동네가 참 마음에 들고, 여기서 이웃들과 정말 잘 지내고 싶으니까. 그 마음을 인사로 표현했을 뿐이다. 알고 보니 서울에서 살 때도 대부분 지척의 이웃들이었다. 다만 서로 몰랐을 뿐이다. 계속 서울에서 살았다면 우리는 끝내 모르고 살 사람들인지 모른다. 인연의 끈이 이곳에 와서야 비로소 이웃으로 어우러진 것이다.

이웃들은 내가 긴 외출을 할 때면 우리 집 리트리버 강아지가 심심할까봐 와서 놀아주기도 하고 밥도 챙겨주신다. 철쭉으로 된 울타리에 통로를 만들어 한마당처럼 오가며 산다. 그렇다고 서로의 사생활을 방해하거나 무례하게 아는 척을 하는 일은 없다. 서로 마당에 나와 있을 때 반갑게 인사를 주고받는다. 지나친 관심은 애정이 아니란 것쯤은 말하지 않아도 아는 나이들이다. 대체로 일에서 은퇴한 사람들이라 연륜도 있고 마음의 여유도 있어 대화가 순하다. 전원 속에 사는 사람들의 넉넉함이 아닐까.

전원살이가 로망이라는 친구들이 집구경을 와서는 반드시 하는 말이 있다. 여기에 짝꿍만 있으면 완벽하겠다고. 나의 대답은 분명하다. 자유로움을 위해 외로움을 선택했다고. 나는 오래전에 묘비명도 써두었다. '한없이 자유롭고 싶어 한없이 외로웠다'라고.

그렇다고 사랑을 포기했다는 뜻은 아니다. 나는 안테나를 세우고 있다. 빛의 속도, 타키온으로 오는 신호도 잡아낼 만큼 성능 좋은 안테나를 세우고 한 번도 사랑하지 않은 것처럼 사랑할 준비를 하고 있다. 그래서 언제나 고독하다. 나는 이 멜랑콜리를 유지할 때 가장 글이 잘 써져서 고독을 사랑하는 글쟁이다. 전원살이로 자처한 외로움은 글을 무르익게 한다고 나는 믿고 있다.

친구야, 너는 모른다. 눈 속에 갇혀있을 때 저 소나무가 내게 건넨 말들이 얼마나 다정했는지, 푸드덕 눈을 털어내며 보여준 몸짓이 얼마나 섹시한 지, 윙윙 바람과 합주하여 들려준 노래는 또 얼마나 관능적이었는지, 친구야 너는 알 수가 없겠지?

마당에 봄꽃이 피어나고 있다. 산철쭉 울타리가 매일 꽃송이를 늘려갈 때 나의 안테나는 종일 삐삐 소리를 내고 있다. 사방에 연초록이 퍼지고, 목단이 피고 작약이 꽃망울을 터트리기 직전이다. 송홧가루 날리는 어느 봄날 마당 잔디에 물을 뿌리다가 문득 백합 구근이 우람한 꽃대를 뻗어 올린 것을 발견했을 때 그만 절정이 느꼈다면 믿겠니? 친구야!

어머니와 나

윤연모

나의 어린 시절을 떠올리면 어머니의 모습도 같이 떠오른다. 사실 내가 추억을 떠올린다기보다 어머니를 통해서 많은 에피소드를 알게 된다. 그것으로 나의 내면에 잠재해 있는 생각들도 이해할 수 있게 된다. 또한 어머니와 나 사이에 많은 추억이 있는데, 지금의 내가 있게 된, 꽃이나 동물을 좋아하고 불교를 믿게 된 계기를 어머니가 심어주신 것이 아닌가 생각한다.

나는 초등학교 들어가기 전에 전주 금암동에 살았다. 가만히 눈을 감고 그 시절로 돌아가면, 집 주위는 온통 논밭이었고 집 앞에 미나리밭이 있었다. 그리고 학교 가는 길에 기찻길이 있었다. 때로는 아빠 손을 잡고 때로는 오빠와 함께 그 철길을 건너다녔다. 집 안마당에는 온통 맨드라미와 샐비어로 가득한 꽃밭이 소박하게 아름다웠고, 그 꽃들 위로 나비와 잠자리가 날아다니면 그들을 좇아 같이 뛰어놀던 기억이 난다.

학교에 갈 때 어머니는 머리를 예쁘게 두 갈래로 땋아 동그란 빨간 리본을 양쪽에 달아주거나, 머리를 한 갈래로 땋아 내리거나 공주처럼 올려주는 등, 여러 가지 머리 맵시로 내 머리를 만들어 주셨다. 그런데 내가 아직도 기억하는 것은 내 머리 스타일에 대한 만족감이라기보다 내 머리에 느끼던 작은 통증이다. 나는 호기심이 많아 저쪽에서 기차 소리가 나면 저쪽으로, 반대쪽에서 다른 소리가 나면 그쪽으로 머리를 돌리기에 바빴으니, 어머니는 무척이나 힘이 드셨던 모양이다. 그때마다 어머니가 머리빗 끝으로 내 머리를 콕콕 찔렀는데, 내가 깜짝깜짝 놀라면서도 그 버릇은 여전했다며 빙그레 웃으셨다. 그것이 내가 지금까지 가지고 있는 큰 골칫거리인 호기심인 것 같다.

초등학교 다닐 때만 해도 가지고 놀 장난감이 많지 않았다. 요즈음처럼 집마다 장난감이 지천으로 쌓여 있는 것이나 아이들의 지능을 계발해주는 다양한 종류의 장난감이란 상상할 수 없었다. 지금도 여동생에게 미안하게 생각하는 것이 하나 있다. 어린 여동생이 가져야 마땅한 예쁜 헝겊 인형을 내가 안고 아버지에게 안겨서 찍힌 가족사진이다. 철없던 시절 그 사진을 나의 보물처럼 생각하고, 내가 여동생보다 아버지 사랑을 더 많이 받았다고 생각하여 잘못된 우월감으로 발전한 적도 있다.

그러한 궁벽한 시절보다 앞섰던, 내가 대여섯 살 때의 일이다. 한낮에 그 조그만 손을 몇 시간이나 꼭 쥐고 다니더란다. 어머니께서 너무나 궁금해서 손을 펴보라고 해도 펴지 않아서 간신히 억지로 펴보니, 놀랍게도 작은 지렁이 한 마리가 죽어서 오그라들어 있더란다. 어머니는 처음에 놀랍고 징그러웠지만, 왜 그랬냐고 물으셨단다. 그랬더니 지렁이가 꼬물꼬물 움직이니 신기해서 손에 가만히 쥐고 있었다고 대답하였단다. 그래서 어머니는 지렁이가 숨을 못 쉬어 죽으면 불쌍하니, 앞으로는 흙에 다시 놓아주라고 하셨단다. 아마도 나는 이미 그때 불교에서 말하는, 아무리 미물이라도 해치지 말고 살생하지 말라는 '생명에 대한 존귀함'을 무의식중에 배웠던 것 같다.

세월이 흘러 어느 봄날, 아버지 산소에서 아버지를 위해 붉은 철쭉과 빨간 베고니아꽃을 심기 위해 땅을 파다가 굼벵이를 발견했다. 너무나 징그러워서 마음속으로 깜짝 놀랐지만, 그 순간 어린 시절의 나의 행동이 퍼뜩 떠올라서 그것을 손바닥에 놓고 조카들을 웃기며 어머니를 즐겁게 해 드리려고 애쓴 적이 있다. 내가 나이를 먹어도 어머니 앞에서 아직도 어린아이처럼 재롱을 부려 어머니께서 기뻐하시는 모습을 보는 것이 즐겁다. 그것을 어쭙잖은 시 「어머니의 봄날 - 어머니 · 5」로 표현하였는데 그 일부를 여기에 소개한다.

> "어렸을 때 큰고모는
> 지렁이를 손에 꼭 쥐고 다닌 적이 있단다.
> 호기심이 굉장했어!"
> 추억하는 어머니 얼굴에
> 나도 즐거워집니다
> 어머니 앞에서
> 나는 언제나 초등학생입니다
> -「어머니의 봄날 - 어머니 · 5」중에서

1989년 봄, 아버지를 잃고 나서 우리 가족은 정신적으로 거의 마비되어 휘청거렸다. 특히 아버지와 같은 직업을 가진 나로서는 더욱 그랬다. 우리 가족은 서로를 볼 때, 가장이며 아버지라는 정신적 지주를 잃었다는 동질감에서 연민을 느꼈다. 그 한 해는 봄, 여름, 가을, 겨울이 어떻게 아름답게 변하고 우리 곁을 어떻게 떠났는지 전혀 느끼지 못하였다. 어머니도 나도 우리 식구 모두 석가탄신일인 사월 초파일과 아버지의 사갑제(死甲祭) 그리고 기도 모임에 모여 아버지의 극락왕생을 위하여 '지장보살'을 독경하였다. 불교 청년 모임에 정기적으로 다니며 불교의 교리도 배웠는데, 나와 조상과 우주와의 관계가 객관적으로 설명될 수 있다는 점에 매료되었다. 그리고 그 이론이 합리적이며 초자아(超自我)를 느끼게 하여 주므로, 조금씩 깨달을 때마다 머릿속에 밝은 빛이 지나가는 듯했다.

이듬해 여름에 어머니를 모시고 지리산 대원사에 다녀왔다. 그냥 바람이나 쐴 겸, 절에서 대절한 버스에 타고 함께 떠났다. 버스를 타고 남쪽으로 내려가는데, 차창밖에 펼쳐지는 자연의 아름다움을 말로 다 표현할 수 없었다. 아버지를 잃고 난 뒤, 두어 달 동안 병원 생활을 하고 나온 어머니는 그 뒤로 거의 일 년 동안 웃지도 않고 염세주의자처럼 굳어 있었는데, 고맙게도 어머니의 얼굴도 대원사 경내에 핀 화사한 백일홍꽃처럼 피어났다.

지금까지도 잊을 수 없는 또 하나의 불가사의가 있다. 여스님만 수도하는 대원사 경내와 그 근처의 수려함도 잊을 수 없지만, 더 놀라운 것은 여스님들의 맑고 깨끗하여 보석 같은 피부와 잔잔한 샘을 연상케 하는 도인의 눈빛이다. 또 목탁을 두드리며 관세음보살을 염불하는 스님의 나이가 꽃다운 나이였기 때문에 더욱 신비로웠다. 분명 저 도인의 얼굴은 종교의 힘에 의해서만 가능하다는 것을 깨닫고, 어머니와 나는 많이 놀랐다. 이렇게 우리 둘은 좋은 도반이기도

하다.

어머니는 요즈음 연세가 드셔서 머리로 온 세상을 움직이신다. 사람이 어려서는 두 발로 뛰고, 성장해서는 몸으로 움직이며 중년이 되어 명예를 얻으려고 애쓰고, 나이 먹으면 머리로 세상을 움직이므로 앉아서 천 리라고 하지 않던가. 그래서 어머니는 나에게 있어서 둘도 없는 상담 파트너이다. 때로는 운동을 강요하여 싫을 때도 있지만, 어머니께 도움을 많이 받는다.

어미에게 있어서 모든 딸이 그렇듯이, 어려서는 어머니의 꽃 같은 꿈이었다가 딸이 크면 인생에 공통되는 점이 많아서 서로에게 아주 좋은 친구가 되고, 어머니가 세월에 빛바래고 무릎에 힘이 빠지면 버팀목이 되어드리려고 노력한다. 그런데 나와 어머니의 관계는 조금 특별하여 아직도 내가 어머니께 많이 의지하여 도움을 받고 있다.

내 안에 행복을

정정연

가을로 돌아선 계절이다. 나도 가을이 되어 이 계절과 함께 살고 있는 느낌이다. 남편과 무의도 작은 포구 평상 마루에 앉아 바다를 바라본다. 일렁이는 파도 위에 목선들이 한가롭고. 멀리 낚싯배 한 척이 흰 꼬리를 물고 돌아오고 있다. 옆에 있는 민박집 화단에는 맨드라미, 백일홍, 과꽃, 추억의 꽃들이 맑은 햇살을 받으며 바닷바람에 하늘거린다. 평온한 마음에 행복감이 밀려온다. 나는 가끔 행복이란 무엇일까? 하고 생각해 보는 때가 있다. 내가 좋아하는 맑음, 고요함, 평화로움을 느끼는 그런 시간이다. 이런 때가 더없이 행복한 시간이다.

캐나다에 공부하러간 막내딸이 다니러 왔다가 가을 잠자리처럼 날아갔다. 부모의 도움 없이 공부하는 딸을 위하여 밑반찬이라도 만들어 주고 싶었다. 학교에서 강의를 할 때 목소리가 크게 나오지 않는다고 한 말이 생각나 체력에 도움이 될까하여 콩을 많이 넣은 떡, 무말랭이, 오징어젓갈, 콩장, 깻잎장아찌 등을 가방에 넣어 주었다. 가져갈 수만 있다면 무엇이든지 더 주고 싶었다. 이것도 나에게는 행복한 시간이다.

시골에 계신 어머니 생각이 났다. 어머니도 나와 똑같은 마음이셨을 것이다. 아픈 다리를 끌고 여름에 들깨모종을 하는 건 가을에 딸들에게 고소한 들기름 한 병씩 주기 위해서라고 하였다. 주는 행복으로 사시는 어머니다.

딸을 보내고 나니 보름이 너무 짧아 아쉬웠다. 딸이 게이트로 들어가며 눈물을 보이지 않으려 고개를 돌린다. 얼마 후 문자가 왔다. '엄마아~~ 나 비행기 탔어요' 나도 눈가가 흐려진다. 마음이 휑하다. 허전한 마음으로 남편에게 "우리 무의도 갈까요." 하고 조심스럽게 물었다. 퇴직 전 같으면 노라고 했을 텐데 남편도 내 마음 같은지 오케이 했다.

문우선배님은 바닷바람이 그리우면 겨울에도 봄에도 무의도를 자주 찾는다고 하셨다. 그래서 어느 집 바지락 칼국수가 맛있는지도 다 알고 계신다. 어느 해 벚꽃이 흐드러지게 피었을 때 문학행사를 그곳에서 한 적이 있다. 선착장에서 배를 탔다. 피서 철도 지나고 배가 한가하다. 시골아주머니 여섯 명이 복숭아를 하나씩 나누어 먹으며 가을 나들이의 즐거움에 들떠있다. 행복한 시간인 것 같다. 나도 남편과 같이 가을 여행을 하니 행복하다. 배에서 내려 기다리고 있는 소무의도행 버스를 타고 종점까지 갔다.

소무의도는 종점에서 내려 바다 위에 긴 다리로 이어져있었다. 아직은 햇살이 따가워 양산을 펴들었다. 오랜만에 만나는 탁 트인 바다가 반가웠다. 시원한 바람을 느끼며 작은 양산으로 남편과 둘이 해를 가리고 걷고 있는데, "공주님들 뒤돌아 보세요." 하는 소리가 들린다. 배에 같이 탔던 아주머니들이 뒤따라오면서 추억을 카메라에 담고 있었다. 공주님과는 거리가 먼 시골할머니에 가까운 분들이다. 신선한 충격을 받았다. 그래, 60이든 70이든 마음속에 우아한 공주님을 모시고 사는 거야. 자기 현실에 감사하며 사는 거야, 그리고 스스로 우아해지는 거야. 그래야 나이 들면서 우울하지 않고 내 안에 행복을 키울 수 있을 테니까. 나이가 들어 갈수록 자신이 행복해야 된다는 생각이다. 내가 행복해야 남에게 행복을 줄 수 있다고 한다.

오늘 뉴스에서 OECD가입 국가 중 한국인의 행복지수가 꼴찌라고 한다. 우리는 너무 경쟁시대에 살고 있는 것 같다. 자신이 어디로 가고 있는지도 잊고 산다. 대부분의 청소년들은 행복한 환경, 의복, 음식, 휴식 등을 돈으로 살 수 있다고 생각한다고 한다. 자신만을 위해서 돈을 쓸 때, 축적만을 위해서 살면 행복한 감정은 늘지 않는다고 월 스트리트는 연구결과를 말했다고 한다.

국어사전에 행복이라는 말뜻을 찾아보았다. 심신의 욕구가 충족되어 조금도 부족감이 없는 상태라고 쓰여 있다. 책장에서 잠자고 있는 영국 BBC 다큐멘터리 『행복』이라는 책도 꺼내 읽어보았다, 행복은 감사, 만족 이런 마음에서 오는 것 같다. 행복의 적은 분명 우울, 욕심, 불만, 우환, 근심걱정인 것 같다. 플라톤은 행복은 조금은 부족하고 모자란 상태를 채워나가며 노력하는 삶 속에 있다고 했다. 행복한 사람은 따뜻한 사랑을 마음속에 지닌 사람이라고 한다. 더 행복한 사람은 따뜻한 사랑을 그 누군가와 함께 나눔을 실천하는 사람이라고 한다.

누구든 부정적인 마음으로 살면 그 순간부터 불행이 시작되는 것이다. 행복도 불행도 다 나의 마음과 생각과 행동의 선택에서 시작되는 것이다. 나에게 주어진 모든 것에 항상 긍정의 보약으로 '고맙습니다, 감사합니다, 사랑합니다, 행복합니다'를 함께하는 노력만이 자신을 행복하게 한다고 한다.

시한부의 삶을 살던 어느 50대의 중년남자가 자신이 얼마나 더 살 수 있겠는지를 확인하기 위해 병원을 찾았는데 로비에서 누군가가 싸우고 있는 광경을 목격하게 되었다고 한다. 딸이 위독하여 병원을 찾았으나 치료비가 없다고 치료를 거부하자 그 어머니가 자기 딸을 치료해 달라며 애원해도 안 되니 큰소리로 병원관계자와 다투고 있었던 것이다.

그때 시한부 환자는 그 병원에 붙어있던 '받는 즐거움보다 주는 기쁨이 더 크다'는 글귀를 보게 되었다고 한다. 그 시한부 환자는 자신의 비서를 시켜 아무도 모르게 치료비를 계산하여 주었고, 그 후 치료비가 없어 죽음 직전에 있던 여자아이가 병이 나아 건강한 모습으로 환하게 웃으며 어머니와 함께 퇴원하는 것을 보게 되었다고 한다.

그런데 이상하게도 그 시한부 환자는 자신도 모르게 암이 완치가 되었고, 그는 그 후로도 주는 기쁨을 함께하며 40년을 행복하게 살았다고 한다. 그 시한부 환자가 바로 30대에 백만장자가 되었고, 40대에 미국최고부자가 되었고, 50대에 세계 최고 갑부가 되었던 록펠러라는 사람이다. 그는 '나는 50년을 나를 위해 살았고 40년을 주는 기쁨을 함께하며 행복했다'고 회고하였다고 한다.

행복은 많은 것을 필요로 하지 않는다. 작은 일상에서 행복을 찾아야 한다. 주어진 현실에 감사하며 서로 사랑하고, 작은 기쁨도 항상 소중하게 여기고 살아야겠다. 그래야 진정한 행복이 내 안에 깃들 것이다.

한강 둔치의 숲길

장순월

숲길에 들어서면 맑은 바람이 분다.

구불구불 굽은 숲길엔 흙이 묻어나고 귀뚜라미가 울어댄다. 강가 습지에는 갈대가 출렁이며 숲길 상단에는 하얗게 핀 억새가 바람 따라 흔들거리는 모습이 나를 보고 어서 오라며 손짓하는 것만 같다. 갈대밭과 억새밭 사잇길로 여치와 귀뚜라미 등 여러 가지 곤충들이 자유롭게 왕래를 한다. 가을의 서정이 묻어나는 이 길가 아래로는 한강 물이 멈추지 않고 갈대 뿌리들을 적셔주며 유유히 흘러 낮은 곳으로 향하고 있다. 계속해서 흐르다 보면 한 방울의 물도 사양하지 않는 바다에 이르러 평온함을 얻을 것이다.

따뜻한 날에는 숲속에서 아기 산토끼도 나온다. 추운 겨울이 오면 무얼 먹나 걱정을 하며 가까이 다가가면 재빠르게 도망을 가 숨어버려 어디로 갔는지 자취도 없이 사라진다. 강물 가까이 내려가서 물속을 살펴보면 어른 팔 길이만 한 금붕어들이 무리 지어 춤을 추며 노닌다. 마치 그림 속 동화같이. 꿈속 나라에 와 있는 것이 아닌가 하는 착각에 빠진다.

먼 하늘에는 흰 구름이 뭉게뭉게 떠 있고 구름 사이로 보이는 투명한 햇빛 강물에 비치는 구름의 그림자가 한 폭의 동양화처럼 아름답다. 빌딩 숲이 가득한 도심 한복판에 이러한 우람하고도 드넓은 강이 있다는 것은 행복이다. 오늘따라 이 길을 만든 관계자들에게 무한 감사하며 강가 옆에서 산다는 것은 더욱 축복이라 생각이 든다. 이 길은 혼자 걸어도 좋고 둘이 걸으면 더욱 좋다. 여럿이 걸어도 각자의 느낌이 있으니 또한 좋은 것이다. 고뇌 속에서 골치가 아플 때 이 길을 걷다 보면 한강 물소리와 함께 어머니의 낮은 목소리가 들리는 듯하며 함께 자라온 고향의 친구들이 생각난다. 그들과 섭섭했던 일, 동기간들과의 약속했던 일, 하찮은 일들로 자존심이 상했던 모든 것들이 이 길에 들어서면 사라져간다. 삶의 굴레를 벗을 수 없었던 지난날의 아픔들을 깨끗하게 씻어주며 마음의 고향인 듯 철부지로 돌아가는 동심의 길이 된다.

물타훼 막자찬(勿他毁 莫自讚)

"남의 허물 탓하지 말고 나 잘났다고 뻐기지 말아야 한다."라는 글귀도 생각나며 아래로만 흐르는 물처럼 겸손함도 이 길에서 배우게 한다. 늦가을 황금 들녘에 벼 이삭들을 보면 모두 고개를 숙이고 있다. 머리가 무거워서 숙이는 것이 아니라 아는 것이 너무 많아 절로 고개를 숙인다는 것을 이 길에서 깨닫게 된다. 어쩌다가 빳빳하게 고개를 들고 있는 모습이 보이면 영락없는 빈 쭉정이다. 바람이 불면 빈 쭉정이는 가볍게 어디론가 날아간다. 한자 쌀미(米)는 팔십 여덟 번 손이 가야 사람들 입에 들어갈 수 있다는 뜻으로 만들어진 글자라고 하는데, 고개를 숙인 채로 사람의 생명을 살리는 일에 빈틈을 보일 수 없나 보다.

요즘은 가을이라 낭만이 더욱 일렁인다. 화사한 꽃들이 피어나고 새들이 노래하는 봄의 오솔길엔 봄빛처럼 따사롭고 동심의 세계처럼 푸른 꿈이 있고, 녹음이 우거진 여름의 오솔길엔 작열하는 태양처럼 무한하게 펼쳐질 젊음의 꿈도 있을 것이다. 그러나 한잎 두잎 나뭇잎이 떨어지는 가을의 오솔길엔 사랑의 밀어가 현실로 익어간다. 먼 데 있는 누군가에게 낙엽 편지도 써 보고 싶어지며 가슴이 설렌다. 내 나이 몇인가 아무런 상관이 없다. 나는 오직 갈대와 더불어 낭만의 길을 걸어갈 뿐이다.

자연의 숨소리가 이 정든 길에서 들려온다. 초목들이 내뿜는 향내가 싱그럽고 청량하다.

산에서는 무욕(無慾)을 배울 수 있어서 좋지만, 흰 구름 피어올랐다가 저 멀리 하늘가로 밀려가는 한 폭의 그림 같은 이 아름다운 오솔길에선 무심(無心)이 된다. 오늘은 쉬엄쉬엄 구름 따라 걷다 보니 자연의 냄새에 취할 수 있고 피부에 와 닿는 산들바람의 감촉이 터질듯한 생명력으로 다가온다.

사람이나 생물체는 건강한 햇빛과 맑은 공기, 쉬지 않고 흘러가는 물, 이 모두가 생명의 원천인데 이 숲길엔 바람까지 하나가 되어 어우러진다. 길가에 아무렇게나 자라는 잡초들도 오늘따라 더욱 활기차게 자연의 정기를 듬뿍 안고 싱그럽게 춤을 추는 듯하다.

출렁대는 은빛 물결이 내 마음을 흔들어 놓고 저만치 흩어진다.

산책을 나온 사람들도 강물처럼 흘러 이곳을 지나간다. 키가 크고 작은 늦가을 갈대들이 서로 깍지를 끼고 부끄러운 듯 내려다보며 이 길에서는 누구도 황금은 얻지 못하지만, 근심 봇짐은 강물에 띄워 보낼 수 있다고 밤하늘 별들의 속삭임처럼 들려온다.

따뜻하고 포근한 이 길은 살아생전 좋은 일 많이 하고 후회 없이 돌아가는 피안에의 길이 아닌가 싶다.

옥식기의 추억

문정순

쓰지 않고 두었던 유기그릇들을 꺼내 반짝반짝 윤이 나게 닦았다. 물기가 걷힌 옥식기와 찬기들을 맞대어 부딪쳐보니 '댕!' 하는 소리가 긴 여운을 남기며 은은하게 울리는 것이 무대의 막을 올리는 징소리처럼 옛 기억들이 떠오른다.

예전에 구입한 2인조 방짜옥식기와 찬기는 남편의 밥상을 위하고 가끔 다니러 오시는 친정아버지 몫으로 두고 쓰던 것이다. '무형문화재77호'라는 꼬리표가 붙은 고가의 유기그릇은, 가장의 노고에 대한 고마움과 딸네 집을 찾아오시는 아버지 진짓상에 예를 갖추고자 하는 마음이었다.

엄마는 아버지의 밥그릇을 한 해에 두 번씩 바꾸어 상에 올리셨다. 가을부터 봄까지는 위가 벌어진 큼직한 놋주발에 밥을 담으셨고, 여름이 오면 차갑고 두툼한 사기 주발로 그 자리를 차지해 드렸다. 구리와 아연의 합금인 놋쇠로 만든 유기그릇은 보온과 보냉이 잘되고 세균들의 침범과 번식을 막아 음식이 쉬이 상하는 것을 막는다 한다. 그걸 아셨을까, 엄마는 생선이나 육고기를 놋양푼에 넣어 항아리 속에 갈무리하셨다.

명절이 다가오면 집집의 어머니들은 마당에 모여 앉아 기왓장을 바수어 채로 거른 가루를 지푸라기에 묻혀 광주리에 가득한 놋그릇을 광이 나게 닦았다. 그런 날이면 으레 밀전병에 막걸리 잔이 순배로 돌고, 우스개로 농도 치고 이집 저집 얘깃거리들이 놓인 그릇처럼 그득그득 쌓였다. 그러한 온종일의 수고는 칙칙했던 얼룩들을 지운 황금빛 감도는 격 높은 그릇으로 재탄생시켰다.

신혼 때 혼수품인 칠첩 반상기로 밥상을 차렸다. 주발대접이며 찬기들까지 뚜껑이 있는 도자기 반상기는 어설픈 살림살이로 뚜껑들을 자주 깨트렸다. 주발뚜껑이 깨어지면 이내 새 주발을 마련해 상을 냈다. 그러기를 수차례, 묘안의 한 방편으로 깨지지 않을 놋그릇을 택해 오랫동안 모아온 동전들을 털어 명장이 만든 옥식기로 장만했다.

아버지는 진짓상을 받으시면 주발뚜껑을 열어 옆에 두고 그것에 찬을 덜어 드시거나 생선뼈, 가릴 것들을 놓으셨다. 식사를 마치시면 뚜껑에 주전자에 담긴 숭늉을 따라 드셨다. 지금으로 치면 그때의 주발뚜껑은 제 용도를 넘어 개인 앞 접시를 겸한 요긴한 그릇이 된 것이다.

엄마가 차려 내시는 아버지의 진짓상은 늘 정갈했다. 상에 좌정하시고 차려진 음식들을 서두름 없는 젓가락질로 조용히 드시는 모습은 어린 내게 꽤 인상적인 장면이었다. 아버지는 찬의 가짓수나 음식에 대한 타박이나 호탕한 예찬은 없으셨지만, 묵묵히 엄숙한 수행자의 자세처럼 경건한 모습으로 내게 비춰졌다. 식사를 마치시고 나면 한 말씀을 하시는데, 그건 "아, 잘 먹었다!"라는 말씀과 함께 상을 살짝 밀어 물리셨다. 대상 없는 그 말씀에는 상을 차린 아내의 수고에 대한 흡족함과 고마움을 짧은 말씀으로 대신 하신 것일거다.

그런 아버지를 닮아서일까. 나 역시 남편에게 낯간지러운 감정 표현을 대놓고 하지를 못한다. 그저 끼니때마다 뚜껑을 덮은 밥주발에 정하게 담긴 찬들로 흐트러짐 없는 상을 차리는 것으로, 가족을 위해 헌신하는 가장의 노고에 대한 존경과 감사를 무언의 행위로 표현하는 것이다.

시집가는 딸에게 어머니들은 '남편은 하늘'이라는 말씀을 귀에 쌓이도록 일러댄다. 그러나 시대가 바뀌고 여성들의 사회진출로 인해 직장 일과 육아, 가사를 혼자 전담하기에는 역부족하다. 남녀평등이라는 캐치프레이즈 아래 이제는 가장의 역할도 능력 있는 편이 짊어져야 한다는 것이 보편된 사고의 시대이다 보니, 오히려 남편이 차려주는 밥상을 받는 것이 흉이 아닌 부러움의 대상이 되기도 한다.

손에 닿을 듯 어제 같던 우리네 유별한 밥상문화가 점차 사라지고, 두레상 같은 식탁에서 유교적 도덕사상과 전통을 운운할 수는 없겠지만, 가정의 돈독함을 위한 부자자효(父滋子孝) 형우제공(兄友第恭)이라는 말처럼 가족 구성원의 바람직한 역할들로 가정의 위계질서만큼은 지켜졌으면 하는 바람이다.

고만고만한 딸 넷을 키우며 동생들에게는 맏언니를 부모라 여기라 이르고 장녀에게는 동생들의 모범이 되어 달라 일렀다. 그건 자매들과의 우애만을 위해서라기보다는 그것으로 관계가 정연되면 가정도 화목해지고 나아가 성인이 되어 출가하게 될시, 그 집안을 아우를 수 있는 품 넓은 여인으로 설 기초 매김을 꾀한 딸 둔 어미의 마음도 들어 있다.

지독한 바이러스 코로나19. 그 감염을 조금이나마 피해 보고자 빛 잃은 옥식기를 닦으며 떠올린 아버지 자리. 어린 딸이 따르는 반주를 드시며 가장으로 받으셨던 아버지의 위상 같은 반듯한 독상(獨床)이, 시절 잃은 가슴에 파편처럼 박혀있었다. 어쩌면 남편의 밥주발에 뚜껑을 덮고, 자식들 밥그릇에도 나이순대로 담아주고, 이제는 손주들 그릇에 장손녀의 것을 먼저 들어 채우려드는 것도 아마 그 시절의 보고 느낀 것들이 묵언의 교훈이 되어 스며든 결과가 아닐까 싶다.

반짝이는 옥식기. 한 벌은 남편 자리에, 또 한 벌은 막내딸 앞에 가지런히 놓는다. 딸의 주발에는 건강을 기원하는 엄마의 사랑을 떠 담고, 남편의 주발에는 감사와 존경을 얹은 마음을 담는다.

나의 삶의 명제는 '소중한 것은 말하지 않는다'이다. 바람이 일어나는 것에도 이유가 있듯이, 어떤 행위든 그 안에는 울림의 소리가 수반되어 있다. 그것은 마음으로 듣고, 마음으로 보며, 마음으로 안으려 할 때 비로소 그 안에 내재된 진실의 소리를 마주하여 듣게 된다.

온 세상을 강타한 '코로나19 바이러스'가 깊숙이 묻혀있던 추억들을 식기의 맑은 소리와 함께 빛나던 날로 데려왔다. 오늘날 세상을 쥐락펴락하는 어둠의 팬데믹 현상도 머지않아 수많은 백신을 만들어 낸 인류에 의해 종식될 것이다. 그날이 올 때까지 어깨에 힘을 주어 옥식기를 닦으며, 지금의 힘듦을 웃으며 옛이야기 할 그날을 기다린다.

오해의 불씨

박정미

요즘 날씨는 봄인지 겨울인지 느낌이 매일 다르다. 변덕스러운 날씨 때문에 외출할 땐 겨울옷을 입어야 할지 산뜻한 봄옷을 입어야 할지 망설여진다. 가벼운 코트를 걸치고 집을 나섰다. 전철을 타고 백화점 문화센터에 가는 날이다. 그곳에서 매주 화요일 오창익 교수님의 '쉽게 배우는 문예창작' 강의를 듣는다. 어언 10년 세월이다.

강의 시간에 늦지 않으려고 서둘러 집을 나섰지만 오늘도 지각이란 낙인이 찍힌다. 초조한 마음으로 강의실에 들어서는데 Y선생과 눈이 마주쳤다. Y선생은 반기면서 "박 선생, 여기 앉아요?" 하며 옆자리를 권한다. 나는 "싫어요. 내가 알아서 앉을게요." 작은 소리로 대답했다. 그때 항상 나란히 앉아서 공부하는 H선생이 "왜? 면박을 줘요?" 하며 생뚱맞게 말한다. 나는 무안하고 황당했지만 이유를 알 수가 없었다. Y선생이 권한 자리는 뒷좌석이어서 앞좌석에 가서 앉고 싶었을 뿐이다.

오 교수님은 요즘 건강이 안 좋아서 대신 다른 선생님이 강의하시데, 그 선생님 강의는 오늘이 두 번째다. 공부하는 분위기는 좀 생소하지만 안면이 있는 선생님이 와서 강의 하시니 낯설지 않아 화기애애하다. 작품 상황을 다각도로 분석해서 설명해 주시고 문우들의 소견을 듣는다. 좀 더 깊이 있게 작품의 배경과 구성을 파고든다. 이해하기 쉽고 재미있다. 1시간 30분 강의는 아쉬움을 남긴 채 종료됐다.

Y선생이 나를 부르더니 강의실에 들어올 때 내가 한 얘기를 잘 들었느냐?고 물었다. 나는 다가가서 잘 들었다고 했다. 아까 내 말투가 하도 무안해서 수업시간 내내 집중이 안 되어 공부도 못했다고 하소연한다. 뜻밖의 얘기에 나는 무엇 때문에 그랬느냐고 되물었다. 자기는 반가워서 "박 선생, 여기 앉아요?" 했더니 내 대답이 "자기일이나 알아서 하세요." 하는 것처럼 들렸단다. 얼토당토않게 내가 안 한 말을 한다. 나 역시 옆에 있던 H선생이 "왜? 면박을 줘요?" 한 말투 때문에 많이 무안했고 당황스러웠는데 Y선생도 그랬나보다. 내 말뜻을 잘못 알아듣고 생긴 오해였지만, 내 말투 때문에 그렇게 들을 수도 있겠다 싶어 Y선생 손을 붙잡고 진심으로 사과했다. 말이란 내 뜻과 감정을 전하는 수단이어서 정확하게 의사 표현을 하고 듣는 상대방에게도 잘 전달이 되어야 오해의 불씨가 안 생긴다는 것을 새삼 깨달았다.

젊은 시절 큰딸 유치원 다닐 때 만난 임원진 엄마들과 친목회 모임을 갖게 되었다. 38년 된 친목회는 지금도 만나면 즐겁다. 여덟 명이 만나면 수다 떠는 재미로 시간 가는 줄 모른다. 모임의 초창기 때 어느 날 나는 열변을 토하며 얘기하고 있는데 "U엄마가 은주엄마! 화났어?" 했다. 화가 난 게 아니고 재미있게 얘기한답시고 신명을 올리던 나는 무안했다. 같이 있던 K엄마가 "본래 은주엄마 말투가 빠르고, 지방 방언 악센트가 강해서 그렇게 들려." 하고 이해를 시켜준다. U엄마도 "웃자고 한 소리야." 해서 모두들 한바탕 활짝 웃은 적이 있다.

나는 직설적으로 명쾌하게 거침없이 말하기를 좋아한다. 자기도취에 빠져 흥이 나서 얘기할 때는 기분도 해소되고 통쾌하다. 그러다 보니 내 말투는 듣는 사람의 느낌에 따라 더러 오해나 반감을 사기도 하지만, 실감나고 재미있다고 얘기해 주는 사람들도 있다.

나는 손주들에게 예쁜 옷도 장난감도 잘 사준다. 맛있는 음식도 용돈도 잘 챙겨준다. 그럴 때마다 손주들은 "고맙습니다." 하며 배꼽인사를 한다. 어느 날 네 살이 된 첫 손녀 예은이가 "할머니! 예쁘게 말해봐. 예쁘게~" 한다. 그게 귀여워서 더 짓궂게 장난스럽게 이야기했더니 예은이는 조그만 손으로 내 입을 틀어막았다. 그때도 우리 가족은 한바탕 박장대소를 했다.

외손녀 예원이는 여섯 살 때 제 엄마한테 "외할머니는 말이 너무 거칠어." 하더란다. 그 얘기를 듣고 나는 예원이에게 많이 미안했다. 아이들은 보고 듣고 느낀 대로 말한다. 무심결에 툭툭 던진 할미의 말투가 고운 말 예쁜 말을 배우는 손녀들의 귀에도 예쁘게 들리지 않았나 보다. 예원이는 워낙 말수도 적고 목소리도 여리고 마음도 여리다. 예원이가 여덟 살 때 두 살 어린 이종사촌 남동생이랑 노는 모습을 훔쳐보았다. 여섯 살짜리 외손자 주원이가 큰소리로 떠들고 설쳐대니까 "주원아! 내가 누난데, 너 왜 그렇게 버릇없이 구니?" 하며 엄하게 타이르는 모습을 보고 선생님이 학생을 훈계하는 모습 같아 웃음이 나왔다. 예원이는 조용히 동화책 읽기를 좋아하고 영화 겨울왕국의 주인공 엘사를 좋아하는 방면 주원이는 생물학적 동화책을 좋아하고 과학적인 것을 좋아하는 개구쟁이다. 내 말투가 그 어린 예원이에겐 안 좋게 들리는구나 싶어 그 후론 예원이와 얘기할 때는 조곤조곤 동화책을 읽듯이 재미있게 이야기하려고 노력한다.

나는 음식을 만들 때도 툭툭 던지는 말투처럼 맛깔스럽게 한답시고 신이 나서 양념을 넣어 박박 버무린다. 정성 들여 조신하게 조물조물 버무려야 하는데, 조심성 없이 거칠게 하다보면 양념이 그릇에서 넘쳐 뒷설거지할 땐 일거리가 많다. 매번 후회를 해보지만 나쁜 습관은 쉽게 고쳐지지 않는다. 그래도 난 재치 있고 재미있는 친구들이 좋다. 우울할 때 마음을 환하게 열어주는 유머러스한 친구들, 활짝 웃게 해주는 친구들이 좋다. 그래서 나는 코미디언이나 개그맨들을 좋아한다. 흉내라도 내보고 싶지만 나는 유머감각이 없다. 웃기지 못할 거면 조근 조근, 나긋나긋 부드럽고 정감 있게라도 얘기하는 습관을 들여 보아야겠다.

말은 인간이 음성으로 의사소통을 요한 수단이다. 말에는 마음이 실리기 때문에 현재의 내 감정 상태나 상대방에 대한 내 기분을 은연중 드러내게 된다. 그러니 조심해야 할 때가 많다. 부주의한 말 한 마디가 의도치 않게 상처를 주거나 오해를 불러일으키기도 하기 때문이다. 한번 길들어진 말투는 습관이 되어 고쳐지질 않는다. 하지만 잘 익은 과일이 맛이 있고 사근사근하듯이 나는 이제부터라도 듣기 좋은 말투로 변신을 시도해 봐야겠다.

"말투와 이미지는 갈고 닦을수록 좋다."고 하는 말도 있으니 말이다.

타산지석

양금애

무더운 날, 농장 가는 버스 안이었다. 밭농사 이것저것 닥치는 대로 짓지만 쉬는 공간도 제법 꾸며놓아 우리 집에선 농장이라고 부른다. 1시간 반은 족히 가야 하므로 느긋하게 쉴 양으로 나른하게 눈을 감아 보지만. 저번처럼 정거장을 놓칠까봐 귀는 정거장 안내 방송을 붙잡으려 애쓰고 있었다. 차 안은 에어컨 바람에 천국 같았다. 쏟아지는 잠 속에서도 정거장은 지나가고 있었다. '잘 내려야 한다. 놓치면 고생이다.'

점점 띄엄띄엄 들리는 안내 멘트가 먼 듯 몽롱한데도 난 잠을 깼다. 바로 뒤 어떤 중년쯤 넘은 여자의 목소리 때문이었다.

"아, 그러니까 내 뭐라 했어? 말도 안 통하고 꽉 막혔다 했잖아? 내가 똥줄이 탄다. 타~." 이어폰을 꽂은 이 여자의 목소리는 조용한 버스의 안내 방송도 삼켜버렸는데, 승객들의 스멀스멀 번지는 긴장감을 본인만 모르는 듯했다. 나는 상황이 파악되자 처음엔 급한 통화려니 했다. 그런데 대화는 점점 절정을 향해 가는 듯했다. 내 귀에 대고 웃나? 게걸스러운 웃음까지 더해진 데다 똥줄 태운 사람이 저지른 만행을 하나, 둘, 세 개까지 듣고서야 나는 뒤를 돌아보며 고상하게 눈으로 말했다.

'여기서 이러시면 안 된다'고, 하지만 내 고상한 바디랭귀지 왜 쳐다보냐는 눈빛의 답을 받으며 간단히 무시당했다. 그러자 화를 참으며 눈짓하는 사회적 고상함은 이미 내 것이 아니고, 밭일 가다 단잠 깬 할머니가 본색을 드러낼 때가 돌아왔다. 더 큰 소리로 "아줌마, 똥줄이 타든 오줌 줄이 타든 집에 가서 할 일이고 조용히 좀 합시다. 버스 전세 냈어요?" 그 여자는 상황 파악이 된 듯 버스 앞을 쓱 둘러보더니 소곤거리며 다시 통화했다.

"아, 할 말 더 있는데, 버스 안이라 그러네. 금방 다시 할게." 대충 이런 이야기였다. 평화가 찾아왔지만 나는 그렇지 못했다. 뒤통수가 따끔한 것 같고, 자리도 불편해졌다. 저 여자는 왜 안 내릴까? 다른 승객들은 다시 핸드폰을 꺼내고 없었던 일 같은데 나는 아까처럼 졸리지도 내릴 수도 없게 되었다. 뒤 여자는 무슨 생각을 할까? 재수 없게 망신당했다고? 통화해야 하는데 저 늙은이 앞자리 때문에 못하게 돼서 똥줄 탄다고 생각하려나?

쭈뼛거리는 내 뒤통수는 온 신경이 집중돼 있는지 뒷자리는 뭔가 부스럭 꺼내는 듯하다가도 아직 내릴 모양은 아닌 것 같았다. 헛기침에 내 머리카락을 잡아 당겨지는 것 같아 난 일어나 버렸다. 마침 정거장이라 타고 내리는 사람들이 부산스러운 참이었다. 그렇게 안전거리를 유지한 채 두어 정거장 더 가서야 뒷자리 사람은 내렸다. 내가 무슨 잘못을 한 건가? 왜 내가 벌 쏘인 기분이 들었을까 망신주듯 할 게 아니라 본인만 알아듣게 얘기했더라면 내 마음이 안 불편했을 텐데, 이제 내가 주인공이 된 기분이었다.

농장에 도착해서 딸이랑 이야기를 나눴다. 딸은 "와, 엄마, 잘했어. 누가 막아주겠나. 더 무식하게 해도 됐는데…. 타산지석 삼자." 나는 어딜 가든 의식적으로 노력하면 교양이 없지는 않다. 하지만 늘 그랬을까? 아니다. 어찌 남의 귀에 돌이 되고, 남의 눈에 돌이 되지 않았겠는가? 나이가 무기인지 젊을 때보다 무모한 용기도 내기가 훨씬 쉬웠다. 내 행동을 참아준 사람이 많았을 것이다. 그런데 내가 눈치를 보긴 했나? 오히려 누군가 내게 주의를 시켰을 때가 생각났다. 그때는 무참하여 되받아치고도 억울한 마음마저 들었다.

오늘따라 내 마음이 타 트일 줄 알았는데 더 꺼림칙하다. 잡초를 뽑으며 생각했다. 나이 무기 삼지 말자. 나잇값 하자. 아까는 나이 있으니 내가 나선 건 잘한 거다. 하지만 왜 나의 교양은 챙기지 못하고 오지랖을 떨었을까 할 말 다 했으니 마음이 후련해야 할 텐데 왜 이리 꺼림칙할까. '어쩌다 똑같은 수준이 돼 버린 걸까?' 잡초 뿌리가 오늘따라 질기고 질기다. 뒤로 나자빠질 정도의 놈을 뽑고서야 웃음이 터진다.

뒷자리 여자가 오늘 내 막말을 듣고 '저 무식하게 말하는 그것 좀 보소. 나는 저렇게 말하지 말아야지' 했으면 좋겠다. 앞자리나 뒷자리나 모두 타산지석이 되었으면 둘에게 좋고, 모두에게 좋겠다 싶었다.

멋쟁이 철부지

서주린

빨간 장미꽃 여러 송이가 올해도 피운다. 담장 위 덩굴장미가 한 여름 지나 잎이 많이 진 성긴 가지 사이사이로 고개를 내민다. 꽃송이 크기가 봄 같지 않지만, 색채가 선명하여 오가는 사람들의 눈길을 끌고 있다, 하지만, 이는 철모르는 철부지 꽃이다. 장미는 '5월의 여왕'이란 별칭답게 봄을 화사하게 장식하는 꽃이다. 이른 봄이나 늦가을에 날씨의 변화에 따라 여러 종류의 꽃들이 제철 아니게 피었단 소식을 전해 오기도 하지만, 이 모두 철부지다. 모든 식물은 생장발육의 제철이 있기 때문이다.

어린 시절, 어른들이 개구쟁이 아이에게 철부지라고 질책하는 모습을 많이 보았다. '철부지(철不知)'란 '철없는 어린아이'나 '철이 없는 어리석은 사람'을 뜻하는 사전적 의미이지만, 이는 농사에 절기가 중요했던 농경사회에서 절기를 모르고 사는 사람을 두고서 유래한 말이다.

지금 우리 사회는 철부지가 너무나 많이 넘친다. 개인이나 집단과 지역 이기주의에 빠져 타인과 공익을 위한 배려와 협동의식이 낮아지고 있다는 것이 문제다. 이는 어려서부터 인성교육의 부재에 원인이 있다 하겠다.

저출산의 영향 탓인지 애들을 과보호 속에서 키우다 보니 버릇이 없고 자기 밖에 모르는 이기주의자로 자라면서 질서의식과 예절이란 찾아보기 어렵다. 이는 단지 자라나는 청소년뿐만 아니라 장년이나 노년도 마찬가지다. 나이 들어가면서 이기주의와 자기중심적으로 생각하는 옹고집이 더해감을 본다.

지난날의 나 자신을 돌아본다. 젊은 시절 얼마나 많은 실수와 과오가 많았던가. 과오가 어찌 철없던 젊은 시절뿐이랴. 나이 든 아직까지도 실수를 자주 저지르곤 한다. 그런 잘못이 회상될 때면 쓴웃음과 함께 반성하는 계기가 되어 옳고 그름이 무엇인지를 더 생각하게 한다. 어려서부터 유교적 가풍에서 자란 습성으로 나이 사십이 넘은 아들딸들에게 옛 관습의 잣대로 재고 요구하다 보니 갈등이 생기기도 한다. 고정관념과 신세대 사고의 차이다.

장수시대에 들면서 아름답게 늙는 방법에 대한 좋은 글을 많이 보게 된다. 행복하게 늙기 위해서는 먼저 노년의 품격을 지녀야 할 것이다. 너그러운 마음으로 때론 양보하고 베풀면서 인간관계를 갖다 보면 결코 초라한 노년이 되진 않을 것이다. 뒷짐 지고 헛기침하기 보단 자신을 성찰하면서 올곧게 살려는 자세를 가져야 할 것이다.

세계 역사상 최대 업적 64%를 60대 이상에서 성취하였다는 어느 통계를 본 기억이 있다. 소포클레스가 『클로노스의 에디푸스』를 쓴 것은 80세 때였고, 괴테가 『파우스트』를 완성한 것이 80세가 넘어서였다고 한다. 많은 예를 반면교사로 삼아 나도 무엇 한 가지라도 성취해야 하지 않겠나 하는 욕심을 가져본다.

철없이 뒤 늦게 핀 장미! 이 꽃도 시들면 벌 나비도 찾아들지 않을뿐더러 보아주는 사람도 없을 것이다. 그러기에 나이 팔십 넘어 자신의 노추를 보이지 않기 위해서는 스스로 건강을 지키며 변화하는 시대에 걸맞은 소양을 갖추는 노력을 게을리해서는 아니 되겠다. 빨강 장미의 꽃말처럼 '정열적인 사랑'과 '기쁨'으로 남은 생을 살자고, 멋쟁이 철부지가 되자고 새삼 다짐한다.

버팀목

임양자

새하얀 눈이 밤새 내려서 크고 작은 나무는 꽃 세상이다.

더러는 내려앉은 눈 무게에 짓눌려 잔가지가 안쓰럽기도 하다. 하지만 밑에서 괜찮다. 받쳐주는 넉넉한 버팀목이 있어 그 또한 보기가 좋다.

굽은 지팡이에 의지하여 무리하게 산중턱까지 올랐지만, 허리에 통증이 와서 그만 하산하기로 했다. 조심조심 두 발에 의지하여 눈 덮인 미끄러운 산길을 더듬었으나 오늘따라 오른발이 너무 저리고 아프다. 연전에 수술한 왼발의 버팀목으로 오른발을 무리하게 혹사한 탓인 듯했다. 고마움도 모르고 당연하다는 듯 오른발에만 온몸의 무게를 지게 했으니 그럴 만도 했다.

뒤늦은 후회, 허리에 손을 대고 조심조심 하늘을 우러른다. 몇 조각 뜬 구름이 꽃 같다. 그도 역시 엄마 품 같은 하늘이 버팀목인 듯 안아주고 품어주었기에 가능했음을 새삼 깨닫는다. 그랬다. 네가 있어 내가 있고 내가 있어 너가 있었다. 오른발이 있기에 왼발이 설 수 있었고 두 발이 버티주었기에 내 몸을 지탱할 수 있었다. 세상에 혼자인 것은 없다. 공존공영(共存共榮)의 원리, 아니 공생(共生)에의 버팀목의 고마움을 절감하는 오늘 등산길이다.

발왕산에 오래된 야광나무도 주변의 고목들은 쓰러져 갔지만 마가목 씨앗이 바람에 날아와 야광나무에 품게 되었다. 마가목을 품은 야광나무는 비, 바람에 버티었다.

마가목은 야광나무에 보답 하듯이 뿌리 내려 야광나무가 쓰러지지 않게 버팀목이 되어 주었다. 이렇게 버팀목이 있어서 서로 의지하고 생존하는 것이다. 그런데도 내가 잘났기에 너가 있고 내가 있었기에 가족과 가정이 건재한다고 자만하며 살았다. 지독한 오만이었다.

뒤늦었지만 깨닫는다. 가족이란 버팀목이 있었기에 살아가는 이유도 알고 남편이란 버팀목이 건재하기에 행복감도 느낄 수 있었음을, 뿐인가 오늘 아침의 눈꽃 세상도 저녁이라는 어제의 버팀목이 있었기에 구경할 수 있었음을 절감한다. 그러므로 버팀목은 삶에의 절실한 이유였고 목적이었고 방법이었다.

중병에 걸린 지구의 분노

문남선

아무래도 지구가 중병에 걸린 모양이다. 지구촌 곳곳에서 상상을 초월할 정도의 대자연 재해가 발생하고, 그 재해가 소나기처럼 훑고 지나간 자리마다 엄청난 고통의 신음소리가 연일 끊이지 않는다. 사실 우리는 오래전부터 지구의 신음소리를 심심치 않게 들어왔다. 그럴 때마다 조금이라도 더 그 소리에 신중하게 귀를 기울였더라면, 만약 그리했더라면, 지구가 이토록 만신창이가 되지는 않았을 듯싶다.

경북 청송의 주산지를 배경으로 한 '봄, 여름, 가을, 겨울, 그리고 봄'이라는 영화가 있다. 이 영화는 2019년 12월 코로나 바이러스로 인해 작고한 김기덕 감독의 작품이다. 이 영화 한 편에 봄, 여름, 가을, 겨울 4계절이 뚜렷한 우리나라의 풍경이 아름답고 인상 깊게 펼쳐진다. 하지만 최근의 우리나라 기후는 뚜렷한 사계절이 아닌, 점점 아열대화 되어가는 탓에 계절의 경계선마저 점점 흐릿해져가는 느낌이다. 이러한 변화의 원인과 증거를 일일이 열거하기 힘들겠지만, 우선 몇 가지만 살펴봐도 그 심각성이 어느 정도인지 짐작이 간다.

지구의 꼭대기에 해당되는 지역은 북극이고 맨 아래쪽 부분은 남극이다. 북극이라는 단어를 떠올리면, 머릿속에 누구나 엄청난 규모의 빙산과 그 얼음산을 걸어 다니는 북극곰이 떠오를 것이다. 반면 남극일 경우는 남극의 빙산에 모여든 펭귄 떼가 연상될 것이다.

우리는 어떤 일의 규모나 가치를 이야기할 때, '빙산의 일각이다'라는 말을 자주 사용한다. 2021년 상반기 세계 최대의 빙산이 떨어져나가 유빙이 되었다는 것을 인공위성을 통해 확인했다고 한다. 이 빙산은 길이 175㎞ 폭 25㎞, 표면적 4,320㎢의 넓이로 제주도의 2.38배, 서울시의 7배에 해당하는 규모라고 한다. 그런데 그 빙산마저 몇 조각의 커다란 유빙으로 떠다니고 있다고 하니, 지구온난화 문제가 보통 심각한 게 아니다.

엄청난 규모의 빙산이 녹아내려 해수면이 높아지고, 삶의 터전을 점점 잃은 북극곰들이 뼈가 앙상한 채 먹이를 찾아 배회하는 모습과, 남극의 터줏대감격인 펭귄의 개체수가 점점 줄어들고 있다는 소식을 우리는 뉴스를 통해 자주 접하고 있다.

펭귄은 철저한 일부일처제이다. 새끼를 낳으면 암 펭귄이 약 4개월 정도 바다로 나가 먹이를 먹고 돌아올 동안, 수컷은 한 자리에서 알을 발등 위에 올린 채 간단한 수분만 섭취하며 암컷을 기다린다고 한다. 그러다 암컷이 돌아오면 다시 역할을 바꾸어 어미가 새끼를 돌보는, 지극히 가족을 우선시하는 동물이다. 그런데 현 상황은 남극 펭귄의 삶터마저 점점 소멸되어 펭귄의 개체수 또한 점점 줄어들 수밖에 없는 실정이다.

인간을 '만물의 영장'이라고 칭한다. 하지만 우리는 우리의 터전인 지구를 너무 많이 훼손하고 또한 괴롭혀왔다. 산소의 공급 원인 아마

존과 같은 원시림을 마구 훼손하고, 무분별한 화석연료의 사용으로 기후 자체의 시스템을 망가뜨리고, 지구를 스스로 숨쉬기 힘든 공간으로 만든 장본인이 바로 '만물의 영장'이라는 우리 인간인 셈이다.

이토록 만신창이가 된 지구의 자가 시스템에, 지구인들 어디 분노하지 않고 배길 수 있을까. 그 분노의 상징이라고 할 수 있는, 엄청난 폭염과 가뭄, 태풍과 폭우, 토네이도, 산불 등으로 지구촌 곳곳이 마치 공포영화를 보는 듯한 사건들로 사흘이 멀다시피 뉴스에 보도 되고 있다.

수개월째 꺼지지 않는 산불로 인해 수천수만 명의 이재민이 피신을 하고, 몇 백, 또는 천년만이라는 대홍수, 하물며 열대의 상징이라는 사막에서의 눈, 높아진 수온 탓에 무리로 괴사하는 연어 떼, 가두리 양식장의 떼죽음 당한 물고기, 마치 초원인 양 변해버린 강물의 녹조현상, 엄청난 위력의 토네이도 바람은 큰 도시를 쑥대밭으로 만들어버리고…. 결국 이러한 현상은 '지구의 만행'이 아닌, 인간으로 인해 '중병에 걸린 지구의 분노'라는 생각이 든다.

거기에 '엎친 데 덮친 격'으로 2019년 12월 중국의 우한에서 발병한 코로나는 삽시간에 세계를 혼란 속으로 밀어 넣었다. 그 보이지 않는 바이러스 탓에 세계인의 발목이 꽁꽁 묶이고 세계 경제마저 꽁꽁 얼어붙었다.

코로나 발병 이전에는 세계를 '지구촌'이라고 불렀다. 그만큼 물리적인 거리가 문제가 되지 않는, 누구나 가까운 이웃처럼 서로가 자유롭게 왕래할 수가 있었다. 우리 옛 속담에 '뭉치면 살고 흩어지면 죽는다'는 말이 있다. 하지만 코로나 사태는 속담과는 정반대의 '뭉치면 죽고 흩어지면 산다'는 이상한 신조어까지 낳게 했다.

그래도 세계 각국의 바이오산업을 총 동원하여 화이자, 모더나, 얀센, 아스트라제네카 같은 백신과 각종 진단키트와 혈장치료제 등을 연구 개발하여 조금씩 코로나 위기를 잠재우나 싶었는데…. 최근 이 코로나 바이러스가 '알파, 베타, 감마, 델타'와 같은 변이 바이러스를 일으키며 진정되어 가는 듯한 지구촌의 질서를 또 다시 어지럽히고 있는 실정이다.

하지만 인간은 지구상의 생명체 중 가장 영리한 만물의 영장이지 않은가? 그러니 지구촌 모든 사람들이 지구의 중병을 고쳐나갈 정책을 펴고, 그 정책을 지키면서 조금이라도 병든 지구를 낫게 하는 일에 동참해야 할 것이다. 그렇지 않으면, 결국 그 화는 우리 모두에게 되돌아올 것이다. 왜냐하면 지구를 위하는 일은, 바로 우리 자신과 우리의 후손을 위하는 일이기에.

미국의 기상학자 로렌즈(Lorenz, E.N)가 어느 한 곳에서 일어난 작은 나비 한 마리의 날갯짓이 뉴욕에 태풍을 일으킬 수 있다고 얘기했다. 바로 이 말에서 '나비효과'란 단어가 나왔다. 중병에 걸린 지구의 분노를 잠재울 수 있는, 지속적이고 활기찬 나비의 날갯짓이, 지구 곳곳에서 끊임없이 감지될 수 있기를 간절히 빌어본다.

사랑, 되돌아오다

이용섭

요양원에 계시는 어머니께서 배뇨관 교체를 위해 병원에 가는 날이다. 코로나19로 한동안 뵙지 못한 터라 시간을 맞추어 병원으로 찾아갔다. 어머니는 나를 보자 반가워하셨다. 그러나 기쁜 표정도 잠시, 가쁜 숨을 쉬며 힘들어하셨다. 검사 결과 헤모글로빈(Hb) 수치가 5g/dℓ로 당장 수혈을 해야 한단다. 그렇지만 코로나19 와중이라 병원 내에 혈액이 남아있지 않아 피를 구할 때까지 기다리라고 했다.

하는 수 없어 다시 요양원으로 모시고 가는 길. 개나리, 진달래뿐만 아니라 벚꽃까지 속절없이 만개해 있었다. 차창 밖을 가리키며 "어머니, 저 꽃들 좀 보세요. 봄이 한창이네요."라며 분위기 전환을 해보았지만, 어머니는 고개만 겨우 들고 "응, 예쁘구나."라는 한마디뿐이셨다. 다음 날 다시 병원을 찾았지만, 여전히 피를 구하지 못했다. 난감한 상황에서 간호사 한 분이 지정헌혈 제도를 안내해 주었다. 혈액형이 다르더라도 가족이 지정헌혈을 하면, 동일한 혈액형의 다른 사람 피를 어머니가 우선 공급받을 수 있다는 것이었다.

이미 여러 차례 헌혈을 해본 터라 지체하지 않고 헌혈의 집으로 갔다. 내가 헌혈을 하러 간다는 소식에 얼마 전 환갑을 지난 막내 동생이 회사 직원과 함께 왔다. 몇 개월 전 결혼한 아들에게도 조심스레 전화하자, "당연히 해야지요."라고 하더니 곧바로 헌혈증을 인증 샷으로 보내왔다. 그렇게 우리 형제들과 어머니의 손자, 손녀가 헌혈에 동참한 덕분에 어머니는 수혈을 받고 기력을 되찾아 밝은 표정으로 퇴원하셨다.

2년 전, 신촌에서 글공부를 시작하면서 생애 최초의 헌혈을 한 기억이 떠올랐다. 여느 때보다 일찍 도착한 그날은 글방 문이 열리려면 1시간 이상 기다려야 했다. 주변을 돌아보다가 근처에 있는 '헌혈의 집'을 발견하였다. 어떤 분들이 헌혈을 하며 어떻게 하는지 궁금한 마음에 문을 열고 들어섰다. '헌혈은 사랑입니다'라는 포스터가 먼저 나를 맞았고, 그 글귀는 내 가슴에 와 닿았다.

흰머리 때문에 실제보다 나이가 많이 들어 보였든지, 안내하는 직원이 의아해하는 표정으로 나를 쳐다보았다. 아무래도 노인이 사무실을 잘못 찾아온 게 아닌가 하는 눈치였다. 조심스레 "헌혈하는 곳이라 하여 찾아왔는데, 혹시 가능할까요?"라고 물었다. 그제야 안쪽에 앉아 있던 직원이 "일단 이쪽으로 와서 앉아 보세요."라며 의자를 가리켰다.

젊은 시절, 거리에서 헌혈을 하라며 팔을 잡혀본 경험이 누구나 한 번쯤 있을 것이다. 나 역시 그랬지만 그 필요와 중요성을 깨닫지 못한 채 바쁘다는 핑계로 외면하곤 했다. 그랬던 내가 더 이상 헌혈하라고 붙잡지도 않는 나이가 되어 제 발로 왔으니, 철이 들어도 한

참 늦었으며 의아해하는 그 직원들의 태도 또한 이해 못할 바가 아니었다.

헌혈 전 몇 가지 검사를 하던 직원이 당뇨, 고지혈증이 없고 혈압도 정상이므로 헌혈이 가능할 것 같다며 반색을 한다. 나도 이 나이에 헌혈을 할 수 있는 몸 상태라는 것이 무척 감사했다. '일반 헌혈'을 할지 '지정 헌혈'을 할지 물었지만, 내 피가 필요한 분 누구든 상관없다고 한 후 침대처럼 생긴 의자에 누워 헌혈을 하였다. 그런데 갑자기 옆자리에서 '삑, 삐익!' 하는 기계음이 울렸다. 간호사가 달려와 옆에 있던 청년의 주사바늘을 뺀 후 데리고 나갔다. 무슨 일이냐고 물었더니, 드물지만 헌혈하는 사람의 피가 탁해 수혈을 하기에 부적합한 경우 생기는 현상이라는 것이다.

'저처럼 젊은 사람이 그렇다면 혹시 나는?' 하는 걱정에 내 피의 상태를 물어보았다. "그 연세에 이처럼 맑고 건강한 피를 가지고 계시다니 놀랍고도 반가운 일이네요."라고 하면서, 'A++(에이투플러스)에 해당하는 건강한 피'라며 엄지 척을 해 주었다. 얼마나 기쁘던지! 헌혈로 작은 사랑을 실천하고 이에 더해 내 몸의 건강까지 확인받았으니 말이다. 그 이후 코로나19로 글방이 문을 닫기까지 몇 번 더 헌혈을 하였다.

'헌혈은 사랑이다'라는 포스터 글귀처럼, 아무런 조건 없이 나누었던 작은 사랑(헌혈). 그 사랑이 이번에는 어머니에 대한 사랑으로 되돌아왔다. 신기하고 놀라운 일이 아닐 수 없다. 앞으로 얼마나 더 헌혈을 할 수 있을지 모르지만, 그때까지 몸 관리를 잘하면서 필요한 이들에게 내 작은 사랑을 계속 나누며 살아야겠다고 다짐한다.

레드와인

김희구자

'율리시즈(ulysses)'의 신화 속 오랜 이야기를 품은 너, 내 와인은 주는 기쁨이 웃음이 들어있다. 연중행사가 된 나의 포도주 담기는 30년째 이어 온 내 삶의 일부다. 마당 뒤쪽 바람 잘 통하고 서늘한 곳에 자리를 지킨 포도주 항아리는 고추장, 된장항아리보다 더 푸짐하게 내 마음을 차지한다.

사람들은 왜 그렇게 정성들여 해마다 포도주를 담느냐고 내게 묻는다. 술을 좋아해서도 아니고, 어디다 내다 팔기 위해서는 더더욱 아니다. 살다 보면 더러는 내가 나를 만나고 싶어질 때가 있다. 호화롭게 잘 치장된 카페보다도, 전망 좋고 값비싼 호텔 스카이라운지보다도 편안하고 아늑한 내 골방에서 지인들과 나누는 나의 포도주는 고단한 내 삶의 쉼표가 된다. 순수하고 가슴 따뜻한 사람들과 도란도란 이야기꽃을 피워 올리는 내 골방 카페는 그래서 언제나 정으로 차오른다. 글 선배인 정 선생님과 이 선생님이 내 골방 카페의 주빈(主賓)이다. 바람이 스산하거나 촉촉이 비 내리는 날이면 우리는 누가 먼저랄 것도 없이 모인다. 크리스털 잔에 붉은 포도주를 채우고, 지금 이 순간 우리를 위해 잔을 들어 건배한다.

술은 마음을 비추는 거울이 되기도 한다. 술은 삶의 한정된 틀을 단숨에 뛰어넘어 해방감을 느끼게 해주어 좋다. 피돌기의 상승작용 속에 따뜻한 시선으로 서로 바라볼 수 있는 시간. 한없이 작아지기도 하고 한없이 커지기도 하는 시간, 내 포도주는 그렇게 마술의 영험함까지 지녔다. 무얼 더 바라겠는가! 포도주와 더불어 내 마음도 붉어지면 끼가 동한다. 내면 깊숙이 가라앉은 내가 주저 없이 튀어 오른다. 홍어 삼합에 푸짐한 상을 차리고 그래도 자꾸 더 먹이고 싶은 마음, 그것은 마주 앉은 우리 서로의 정이다. 화기애애한 이런 시간은 생기 넘치는 나를 만날 수 있어서 좋다.

무엇에도 얽매이지 않는 자유로운 영혼, 나를 나이게 해주는 멋진 시간이다. 두 분의 글 선배보다 나이가 많음에도 어느새 나는 나이를 잊고 한 마리 나비가 된다. 이런 나에게 이 선생님이 붙여준 애칭이 프리티 우먼(Pretty woman)이다. 이 나이에 귀엽다는 애기를 들어도 즐거운 철없는 사람이 바로 나다. 때로는 속내를 다 털어놓아도 흉허물이 되지 않는 이런 지인들의 맛난 만남이 있어 내 삶은 가끔씩 풍요롭다.

포도주를 담글 철이 되었다. 포도를 입에 넣는다. 보랏빛 달콤한 과즙이 터져 입 안 가득한 향기는 나를 행복하게 한다. 포도가 익어가기까지는 따뜻한 봄날의 지기(地氣)를 받아 만개한 아주 작은 꽃 덕분일 것이다. 꽃잎이 떨어지고 깨알만한 초록색 열매가 달린다. 햇빛, 달빛과 별빛을 머금고 자란다. 뜨거운 여름날 작렬하는 태양과 시원하게 퍼붓는 소낙비 맞으며 수천 번의 바람 춤을 춘다. 자연의 순환을 묵묵히 받아들여 탐스럽게 익은 향기 짙은 포도송이.

항아리 속에서 인고의 시간으로 제 살을 곰삭혀 농익을 대로 익어야만 향기 좋은 포도주가 된다. 지난했던 내 삶도 녹녹치 않았다. 살아내기 위해 겪는 고통이나 좌절, 속울음 삼키며 살아내야 했던 인고의 세월, 끝내는 눈물을 흘릴 수밖에 없는 슬픔들, 그리고 절망까지도 보듬어 안아 그 신열을 앓고 난 후에야 너그러워질 수도 겸손해질 수도 있음을 안다. 삶의 운동장에서 아웃사이더로, 내몰린 나, 그 숨가쁜 체험이 내 삶에 거름이 되었다.

먼 길 돌고 돌아와 이젠 내 삶에 입맞춤하며 감사한다. 가끔씩 좋아하는 이들과 함께 마음 밭을 레드와인 빛깔로 물들인다. 조화로운 무지개빛 언어로 수놓으며 주거니 받거니 따듯한 눈빛으로 서로를 보듬는다. 서로를 향한 흐뭇한 웃음은 가슴 속에 매화도 피고, 동백도 꽃 피운다. 이렇게 사랑은 사랑에서 오는 것임을 살며 알아간다. 이 아니 좋은가!

요즘은 붉은 포도주가 건강에 좋단다. 100일 후면 새 포도주를 뜰 것이다. 첫째 병은 두 분의 글 선배를 초대하여 마주 앉은 시간을 행복한 웃음과 서로의 정으로 쌓아 올려 레드와인의 향을 음미하며 부드럽고 달콤한 맛으로 목젖을 휘감을 것이다. 그날을 꿈꾸며 항아리 속 포도주가 잘 익어가기를 바란다. 그리하여 멀지 않아 웃음 꽃자리가 펼쳐질 것이다. 삶이 별것인가, 사랑하는 지인들 초대해 아낌없이 주고 싶은 마음 펼치고 홍건이 그 좋은 기분에 잠기면 그만 인 것을, 그 순간 더 바랄게 뭐 있겠나!

나누고 즐기며 그 충만함을 누리는 기쁨 속에 사는 것이 나에게는 참 행복이다.

다른 술맛은 몰라도 포도주 담근 경력 30년에 포도주 맛은 이제 조금 알 것도 같다. 레드와인, 그것은 이제 내 삶에서 빼놓을 수 없는 친구가 되었다. 아니 내 삶의 맛이요, 빛깔이요, 쉼표가 되었다.

코. 로. 나. 19.

황덕중

코. 코로나 숨을 쉬지 눈이나 귀로도 숨을 쉬는 건 아니다. 그러나 입으로도 숨을 쉴 수가 있으니까 코와 입은 한통속이라고 할 수 있겠다. 그래서 코로나라고 하는 이번 염병은 코와 입을 동시에 차단해서 막아내야 하는, 정말 염병할 놈의 병이다. 코든 입이든 어느 하나만 틀어막고 살라 해도 불편하고 기분 더러운 일이겠거늘, 숨쉬는 구멍은 모두 막고 살라니, 우리 인간 무리가 무슨 죄를 져도 크게 져서 천벌을 받으며 사는 것일 게다.

어느 지인은 내게 이런 장난조의 글을 보내왔다. "하느님, 우리가 얼마나 거짓의 막말을 많이 하고 살았으면 입을 마스크로 틀어막고 살라 하십니까! 우리가 얼마나 서로 다투고 시기하고 미워했으면 거리를 두고 살라 하십니까! 우리가 얼마나 손으로 나쁜 짓을 많이 했으면 어딜 가나 손 씻고 소독하라 하십니까! 우리가 얼마나 열 올리고 살았기에 가는 곳마다 체온을 체크하고 살라 하십니까! 우리가 얼마나 비밀스럽게 다녔으면 가는 곳마다 연락처를 적으라 하십니까!…."

사실 이 정도의 죗값으로는 이렇게 오랜 동안 숨구멍 모두를 틀어

막고 사는 형벌을 받지 않을 게다. 인간이 그동안 인간 서로 간에, 그리고 이 대자연에 대하여 저지르며 살아온 죄는 이 정도의 형량(刑量)으로 사면 받을 수 있을 것 같지 않으니 근심이 태산이다.

로. 로맨스인지 불륜인지도 구분 못하며 저지르는 던적스러운 짓거리들 하며, 인간들이 어두운 구석에서 늘어놓는 갖가지 더러운 범죄의 쓰레기는, 그동안 스스로 깨달아 정화하기를 기다리는 아량의 한계를 이젠 넘어 버렸다. 더는 용서의 손을 쓸 수가 없는 지경에 다다라서 우리는 지금 그 벌을 홈빡 뒤집어쓰고 있는 것일 게다. 그렇지 않고서야 이리도 잔인한 형벌을 이리도 길게 받을 수 있겠는가!

누구나 자신은 그렇게 큰 죄를 저지른 것 같이 생각이 안 들겠지만, 우리의 일상생활, 즉 먹고 입고 편히 즐기는 일, 그중에서도 더 좋은 것을 쟁취하여 남보다 더 잘 먹고 더 잘 입고 더 멋지게 즐기기 위해서 노력하는 과정에서, 그것이 자기로서는 최선의 방법이라고 생각하며 저지른 짓거리들 속에는, 하나하나 파헤쳐 현미경으로 들여다보듯 살펴보면 수많은 범죄의 잔해들이 숨어 있을 것이다. 이웃에 대하여, 사회에 대하여, 법에 대하여, 또는 도덕적으로, 더 나아가서는 내 주변 자연 현상에 대하여 저지른 죄가 양심을 콕콕 찌르며 나타날 것이다. 그런 개인 개인의 범죄가 역사의 흐름 속에 자자분한 더께로 누적되어 오늘에 이른 것일 게다. 나는 모른다고 외면하며 살고 있지만 이미 우리는 우리가 만든 죄의 갯벌 속에 발을 묻고 힘겨운 걸음걸이를 걷고 있는 것이다.

나. 나랏님의 힘으로도 이 죄의 갯벌은 치워 주지 못한다. 너무 두껍고 너무 넓다. 우주의 운행을 관장하는 절대자의 능력으로나 가능할지 모르는 그 일을 우리는 그분에게 기대하지 못한다. 양심상 그러하지를 못한다. 인간이 이 땅에 발 디디고 살아온 이래 지금까지의 누적(累積)인데. 이미 늦었다. 그 속속들이 파고들어 뿌리를 내린 세균과 바이러스들의 번식력과 공격력은 인간의 능력으로 저지할 수 있는 한계의 저 밖에 있다. 인간의 과학을 비웃고 있는 것이 벌써 언제부터인지 모른다.

그뿐이 아니다. 이렇듯 인간의 잔잔한 일상적 삶의 분진으로 지어놓은 갯벌만으로도 인간은 헤어나기 어려운 지경에 이르렀거늘, 하물며 일상의 상식으로는 상상도 할 수 없는 일들을 하늘 무서운 줄 모르고 대놓고 저지른 죄가 얼마나 많은가? 또한 우리 삶의 바탕인 지구의 생리를 무시하고 마구잡이로 훼손하고 깎아 무너뜨리고, 더 나아가서는 머리가 좋다고 과학 만능 주의 생활을 펼쳐, 지구의 옷이라고 할 수 있는 대기권까지 망가뜨려서 얼음산을 녹여 부수고 대양의 기온을 뒤흔들어 놓은 죄는 어찌하겠는가!

19. 1900년대만 해도 그렇다. 인류가 1900년대, 소위 20세기라고 하는 기간에 저지른 죄상은 정말 용서받을 수 없는 천인공노할 죄악들이었다. 제1차 세계대전, 제2차 세계대전. 이건 인간이 저지른 최대의 미친 짓이다. 사람이 사람을 죽게 하는 정신 나간 짓! 다사로운 가정을 이루어 오순도순 살아가는 다른 민족 다른 국가를 자신들의 욕심을 채우기 위하여 침략하는 못된 행태! 그 리더를 영웅

으로 추켜 세워 패권주의 나아가서는 제국주의 사상을 자기 나라의 통치 이념으로 하는 자를 위인으로 떠받들어 결국은 다른 민족을 죽이고 다른 국가를 파괴하는 행위로 깃발을 날리고 박수를 받는 만행을 저지른 한 세기가 20세기였다.

이런 행태가 20세기 하루아침에 이루어진 것은 아니었다. 고대 그리스나 로마에서 칼 들고 말 타고 다른 민족을 죽여 승리를 이끌면 그를 위대한 장군 또는 위인으로 추앙하였다. 중앙아시아를 거쳐 유럽까지 말 타고 창칼 들고 밀고 내려가며 숱한 인명을 죽이고 그 많은 나라들을 괴롭힌 징기스 칸을 위인으로 추앙하고, 유럽 전체를 뒤흔들고 나아가서는 러시아까지 침공하며 수많은 인명을 살상하고 괴롭힌 나폴레옹을 영웅으로 추대해 온 인류 역사적 가치관이, 히틀러나 도요토미 히데요시(豊臣秀吉), 사담 후세인 그리고 김일성 같은 악마들을 만들어 내어 전대미문의 전쟁을 일으켜 전 세계를 불바다로 만들고 수백 수천만의 인명을 앗아가고 도탄에 빠뜨린 것이다.

이런 시초는 사실 우리가 영웅시하는 콜럼버스가 새로운 대륙을 찾아낸다는 야심으로 무모한 항해를 떠나, 미주(美洲)의 원주민들을 학살하고 잡아다가 노예로 삼고 하여 미개한 민족을 얕잡아 보고 그 나라를 속국으로 만들어 자국의 이익을 도모하는 풍조, 말하자면 힘의 과시나 자기 세력의 팽창으로 남을 집어먹는 풍조를 만든 이후로, 영국, 포르투갈, 스페인 등 서부 유럽 해양 국가들이 대양(大洋)의 패권을 쥐고 흔들며 약소민족 침략의 풍조를 만든 데서 팽배해온 것이라 할 수 있다.

이게 다 우리 못난 인간들의 자작극이다. 자초한 죄악이다. 선과

악을 구분하여 행동하는 것이 귀찮으니까 그냥 편한 대로 악을 선으로 미화하며 스스로 범죄의 구렁텅이에 빠져 허우적거리며 지내온 것이다. 지금까지 우리 인간들이 만들어온 이 범죄의 늪, 헤어나기 힘든 범죄의 갯벌, 우리는 그 늪 그 갯벌에 두 다리를 디디고 서서 헤어나지를 못하는 것이다.

코로나라는 놈은 우리로 하여금 움직일수록 점점 더 깊이 빠져 들어가는 갯벌로 몰아넣고, 뛰지도 날지도 못하게 하고 있다. 전쟁 같은 건 엄두도 못 내게 하고 있다. 최소한의 움직임으로 목숨만을 부지하게 하고 있다. 엎드려서 기거나 누워서 뒹굴면 겨우 목숨을 부지하며 살아갈 수 있는 모양이다.

온 인류가 굴복하고 용서를 빌어야 하는가 보다. 온 인류가 이 지구상에서 국가 간의 전쟁은 물론 나라 안의 정쟁(政爭)도 이웃 간의 다툼도 다시는 벌이지 않겠다는 다짐으로 용서를 빌어야 하는 모양이다. 공존과 화합, 용서와 사랑, 인내와 양보, 이런 가치관과 생활철학들이 일상생활에서 보편적 행동으로 실현되지 않는 한 지금 인류에게 내려진 형벌은 거두어지기 어려울 듯하다.

눈에 비친 당신의 모습

황덕수

새벽 4시, 한 아주머니가 자신의 키보다 긴 자루걸레를 쥐고 싹싹 싹싹 좌우로 마치 기계의 링크가 움직이듯 번갈아 가며 팔을 움직인다. 이마엔 땀방울이 송골송골 맺혀 금방이라도 떨어질 듯한데 아랑곳하지 않는다. 얼굴엔 근심걱정이라곤 엿볼 수 없고 오히려 즐거움의 미소가 스민다. 공용냉장고에 보관된 내 이름 쓰인 음료를 하나를 꺼내 들고 "수고 많으세요, 이거 드시고 쉬시며 하세요." 했더니 멈칫하다 "고맙습니다." 하더니 바로 주머니에 넣고 하던 일(運動)을 계속한다. 대체 몇 시간 잠을 자고 이 꼭두새벽에 나와 저 일을 할까? 조금은 궁금했다. 나름대로 부지런하다고 자부한 나와 비교하니 괜히 부끄럽다.

어느 병원에서 장기입원 환자에게 질문했다. "지금 가장 큰 소망이 무엇입니까?" 대답은 예상외로 간단명료했다. "당신과 같이 걷고 싶다."였다. 세상에서 가장 쉬운 거 아닌가. 돈도 명예도 권력도 그 어느 것도 필요 없는 그야말로 누구나 할 수 있는 움직임의 인간 본능 아닌가. 그렇다, 다 필요 없다. 그저 '두 발로 걷기'만 하면 되는 것이다. 그렇게 쉬운 것이 소망이라니 믿기지 않을 것이다. 그러나 오랜 기간 병상 환자라면 그 바람은 모두가 한결같을 것이다. '걸을 수 있음'이 행복임을 깨우친다.

말복(末伏)이 되면 더위도 그 기가 한풀 꺾이겠구나 하고 생각했다. 그날 8월 11일 오후였다. 앗! 쾅! 찰나(札剌)의 순간이 펼쳐지며 내 몸이 공중부양하여 승용차 본닛(Bonnet) 위를 미끄러지더니 이내 바닥에 내동댕이쳐졌다. '아! 이제 죽는구나.' 그 순간 정신이 끊겼다.

'그대로'는 영원한 죽음 곧, 사망을 뜻한다. 그러나 영원은 다시 '찰나'로 바뀌며 참지 못할 고통을 수반한 생명으로 돌아왔다. 사생(死生)의 시간이었다. 교통사고를 당한 것이다.

앰뷸런스에 실린 몸은 벌써 병원응급실이다. 의료진이 분주하게 움직이더니 심하던 고통은 잦아들었다. 왼쪽, 오른쪽 이리저리 방향을 바꾸며 스캔한다. 한쪽 팔에는 주사바늘이 꽂히고 높이 매달린 비닐주머니의 수액은 긴 호스를 타고 한 방울씩 몸속으로 수적천석(水滴穿石)처럼 스며든다. 이제부터 신분이 환자로 바뀌며 병상 생활의 시작이다. 한참 뒤 영상담당의가 "골절은 아닌 듯합니다. 천만다행입니다." 한다. 하지만 큰 타박상으로 입원치료 해야 할 상태다. 휴~ 하고 안도의 한숨은 나오지만 생각하니 분통이 터진다.

나이 들어 더욱 건강을 지킨다는 명분으로 1시간 거리 17㎞를 자전거로 통근했다. 일주일 세 번만 출퇴근해도 100㎞가 넘으니 꽤 괜찮은 체력관리를 하고 있다고 자부심을 가졌다. 8823死 팔팔하게 살다가 2, 3일 짧은 고통으로 떠나고 싶은 내 나름 희망에 대한 목표관리를 하고 있었던 것이다. 또한, 코로나 팬데믹시대 이만한 에

너지 축적도 없는 특화성 운동 통근 아닌가.

그날도 헬멧은 안전의 기본이고 등엔 가방을 메고 몸에 딱 붙는 전용 유니폼을 착용한 상태로 퇴근길이었다. 얼마 전 만들어진 남부순환로 옆 자전거로를 지나는데 갑자기 좌편에서 나타난 승용차에 나는 속수무책으로 당할 수밖에 없었다. 우선멈춤과 전방주시태만으로 빚어진 운전자과실의 사고다.

오늘날 현대인의 가장 유익한 생활 문명의 혜택은 뭐니뭐니해도 자동차다. 자동차는 현대인의 발이나 다름없다. 그러나 어느 땐 일종의 무기(武器)로서 흉기(凶器)다. 총과 미사일만 무기가 아니고, 누구나 가진 핸드폰도 말이나 문자폭력의 흉기가 되고, 작은 주삿바늘 하나도 생명을 앗아간다.

이 모든 문명의 발달은 오로지 인간만이 지닐 수 있는 최고의 특혜지만, 사용에 따라 어느 순간 흉기화로 돌변할 수 있다. '태양이 찬란하면 그림자는 더욱 선명'하듯 문명 세상은 갈수록 위험(Risk)이 커진다. 따라서 이 모든 것을 유익하게 사용하기 위해서는 첫째도, 둘째도 사용 도구에 대한 감사한 마음이다. 어떤 제품이 세상에 나오기까지 얼마나 많은 과정을 거쳐 나에게까지 올까를 생각하면 감사한 마음을 갖지 않을 수 없을 것이다. 그런 감사함을 지니지 않고 마구 사용하다가는 언제든지 피해의 부메랑으로 돌아올 수 있다는 것이다.

국민 한 사람이 일평생 교통사고를 당할 확률을 50% 지니고 사는 세상이다. 그 어느 것보다 무서운 현실이다. 이번 일을 당하고 보니 교통안전 전문가라 해서 예외가 없었다. 한 사람의 잘못된 의식은 이루 말할 수 없는 피해를 줄 수 있다는 생각을 지니고 사는 것이 그 무엇보다 중요하며 곧 더불어 삶이다.

이른 새벽 아주머니가 사용하는 긴 자루 끝에 매달린 천조각을 그 누가 대단한 과학문명이라고 일컫겠는가. 그러나 그 도구를 사용하여 추하고 더러움을 깨끗함으로 변화시키는 신비함은 긴 걸레자루를 쥐고 분주하게 움직이는 아주머니의 감사한 마음에서 비롯될 것이리라. 자신의 주어진 일에 최선을 다함에 존경을 표한다. 당신의 아름다운 행동이 병상의 나를 깨우치게 한 스승이었기에 또한 "감사합니다." 환자의 눈에 비친 당신의 모습이 가장 부럽고 자랑스럽소이다.

주치의가 "그런 몸으로 퇴원 하시겠습니까?" 했지만, 답답하다. 없던 병도 더 생길 것 같다. 상처의 후유증이 걱정이지만, 재활은 스스로 함이 좋을 듯하여 여드레 입은 환의를 벗고 집으로 향했다. 삶이 힘들 때는 긴 자루걸레를 쥐고 새벽을 여는 아주머니의 그 모습을 떠올려 힘을 돋우고 싶다. 그분의 인생에 좋은 일만 가득하기를 기원한다.

우리 건물의 나무 한 그루

김도현

서울의 집을 팔고 이곳 김포 신도시에 건물을 마련한 지 3년, 새로 조성된 동네라 불편하고 개선되어야 할 부분이 수도 없이 많다. 생활 불편사항을 주민센터에 전화를 하면 담당자는 김포시에 얘기했다 하며 미루고 김포시에 다시 연락해 보면 담당자가 이동을 해서 아직 전달을 못 받았다는 등, 공무원들의 나태와 미루기는 부아가 치밀어 오를 때가 많다.

원룸단지로 조성되어 있는 이곳에 아직 건축하지 않은 빈 땅이 많다. 그 빈 땅들엔 풀들이 무성하고 주민들이 갖다 버리는 쓰레기로 몸살을 앓을 정도로 쓰레기가 쌓인다. 이곳은 젊은이들이 많이 살다 보니 코로나로 집콕 시간이 길어지고 배달음식 수요가 급증하여 쓰레기가 더 많이 나오는 것이다. 쓰레기는 지정된 장소에 버리지 않고 아무 곳이나 버리고, 담배꽁초는 버리는 것도 모자라 우리 집 주차장에 꽁초 찌꺼기와 같이 발로 비벼 주차장을 새까맣게 해놓는다.

껌도 주차장에 뱉어 버려 자동차 바퀴에 뭉개져 바닥에 붙어 있다 모르고 밟으면 신발 밑창에 붙어 떨어지지 않을 때도 있다. 마시다만 플라스틱 음료수통도 던지고, 남의 주차장에 빈자리만 있으면 불법 주차하고, 실로 도덕관념도 없고 개념이 없이 사는 일부 몰지각한 젊은이들로 인해 나는 자주 스트레스를 받는다. 주민센터에, 김포시에 치워 달라고 얘기하고 나면 곧 또 갖다 버리니 쓰레기 줍고 치우다 스트레스 덜 받으려고 나도 포기하는 마음으로 우리 상가 앞에 풀이 무성하게 자라도, 쓰레기, 담배꽁초가 버려져도 그냥 내버려둘 때가 많다.

우리 건물에 나무 한 그루가 화단 자리에 서 있다. 작은 화단으로 있을 때는 옆에 작은 나무와 풀들이 어우러져 있었는데 사람들이 하도 화단에 쓰레기들을 버리기에 화단을 밀어 버리고 시멘트로 다 덮어 버렸다.

나무와 풀들도 다 제거해 버리고 큰 나무 한 그루만 남겨 놓았던 것이다. 처음엔 키가 크지 않았는데 3년 동안 많이 자라서 상가 윗창 높이만큼 자랐다. 잎도 무성하여 올여름 부쩍 몸집도 커진 것 같았다. 그렇게 혼자가 되어 2년을 홀로 서 있었으니 나무도 많이 힘들고 외로운 시간을 보냈을 것이다. 그런데 어느 날 보니 나무에 거미줄이 많이 쳐져 있고 창틀에도 거미줄이 붙어 있었다. 산책을 다녀오다 집으로 올라가 빗자루와 꽃가위를 들고 내려왔다. 빗자루로 창가와 나무의 거미줄을 털어내니 생각보다 거미줄이 많이 쳐져 있고 먼지와 불순물이 많았다. 거미 한 마리가 진을 치고 있었다.

"요놈!" 하고 비로 쳤더니 안 떨어지려고 용을 썼다. 미꾸라지 한 마리가 강물을 흐린다더니 거미 한 마리가 나무 한 그루 전체에 자기 영역을 이렇게 넓혀 놓고 부족해 창문까지 진출하여 거미줄을 쳐

놓았다. 나무를 한참 흔들어 거미줄을 제거하고 꽃가위로 가지치기를 했다.

가지치기라면 꽃꽂이 전문가인 내 손이 가위만 주어지면 얼마든지 쳐서 모양을 만들 수 있으니 우리 집 나무라고 예외일 수는 없었다. 나무에겐 좀 미안하지만 사정없이 가지를 쳐버려 홀쭉하게 만들었다. 사람으로 치면 비만한 몸을 다이어트 해서 날씬하게 만든 셈이다.

한편으론 그동안 너무 무심하게 내버려두었던 나의 게으름에 대해 반성했다. 항상 그 자리에 서 있었기에 겨울에 앙상해져도 여름에 무성하게 자라도 그냥 눈길 한번 안 주고 살았는데 거미가 얼마나 올 여름에 나무에 진을 쳤는지 속은 잎 색깔이 변해서 나무의 색깔이 죽어가고 있었다. 무심한 나의 불찰을 생각하며 잠시 나무에게 미안하다는 마음을 가졌다.

우리 집 나무야 수명이 오래 되지 않았지만 얼마 전 강화의 관광지 몇 곳을 들렀더니 몇 백 년 된 나무들이 우람한 자태를 자랑하며 서 있었다. 사람은 끽 해야 백년도 못 사는데 얼마나 물질과 돈과 권력, 명예를 얻기 위해 싸우고 할퀴고 죽이고 상처주며 살다가는가? 나무는 긴 세월을 한 자리에서 온갖 비바람을 다 견뎌내며 인간 군상들이 벌리는 추악한 세상과 아름다운 세상의 온갖 모습을 다 바라보고 묵묵히 서 있을 뿐, 아무 말이 없이 인간들에게 시원한 그늘과 아름다운 자태를 보여주며 유구한 세월을 살아 몇백 년의 나이를 먹고 있었다.

나무도 그 거대한 몸집을 살아남기 위해서 몸의 구석구석 도려내고 차가운 시멘트로 몸의 일부를 깁스 하는 대수술을 받기도 한다.

긴 시간을 버텨내고 살아온 시간을 그 세월 동안의 나무의 고통을~ 그리고 나무가 본 세월의 이야기들을~ 인간이 어찌 알 수 있으랴. 우리 집 나무는 아직 어리지만 나와의 인연이 있어 우리 화단에 옮겨와 3년의 시간을 같이 살고 있다. 많은 사람들이 시멘트로 도배한 우리 건물 화단 길을 밟고 다니며 우리 나무를 스쳐 지나간다. 옆의 땅이 공터로 있어 사람들이 담배를 피우고 공터에 많이 버린다. 담배연기를 같이 마시며 우리 집 나무는 많이 괴로웠을 것이다. 지하철을 타러 바삐 뛰는 사람들이(우리 집이 지하철 출구 앞이라) 나무에 부딪히기도 했을 테고 수많은 사람들의 모습을 바라보며 우리 나무도 그 자리에 묵묵히 서 있을 뿐, 나무가 당하는 고통을 알 수가 없다.

"나무야! 나무야!" "이번에 내리는 비에 거미줄로 몸살 앓았던 너의 구석구석 다 씻어 내고 독야청청 푸른 잎을 다시 발휘하며 아름다운 모습으로 거듭 나기를 바란다." "나는 죽을 때까지도 너의 그 마음을 배우지 못 하고 욕심으로 살다 가겠지. 비운다 하면서 비우지 못 하고 사는 삶을 너의 가지를 치면서 새삼 깨닫게 되었다."

때려잡다

조한금

귀촌한 지 14년이 넘었으니 이제 농촌에 익숙해질 법도 하건만 나는 어찌하여 아직도 미망(迷妄)의 언저리를 헤매고 사는지 모를 일이다. 도회에선 구경조차 하기 어려운 온갖 벌레들, 이들은 제각각의 모습으로 우리 집에서 함께 사는데 파리만큼은 내가 절대로 수용할 생각이 없다.

귀촌하고 처음 서너 해 동안은 이웃집 양계장에서 악취와 함께 우리 집으로 새까맣게 몰려드는 파리 떼를 박멸하느라 무진 애를 먹었다. 천장에 끈끈이를 여러 개 내려뜨리고 살충제 분무도 하면서 파리채를 들고 살았다. 윗집에 찾아가서 닭장 안의 위생을 점검하여 단속도 하고 부탁도 하면서 파리를 퇴치하니 차츰 숫자가 줄어 이젠 우리 집에서 생긴 몇 마리가 날아들지만 나는 그마저도 보는 대로 때려잡는다.

내가 제일 싫어하는 것 첫째가 뱀이요, 둘째는 쥐, 세 번째가 파리다. 순서야 그렇다 쳐도 실내에서 매일 만나는 파리는 변태 전의 구더기였다는 생각만으로도 끔찍하다. 집안 어디서라도 파리를 보는 순간 나는 참을 수 없는 살의를 품는다. 더구나 내 살갗에 내려앉기라도 하면 그 살의는 쫓아다니면서 앉기를 기다렸다가 파리채로 내리친다. 그야말로 파리 목숨이다. 그렇게 때려죽이고도 죄책감이 전혀 들지 않을 뿐만 아니라 파리 앉은 음식을 먹지 않는다는 생각에 되레 기분이 좋아진다. 만약 살생을 금하는 불교의 교리에 파리도 해당한다면 나는 그동안 파리를 죽인 죗값으로 징역 30년 형도 모자라리라.

이른바 '물컷'들이라 일컫는 벌레들, 그중에도 모기나 파리를 제외하곤 그 어떤 것도 죽이지 않았다. 오히려 무서워서 피하거나 달아났다. 호미로 풀을 뽑다 보면 땅강아지가 튀어나와 얼른 도망가거나 귀여운 몸뚱이가 발랑 뒤집혀 바둥거린다. 그러면 얼른 흙을 덮어 묻어주며 웃는다. 호미 끝에 풀과 함께 뽑혀 나온 지렁이가 펄펄 뛰며 꿈틀대면 얼른 흙을 덮어 주지만 땅속 어디에 있는지 모르는 나는 그저 축축한 땅의 풀을 뽑았을 뿐인데 몸통이 잘려 나와 번번이 미안하고 애잔하다.

그뿐인가 나무를 전지하다 숨은 벌집을 건드려 벌들의 기습공격에 대여섯 방 벌침을 맞고 응급실을 들락거렸다. 몇 년 동안 스무 방도 넘게 맞은 봉침(蜂針) 덕분인지 이젠 면역력이 생겨 응급실을 가지 않고도 부기가 가라앉는다.

일 년이면 네 번쯤 잔디를 깎고 울타리의 풀도 모두 맨다. 그야말로 잡초와의 전쟁인데 맨땅이 훤히 보여야만 직성이 풀린다. 400여 평의 울안에 잡초가 자라면 마치 덥수룩한 수염에 더벅머리를 한 산적을 만나는 느낌이다. 그런데 정작 풀을 깎는 속내는 따로 있다.

집안에 풀이 우거지면 은근슬쩍 뱀이 풀숲으로 기어든다. 내가 세상에서 가장 싫어하는 뱀, 그래서 장어요리도 미꾸라지의 추어탕도 안 먹는다.

영감은 술(戌)시에 태어났고 나는 뱀(蛇)시에 났으니 개는 늘 멍멍 짖고 뱀은 참고 있다가 정 시끄러우면 확 덤빈다는 것. 우리는 애초에 개와 뱀의 원진살이 있어 같이 있으면 늘 다퉈 안 된다나. 어쨌건 끔찍이도 싫어하는 뱀을 1년에 한두 번씩은 꼭 울안에서 보니 기쓰고 풀 없는 뜰을 만드는 것이다.

몇 해 전이다. 큰딸이 외손녀 클레어를 데리고 여름방학에 집에 왔는데 아침에 마당에 나가니 홍도화 나무 밑에 무슨 회색 막대기 같은 게 반쯤 세워져 있어 그걸 집으려다 귀찮아서 그냥 지나쳤는데 그게 뱀이더란 것. 하마터면 독사를 손으로 집을 뻔했다. 해마다 한두 차례 울긋불긋한 꽃뱀이 스르르 지나가는 걸 보고는 악! 소리 지르며 도망갔고 어떤 때는 쥐색 빛깔의 뱀이 뜰의 풀밭에 몸통을 반쯤 숨긴 채 그냥 머물러있기도 해서 놀라 비명을 지르다가 발을 굴러 쫓아버리기도 했다. 그러니 풀숲이 되지 않도록 열심히 풀 뽑는 속내는 뱀 들어오지 말라는 반작용이었던 것.

그런데 그날은 왜 그랬을까? 영감과 함께 외출에서 돌아와 5백년 수령의 나무 할머니 그늘에 차를 세우고 집으로 들어가던 길이었다. 이웃집 다섯 살 여자아이 연우가 도로에 서 있었다. 그때 우리집 정원 바깥 돌 틈새 어디쯤에서 나왔는지는 알 수 없지만 1m가량의 검은 뱀이 아스팔트 포장의 길바닥을 W자로 기어 작은 도랑을 뛰어넘고 고사리 밭에 머리만 숨긴 채 움직이지 않고 있었다. 그동안 동네 사람들에게 늘 들어왔던 '독사를 보면 죽여야 한 사람 살리는 것'이라는 얘기가 퍼뜩 떠올랐다. 더구나 꼬맹이가 한길에 나와 혼자 노는데 그 뱀은 우리 집 꽃밭에 머리만 숨기고 있던 놈 같았다.

영감보고 지팡이를 달라고 해 뱀의 몸통을 쳤다. 빗맞은 뱀은 도랑물로 떨어져 헤엄쳐 내려가고 애꿎은 지팡이는 두 동강으로 날카롭게 부러졌다. 황당했다.

영감은 외손녀 클레어가 선물해준 나무 지팡이가 부러졌다고 나보다 더 황당해하며 나를 지켜보고 서 있고, 다섯 살 꼬맹이는 겁도 없이 도랑가의 개구리를 손짓으로 가리켰다. 헤엄쳐 내려가던 뱀이 다시 물살을 거슬러 올라오더니 우리 서 있는 앞의 돌에 멈춰서는 게 아닌가. 뱀의 하는 양을 내려다보다가 부러진 지팡이 끝으로 머리를 가격 하자 몸통이 뒤집힌 채 혀를 날름거렸다. 이제는 물러설 수 없는 뱀과의 한판 대결이다. 행여 뱀독이 튈까 싶어 멀찍이서 지팡이로 뱀의 머리를 서너 번 가격했다. 땅꾼도 아닌 내가 한 사람 살린다는 생각으로 난생처음 뱀을 때려죽였으니 내 일생일대의 이변이 일어난 것이다. 좀 찜찜했다.

다음 날 아침 일찍 텃밭에 나갔다가 도랑엘 보니 죽은 뱀은 온데간데없다. 아마 배고픈 들짐승이나 까마귀의 한 끼 식사가 되었지 싶었다. 다시 텃밭에 쪼그려 앉아 풀을 뽑는데 갑자기 머리가 빙빙 돌더니 몸이 휘청거려 방으로 들어왔다. 계속 운신이 어려워 결국 병원에 가서 링거를 맞고 5일분 약을 타왔다. 의사는 더위 먹은 거 같다고 했지만 나는 뱀의 머리를 쳐 죽인 그 벌로 머리가 어지러운 게 아닐까 생각되었다. 옛날에 읽은 『보은의 까치』를 떠올렸다. 뱀에게 먹힐 뻔한 까치를 구해준 선비를, 머리로 종을 쳐 선비의 몸을 감고 있는 구렁이로부터 구해낸 까치의 보은을.

밤은 집을 지키는 영물이라느니 조상신이라느니 하는 미신적인 속설이 많지만 어쨌건 난생처음 살생을 한 나는 뱀에게 미안하다고 사과하고 다음 생엔 좋은 곳에 태어나라고 빌었다. 그리고 하느님께도 빌어주었다. 다음 세상엔 뱀이 아닌 귀한 몸으로 다시 나게 해주시라고. 그래서였을까? 5일 후엔 어지럼증에서 벗어났고 내가 뱀을 죽였다는 죄책감도 조금 가벼워지고 있었다.

4.

빛에 대하여

열 살 버릇 여든까지

박경란

자다 눈을 뜨니 초승달이 훤하니 눈에 들어온다. 아직은 부족할 잠시간이지만 문득 미루어둔 숙제가 생각났다. 다시 잠을 청하려다 결국 컴퓨터 앞에 앉는다. 아직 서울행 전철도 곤히 잠든 시각이다. 벌써 계절은 자리 바꿈을 하려나 깊은 밤엔 귀뚜라미 소리가 자장가처럼 은은하다.

일주일에 두세 번은 전철로 출근한다. 코로나의 심각한 상황 속에서도 나는 씩씩하게 많은 삶들과 어울리며 세상 구경을 입과 코를 가린 채로 눈만 두리번거린다. 모두들 고개를 숙이고 손바닥만 한 장난감에 눈을 집중한다. 나마저도. 스마트 폰에 널려있는 정보와 글들, 여러 장르의 음악, 많은 삶의 지혜를 손안에서 들을 수 있으니 출퇴근길의 무료함을 유익함으로 채우기엔 안성맞춤이다. 반대로 터무니없는 거짓 정보들의 홍수 속에서 때론 세상이 너무 혼탁해짐을 체험하기도 한다. 특히 요즘 가장 핫하게 뜨는 부동산 투자와 주식 재테크, 대다수의 사람들의 관심거리이다.

옆자리에 앉은 일행들도 입을 가린 채 속닥대는 말들은 온통 비트

코인이나 주식, 부동산 얘기다. 누구나 그 밥상에 숟갈을 못 올리면 바보처럼 뒤처진 삶이라도 되는 듯 말이다. 하긴 나는 이미 그 두 가지를 수십 년 전부터 하고 있는지라 새삼스럽진 않지만, 지금의 젊은이들이 너도나도 별 상식이나 지식 없이 뛰어듦을 보면서 수십 년의 경력으로도 명쾌한 정의를 내릴 수 없는 그 방면은 미지수다.

시작은 훨씬 이전부터, 결혼 전 은행 다니는 친구의 권유로 공모주 청약통장을 만들고 매월 월급에서 일정부문 적금식으로 붓는 은행주나 한전, 포철 같은 공공기관의 주식이었지 싶다. 거의 액면가로 단주를 받아 저축하는 식이었다. 덕분에 결혼비용도 자급자족할 수 있었다. 결혼하고도 몇 년을 더 다녔던 직장에서 받은 퇴직금이 그때 돈으로 2000만원 남짓, 나름 종잣돈이 생겼다. 무엇이든 제2의 부업 밑천으로 하리라 생각했지만 두 딸을 맡기면서 할 수 있는 일이 그때는 흔하지가 않았다. 해서 생각한 일이 아이들을 키우고 살림도 하면서 큰돈 아닌 아이들 교육비라도 벌 수 있음 좋을 것 같아 주식을 해보기로 마음을 먹었다.

호랑이굴로 들어가려면 호랑이의 습성을 알아야 한다고…. 지금처럼 뭐든 척척 물으면 답하는 인터넷이 없던 시절이지만 기본적인 상식은 알고 시작해야겠기에 작은 아이를 안고 남편이 출근하고 나면 몰래 명동에 위치한 매경에서 춘추로 여는 주식강좌를 들으러 다녔다. 그렇게 시작해 IMF 때 1년 잠깐 쉰 것 빼곤 거의 삽십 오 년을 지금껏 해온 나의 부업이다. 그때보단 주식인구도 수백 배가 늘어난 지금, 반복되는 리스크를 내다보는 혜안이 그 누가 있으랴만 오로지 욕심을 뺀 인내만이 살아남는 이유일까.

배운다고 학습한 대로 되는 건 없었다. 눈뜨면 간밤의 세계 경제를 봐야 했고 경제신문도 매일 습득해야 했다. 그런 노력에도 불구하고 어디 이유 없는 수상한 루머에 파란 배추밭으로 일색일 땐 나 또한 공들여한 학습이 허사가 되기도 했었다. 지금에서야 생각해보면 주식을 하면서 경험한 많은 자충수들이 나름대로 부족했던 나의 지식을 조금이나마 채워줬지 싶다.

두 번째는 불혹의 나이에 뛰어든 부동산 중개업이다. 2000년 초반 한참 친구들이, 또는 IMF로 명퇴한 주변 지인들이 모두 자격시험을 공부하길래 저녁 남는 시간을 소질 없는 공부에 발을 적셔보았다. 남들은 재수 삼수도 하는데 6개월의 투자로 될 턱이 없다. 나는 바로 일찍이 실무로 지인들과 오픈을 하였지만 두고두고 후회를 남겼다. 두 번 세 번이라도 도전을 했어야 한다고…. 그땐 이리 오랫동안 하게 될 줄은 생각조차 없었기에 말이다. 다음엔 남편이 공부를 해서 정년 후에 같이해도 좋을 것 같아 몇 번을 시도했지만, 그도 생소한 법 공부에 흥미가 없는지 두어 번의 고배로 적성 운운하며 싫다 했다.

그럭저럭 십년을 하고 문득 좋은 묘안이 떠올랐다. 큰애를 설득했다. 너 정도의 머리라면 할 수 있다고, 아빠도 한 번만 더해본다니까 같이하라고 학생들을 가르치던 딸에게 기대를 걸어 보았다. 남편은 고명이고 학원들도 학생 수가 줄어서 힘든지 학원비가 1+1이라니 일거양득이라 싶었다. 내 예감은 적중. 딸애는 머리 희끗한 아빠도 하시는데…. 했을까, 아님 엄마가 내건 상금이 탐이 났을까 1, 2차를 나누어서 해냈다. 제 할 일을 다 하면서 하느라 저도 힘들었는지…. 모든 게 엄마의 계획이었다는 걸 알았지만 저도 해놓고 보니 잘한 일이라고 만족해했다.

그 후로 4년의 시간 속에 이쁜 도토리 같은 손자들도 생겨서 요즘은 어린이집에서 하원 하는 손자들을 보는 게 내 출근의 목적이 되어버렸다. 영업은 주로 딸이 하고 나는 어느새 알바생으로 전락했지만 마음은 든든하다. 늦은 출근에 자리에 앉으면 커피까지 대령하는 고급비서를 둔 회장이 부럽지 않다. 어떤 일을 반복해서 십수 년을 하였다면 보통 그 방면에선 프로라고들 말한다. 하지만 내가 지금껏 해온 이 두 분야는 하면 할수록 변화무쌍하여 프로는커녕 늘 아마추어 같다. 매일 매일이 달라 긴장의 끈을 놓을 수가 없으니 말이다. 반평생을 하고도 아직 부족하다.

내 유년의 기억으로는 공부보다는 흥미로운 만화책, 위인전보다는 탐정소설 읽기를 즐겼었다. 놀이도 다양했다. 땅따먹기, 구슬치기, 연필 따먹기 흔히들 따먹기 놀이이다. 방학이면 외갓집에서 막내 외삼촌을 따라 사내들이 하는 놀이에 열심히 따라다닌 덕에 그 방면엔 선수였다. 큰삼촌이 야단을 치면서 하던 말 도대체 커서 뭐가 될라꼬 기집애가 이러냐고…. 어쩌면 떡잎부터가 남달랐을까? 나는 지금껏 그 놀이에서 헤어나질 못하고 있다. 아마 오래전 먼저 가신 삼촌이 지금의 나를 보시면서 혀를 차실지도…. 세 살이 아닌 열 살 버릇 여든까지 간다더니…. 하면서 말이다. 꺼내 본 삶의 발자국을 가슴에 도로 넣고 나니 어느덧 창가는 훤해지고 밤은 저만큼 달아나고 없다.

다 이루었다

이한재

흔히들 요즘을 백세시대라고 한다. 또 9988234 하기를 꿈꾼다. 구십구 세까지 팔팔하게 살고는 이삼일 아픈 후에 돌아간다는 뜻이다. 그런데 그런 일이 실제로 있었다. 며칠 전에 돌아가신 장인어른의 삶이 그랬다. 당신께선 임종 이틀 전, 서울의 두 아들이 내려왔을 때 유언을 남기셨다. 그러나 누구도 금방 돌아가리라곤 생각지 않았다. 또렷한 정신으로 유머를 섞어서 말을 하니. 메모지를 달라고 하더니 이렇게 글을 쓰셨다.

'족보는 큰아들, 건물도 큰아들, 둘째는 없다.'라고. 그리고 둘째 아들을 돌아보며 미안한 듯 '씨익' 웃더라고 한다. 좀 있다가 둘째에게 다시 말을 건넨다. "장롱 속의 카메라는 네가 가져라."라고. 그 하루 전, 문병 온 딸들에게는 달리 말했었다. "우리 놀러 가자. 사진도 찍고. 너희가 심심할 테니."라고. 물론 그즈음은 팔팔하지 않으셨다. 귀가 어두웠고 목소리도 쉬었으며, 특히 한 달 전부턴 식사도 잘못하고 기운을 차리지 못하기에 어느 정도 예감은 했다. 그래도 떠나는 사람도 보내는 사람도 슬퍼하지 않았다. 천국을 믿어서인가?

자식에 대한 걱정이 없어서인가?

당신은 1924년 1월 경상북도 의성군(義城郡) 사곡면(舍谷面)에서 태어나셨다. 그곳은 이런 오지(奧地)가 있나 싶을 정도로 첩첩 산골이다. 거기서 초·중학교를 나와 대구사범학교에 합격했을 때 천재가 났다고 온 고을이 떠들썩했단다. 학교를 졸업하고는 인삼으로 유명한 풍기의 한 초등학교에 근무하다 일제(日帝)의 강제 동원령으로 군대에 끌려가셨다.

파란만장한 일생의 시작이었다. 만주(滿洲)에서 포병 훈련을 받고 기차로 남경(南京)까지 간 후, 배를 이용 양자강(揚子江)을 거슬러 올라가 무한(武漢)에 이르렀다. 거기서 다시 도보로 수개월을, 낮에는 자고 밤에만 행군하여 장사(長沙)·계림(桂林)의 전장(戰場)으로 가는 도중 '차안령'에서 몇 사람이 같이 탈출했다. 서쪽의 중경(重慶)에 임시정부가 있다는 말만 믿고.

산 설고 물 설고 말마저 낯선 땅. 그런 곳에서 준비 없는 탈출은 너무나 힘들었다. 일본군의 추적을 피하느라 방향마저 잃고 헤매다 굶주림과 공포로 기진맥진하여 3일 만에 한 외딴 마을을 찾아갔으나, 현지인(現地人)의 태도는 싸늘했단다. 자신들은 일본군 복장이 아닌가?

장인께서 기지(奇智)를 발휘하여 메모지에 이렇게 쓰셨단다. 물론 한자(漢字)로. "중국인(中國人) 조선인(朝鮮人) 동일(同一) 선조(先祖)." 이를 보고 한 청년이 아래의 글로 반문(反問)하더란다. 물론 한자로. "중국군(中國軍) 호(好)? 불호(不好)?" 서슴지 않고 대답했다. "호(好)"라고 이렇게 일본인(日本人)이 아닌 조선인(朝鮮人)임을 강조하며 도움을 받다가 중국군(中國軍)에 편입되어 항일전(抗日戰)에 참여하셨단다. 그러다 남쪽의 무한 근처에 광복군(光復軍)이 있다는 소식을 듣고 그곳으로 찾아가 광복군에 편입되셨다. 33명의 부하를 거느린 소대장으로. 참 얄궂은 운명이었다. 일본군의 훈련을 받았으나 중국군에서 그 일본군과 싸웠으며 마침내 광복군에 편입되었으나, 해방을 맞아 무장해제를 당하고 일반인 자격으로 1946년 5월 귀국선을 탔으니. 일주일의 항해 중 심한 풍랑에 시달렸으나 그건 고통이 아니라 환희였다. 부산에 다가와 저 멀리 고국산천을 바라보았을 때는 일만(一萬) 감회가 가슴을 쳤다고 한다. 조국, 고향, 가족들, 특히 결혼 1년만에 헤어졌다가 다시 만나게 될 아내 생각으로. 아내인 장모님에게 따로 들은 후일담(後日談). 사지(四肢)가 떨어져 나가도 좋으니 살아만 돌아와 달라고 기도하셨단다.

일제 강점기에 사범학교를 나온 사람은 그 당시 최고의 수재였다. 고(故) 박정희 대통령을 비롯하여 해방 후의 관계(官界), 학계(學界)를 이끈 사람들이다. 또 해방 전 독립군에 활약하신 분들은 초창기 국군의 큰 기둥이었다. 그러나 장인은 모든 출셋길을 버리고 조용히 고향으로 돌아와 교육자로 일생을 마치셨다.

귀국 후 다시 시작한 교직 생활은 영천(永川)을 거쳐 경주(慶州)로, 초등학교에서 중등학교로, 또 공립학교에서 사립학교로 옮겨 정년까지 근무하셨다. 천직(天職)으로 생각하신 것 같다. 정년 후에도 교회의 젊은이들에게 무료로 일본어를 가르치셨다니. 문병 온 간호사와 일어로 대화를 나누며 기뻐하셨단다.

많은 어려움도 겪으셨다. 장남이 뇌염으로 죽기 직전까지 갔던 일, 잠깐만 맡아달라는 전단지(傳單紙)를 들고 있다 빨갱이로 몰린 일, 부업으로 시작했던 서점(書店)이 화재로 소실된 일 등. 그 와중에 교회 장부는 하나도 타지 않았다고 신기해하셨다.

그 모두를 신앙으로 이겨내셨다. 경주교회에서 장로가 되신 후에도 50년을 넘게 봉사했으며, 한참이나 젊은 목사들을 진심으로 섬겨왔다. 한 번도 그들의 뜻을 반하여 당신의 주장을 내세우지 않았으니 모두가 고마워했다. 100세가 다 된 얼마 전까지도 교회에 갈 때는 이웃 노인을 태우고 다니셨다.

자녀는 2남 3녀로, 내 아내인 장녀는 딸만 둘이고, 둘째 딸은 아들 하나 딸 셋을 두었다. 그리고 셋째이자 장남인 큰아들도 나처럼 딸만 둘이고, 그다음의 딸은 1남 1녀를 두었다. 또 막내인 둘째 아들에게는 아들만 둘로 손자 손녀가 모두 12명이다.

그리고 맏아들과 둘째 딸이 아버지를 따라 교육계로 나섰으나, 아들은 중도에서 진로를 바꾸어 사업으로 돌아섰고, 딸은 같은 학교 교직원과 결혼하여 아버지의 뜻을 이어갔다. 물론 지금은 정년퇴임했지만. 큰딸은 간호사였으나 결혼과 동시에 전업주부가 되었으며, 막내딸과 막내아들은 지금까지도 의사로 활동하고 있다.

손자들도 막내 둘을 제외하고는 다 결혼했고, 다 직장을 갖고 있다. 그 막내도 둘 다 의대(醫大)에서 수련 과정을 받고 있으니 걱정할 것은 없다. 3년 전 장모님을 먼저 보내고 혼자 사셨지만, 모든 일정을 메모해 두시고는 그대로 지키셨단다.

예수님께서 돌아가실 때 일곱 마디 말씀을 남기셨다. 그중 여섯 번째가 "다 이루었다."이고, 일곱 번째는 "아버지 내 영혼을 부탁하나이다."였다. 앞의 말은 자기 일생을 돌아보며 만족해하는 말이고, 뒤의 말은 당신의 앞날을 부탁하는 말이다. 죽음의 문턱에서 "다 이루었다."라고 말할 사람이 몇이나 될까?

장인께서 화내시는 모습을 본 기억이 없다. 자녀들도 "아버지가 화내시는 모습을 한 번도 보지 못했다."라고 말했다. 동료 교사들이나 같은 교회의 교우들도 한결같이 "참 평안하신 분"이라고 말한다. 장례를 집전(執典)하신 목사님은 "아버지 같으신 분"이라고 말씀하셨다. 물론 예수님같이 "다 이루었다."라고 하시지는 않으셨다. 그러나 그 표정에는 그런 모습이 역력했다. 만족해하시는 모습이. 재능은 뛰어났으나 절대로 튀지 않으신 아버님. 언제나 있는 듯 없는 듯 남모르게 일하신 그분의 삶이 존경스럽다.

펌프소리

이동숙

고향의 강물을 바라본다. 유년의 강은 늘 그리움이었다. 그때의 두근거리던 펌프소리가 들려오는 듯하다. 맨질맨질한 돌 틈에서 줍던 다슬기와 햇빛 속에 반짝이던 미루나무 이파리들. 바람에 쓰러지는 풀꽃을 따라 걷던 고요하며 행복했던 곳이었다. 강 건너 동화 같던 마을도 이제는 많이 변한 모습이다.

여기는 꿈속에도 못 잊는 나의 고향이다. 바람의 소망을 키웠고 오늘을 살게 하는 소중한 곳이기도 하였다. 고향이 지척인데도 친척이 살지 않는다는 이유로 선뜻 오지를 못했다. 그래서 더욱 그리워했는지도 모른다. 강둑을 지나 조금 걸어 들어가면 내가 살던 동네가 나온다. 나의 집은 기역자의 아주 오래된 한옥이었다. 봄이면 앵두나무가 문 양 옆으로 연분홍 꽃잎을 날렸다. 그 옆엔 물푸레 나뭇잎새가 연둣빛으로 피어나고 뒷곁에는 복사꽃이 활짝 피어 있었다.

초등학교 고학년 때이다. 그 애의 집은 강이 보이는 우리 밭 옆이었다. 가끔 나는 심부름으로 뒷동산 너머 밭으로 풋고추를 따러 가곤 하였다. 그때마다 펌프물 푸는 소리에 나는 괜히 마음이 설레였었다. 물을 푸는 사람이 우리 반 반장 아이였기 대문이었다. 그 펌프소리는 강가에서도 멀리 들을 수가 있었다.

그 애는 연로하신 할머니와 살고 있었다. 그래서 힘에 벅찬 펌프지만 매일 퍼야만 했나 보다. 어떤 날 펌프소리가 들리지 않으면 괜히 우울한 마음을 숨길 수가 없었다. 그냥 멀리서라도 봤으면 하는 생각 때문이었다. 막상 그 애를 마주쳐도 얼굴이 빨개지는 게 전부였지만 그래도 그랬다.

어느 날 학교 운동장에서 그네를 타는데 그 애도 내 옆의 그네를 타게 되었다. 수업 종이 울리자 그 애는 타던 그네에서 뛰어내려 교실로 들어갔다. 갑자기 놔버리는 그네 받침이 모서리로 내 종아리를 심하게 찍었다. 그네 받침은 통나무를 반으로 갈라서 만들었기에 그 아픔은 이루 말할 수가 없었다. 순간 피가 흘러 내렸다. 하늘이 캄캄하며 일어설 수 없을 만큼 정신이 혼미하였다. 이때가 늦은 여름이었는데 그 해 겨울이 될 때까지 곪았다 나아지다가 다시 아프기를 반복하며 통증은 매우 심해져 갔다.

내가 사는 곳은 병원도 없는 등잔불 켜는 산골 마을이었다. 그 애 때문에 다쳤다는 말을 끝내 집에서도 못하고 말았다. 혼자서 앓으며 참고 견디고 견뎌 내었다. 그 이후 나의 왼쪽 종아리엔 지름 3센티미터쯤 되는 꽤나 커다란 흉터가 남아 있다. 이상한 것은 오래 앓았고 지독한 고통이었지만 그 애를 원망하지 않았다는 사실이었다. 물론 그 애는 그때의 그 일을 알 리가 없었다.

여름 방학 때이다. 남한강 모래사장은 뜨거운 은빛이었다. 장마로 움푹 패인 고인 물이 여기저기에 흩어져 물웅덩이가 되어 있었다.

고인 물은 은은한 물결이 강처럼 위험하지 않았으니 늘 그곳에서 우리는 멱을 감았다. 그날도 더운 날씨를 피하려 그곳에 갔다. 강 비탈지기에서 친구들의 수영하는 모습을 구경하게 되었다. 별안간 누군가 뒤에서 나를 밀었다. 깜짝 놀랐다. 순간 물로 떨어지려는 나를 그 애는 죽을 힘을 다 해 안았다. 일부러 그랬는지 아닌지는 지금도 알 수 없는 일이었다. 그때 그 일은 충격이었다. 어린 마음에 잊을 수 없는 아주 큰 사건이 되고 말았다.

우리는 가을이면 추수가 끝난 논의 볏가리서 숨바꼭질을 하였다. 전깃불이 없는 때라 달빛이 비치는 날에만 여러 놀이를 할 수가 있었다. 밤이 늦기 전에 할머니는 나를 불러들이신다. 분명히 사람은 갔는데 그 모습 그대로 담장에 박혀 꼼짝을 안했다고 하였다. 정말 신기한 일이었다고 훗날에 전해들은 얘기였다.

눈 내리는 겨울날이면 산천이 온통 하얀 눈으로 덮였다. 그 애는 갑자기 내 등속에 한웅큼의 눈을 집어넣었다. 지금 와 생각하니 그때 그 애도 관심 있게 나를 본 게 아닌가 생각해 보았다.

겨울이 가고 새 학년이 되기 전에 그 애는 서울로 가 버렸다. 마음이 비어 있는 듯 쓸쓸하기만 했었다. 갑작스러운 일이라 더욱 그랬는지도 모른다. 나는 그 이후 서울 쪽을 바라보는 습관이 생겼다. 그리고 펌프소리 기다리던 뒷동산과 강가마저 원망스러운 마음이 들기도 했다. 뒷동산에 가면 그 애가 살던 집이 보였다. 펌프소리 따라 나의 심장도 같이 뛰던 그때의 날들이 생각났다.

향기 같은 노을이 번진다. 설렘이었다. 돌아오지 않는 달빛 담장에 멈춰버린 소녀와, 나를 밀어 안았던 소년과, 소년이 물을 푸던 펌프소리는, 이따금 나의 삶의 위로와 격려가 되고 달빛을 밟아보는 정서이며 힘이 되었다. 그리고 그치지 않는 흐르는 강물의 끝없는 회상이었다.

이별

박정분

사랑하는 엄마!

엄마가 보고 싶으면 어쩌지? 아버지도 곁에 없는데 엄마까지 없으면 너무 우울할 거야. 엄마? 엄마는 내 곁에 오랫동안 같이 있을 거지? 허락받지 않고 떠나신 아버지처럼 내 곁을 떠나지 않겠다고 약속해요 제발. 만약에 엄마가 내 곁을 떠나고 싶을 때가 되면 그때는 내가 조금 양보해줄 테니까 꼭 나한테 허락 받아야 해요. 그래야 나도 엄마를 보내드릴 마음의 준비를 하지. 그리고 제가 엄마랑 아버지를 이다음에 만날 수 있는 약속장소를 정해 둬야하니까 꼭 제게 시간을 주셔야 되요. 알았죠? 엄마.

엄마? 천만번을 불러도 지겹지 않은 말이 엄마라고 생각해. 그래서인지 애기들도 태어나면 처음 하는 말이 대부분 엄마잖아요. 엄마! 앞으로 내가 더 효도할 테니 제발 나랑 조금만 더 같이 있어요. 예쁜 우리엄마. 내가 믿는 하나님은 예쁜 우리 엄마를 그렇게 빨리 데리고 가지는 않을 거예요. 내가 하나님께 매일 매일 기도하는 것처럼 엄마도 하나님께 조금만 더 살게 해달라고 기도하세요. 그러면 꼭 들어주실 거예요. 사랑해요. 예쁜 내 엄마.

-중략-

어머니가 호스피스병동에 입원중일 때 가장 불러보고 싶은 노래를 부를 수 있게 도와드리기도 하고, 또 가족들의 편지를 읽어주는 이벤트 시간을 마련해서 간호사들이 읽어드린 제 편지입니다. 살면서 배우자와 사별하는 슬픔이 가장 큰 스트레스라고 합니다. 두 번째는 아마도 부모님과의 사별이 아닐까요. 나는 4년 전에 아버지를 하늘나라로 보내드렸습니다. 아버지는 대장암말기로 암세포가 간과 머릿속으로 전이되어 항암치료를 단한 번도 못해보고 돌아가셨습니다. 매일 아침 5~60개 계단을 오르내리며 건너 마을까지 놀러 다니시고, 집 근처 산에도 자주 갔습니다.

젊은이들 못지않게 운동하셨고, 집에서 30분이나 걸리는 서산 동문시장에도 걸어서 다녔을 정도입니다. 걷기운동도 되고, 돈도 절약되어 1석 2조라고 하시면서 늘 걸었습니다. 매일 걷는 운동을 할 때도 아버지의 몸속에서는 암세포가 자라고 있었나 봅니다. 자식이 여럿이어도 한 사람도 아버지의 건강을 의심하지 못했던 게 너무너무 후회됩니다. 늘 건강하시다고 착각하고 있었습니다.

불교신자였던 아버지는 돌아가시기 전에 하나님을 영접하셨습니다. 병문안을 매일 가는 내게 "야 어떤 사람들이 기도를 해준다더라. 그래서 고맙다고 기도를 따라했지. 그리고 제발 네 엄마 좀 안 아프게 해달라고 기도했어. 그리고 아멘이라고 크게 외쳤어 잘했지?" 하시는데, 마치 어린아이가 칭찬받고 싶어서 자랑하는 것처럼 아버지는 내게 자랑하셨습니다. "울 아버지 최고네. 하나님이 아버지 기도는 꼭 들어주실 거예요. 아버지도 아프면서 마누라를 위해 기도를 하니 가엽고, 또 예뻐서. 하나님은 가여운 아버지의 기도를 꼭 들어주실 거니까 마음 편히 가지셔요." 하며 엄지 척을 했더니 더 좋아하셨습니다.

이미 돌아가실 걸 알고 있던 아버지는 오히려 혼자 남게 될 엄마가 안쓰럽고 걱정 되서 자꾸만 천장을 바라보셨습니다. 무슨 생각을 그렇게 하느냐고 여쭈었더니, 살아온 세월을 되돌아본다고 하셨습니다. 감기약도 아버지가 사다줘야 먹을 정도로 혼자서는 아무것도 못하는 어머니가 걱정되시나 봅니다. 그런 어머니를 위해 아버지는 얼마나 간절하게 기도하셨을지 보지 않아도 눈에 선합니다. 병원도 못 찾아갈 텐데 어찌해야 되냐며 아버지는 세상 끝날까지 어머니 걱정뿐이셨습니다. 소나무처럼 변함없이 울타리가 되어주던 아버지와 사별한 뒤 어머니는 거의 굶고 살았습니다. 심지어 아버지가 좋아하던 젓갈은 눈물 나서 못 먹겠다고 할 정도로 어머니는 아버지를 그리워하셨습니다.

아버지가 입원중일 때는 병원출입이 자유로웠지만 어머니가 입원 중인 지금은 코로나 때문에 면회가 자유롭지 못합니다. 어머니는 병이 더 악화되어 항암치료를 포기하고, 호스피스병동으로 옮겼습니다. 병실을 옮기던 날 어머니께 가장 보고 싶은 사람이 누구냐고 물었습니다. 아버지는 돌아가시는 날까지 어머니 걱정뿐이셨고, 또 어머니도 늘 아버지를 그리워하셨기에 당연히 '네 아버지가 보고 싶다' 할 줄 알았습니다. 그런데 의외로 어머니는 아무도 없다고 하십니다. 나는 잘못 들은 줄 알고 누가 보고 싶어요? 했더니 아무도 안 보고 싶은데 어제 꿈에 네 외할머니가 보이더라. 말은 하지 않고 그냥 나를 쳐다보기만 하더라고 하시는데 나는 아버지가 보고 싶지 않느냐 아버지는 돌아가시던 날까지 어머니 걱정뿐이셨는데 하며 억지로 아버지가 보고 싶다는 말을 들으려고 했습니다.

눈치가 빠른 어머니는 누가 보고 싶으냐고 반복해서 묻는 내게 미안한지 네 아버지도 조금은 보고 싶지 왜 안 보고 싶겠어. 또 너희 5남매도 보고 싶은데 그 놈의 병(코로나) 때문에 못 보잖아. 너는 자주 보니까 되었고 다른 애들은 보고 싶어 하시며 힘없이 말하는 엄마가 너무 쓸쓸해 보였습니다. 시간이 얼마 남지 않은 걸 아버지처럼 알고 있는 듯 했습니다. 2021년 소띠 해가 밝았습니다. 설날 새벽에 떡국을 끓이고, 어머니가 좋아하는 불고기랑 잡채를 만들어 가지고 병원으로 갔습니다. 코로나 때문에 면회는 나 혼자 하고 다른 형제들은 영상통화를 하였습니다. "애들아? 내 걱정은 하지 마 난다 나았다." 하시고는 참 좋은 세상이구나. 얼굴 보며 통화를 할 수 있으니. 빨리 코로나가 없어져야 애들 손이라도 잡아볼 텐데….

그나저나 코로나가 줄어들지 않으면 내가 죽어도 손님들이 안 오겠지? 손님이 없어서 너희들이 빚지게 될 텐데 어쩐다니? 어머니는 치료가 안 되는걸 알아서 또 자식들 걱정입니다. 제발 자식들 걱정, 돈 걱정 하지 말고 엄마만 나으면 되니까 마음 편히 가지라고 신신당부했습니다. 넉 달 동안 시간이 되는 날은 새벽에 병원으로 가서 하루 종일 어머니랑 놀다가 오후 늦게 돌아오기를 반복했습니다. 엄마랑 노는 건 하루 종일도 너무 짧았습니다. 더 있으려고 아무리 고집을 부려도 심해지는 코로나 때문에 병원에서 쫓겨나고, 시간이 없는 날은 어머니 얼굴만 보고 바로 돌아와야 했습니다.

호스피스병동을 많이 두려워하던 어머니는 3주가 되니 어느새 병원생활에 익숙해져 있습니다. 간호사가 들어오면 소장님이 왔다고 하다가 또 외동딸인 나를 보면 간호사라고 부르기도 했습니다. 이런 현상은 돌아가시기 전에 나타나는 망상이라고 했습니다. '엄마? 이다음에 나랑 꼭 만나자' 했더니 넌 아직 어린데 다음에 만나자는 말은 하지마. 무섭다고 늘 병실 문을 열어놓으라던 우리 어머니. 유난히 꽃을 좋아하던 어머니는 벚꽃이 흐드러지게 핀 식목일 날 저녁별이 되셨습니다. 나는 또 이별을 했습니다. 시간을 돌릴 수 있다면 식목일 전날로 돌려놓고 싶습니다. 풀벌레소리가 요란한 오늘밤 사랑하는 어머니가 많이 그립고 보고 싶습니다.

자연인으로 살아간다는 것에 대하여

이창우

텅 빈 아침을 누런 종이 냄새와 얽힌 초록 식물이 뿜어내는 경이로움으로 맞는다. 공간이 주는 평안과 넉넉함으로 오늘이 열린다. 흐린 하늘 아랑곳없이 유월의 비가 더욱 빛나는 것은 가는 바람에 흔들리는 거리의 초록 나무에 걸린 물방울, 자연스럽다. 한국 사회는 행복한 삶을 꿈꾸고 있는 많은 몽상가를 만들어 낸다. 행복이란 말이 자연스럽게 내 목소리로 들릴 때 만나는 그 허망함은 자주 경험하는 순간이다. 입에 달고 사는 미래 가능성을 위한 노력이 오로지 행복을 추구하는 것으로 모아진다.

타인들이 나를 인정해주지 않는다고 내가 꾸는 꿈이 몽상일 수는 없다. 행복한 내일을 위해 현재를 돌보지 않을 때 그것은 오히려 몽상일 가능성이 크다. 마음속에 담아둔 숨어있는 자신만의 꿈일지라도 바짝 마르지 않도록 물주기를 해야 한다. 중요한 것은 내가 열망하는 꿈을 이루고자 하는 '나' 자신을 돌보는 일이다. 이 땅의 많은 사람이 그저 몽상가로 남아질 수밖에 없는 것은 용기 없음도 한 몫 한다. 빠르게 현실과 타협해야 안정되는 심리, 대상을 탓하며 자기

합리화에 빠져드는 연약함도 있다. 실용과 현실 상황에 익숙한 자신을 돌아볼 순간을 외면하기도 한다.

조금은 의식하며 스스로 사랑하기를 멈추지 말아야 한다. 그 사랑의 힘은 내 안의 연약함을 물리칠 수 있도록 도와준다. 도전할 수 있는 용기와 두려움을 벗어던질 수 있는 힘이 되어주기도 한다. 무모하더라도 내 삶이 활기차게 자라는데 필요하다.

내가 원하는 만큼만 얻을 수 있는 것이 다양한 인생의 법칙 가운데 하나이다. 어느 날 갑자기 누군가와 마주함은 삶의 전환점이 되기도 한다. 공동체에서 온전하게 '자기'가 된다는 것은 진정성을 향한 끊임없는 대상과 소통을 통한 담금질이다.

사전적 의미로 접근하면 자연인은 법이 권리의 주체가 될 수 있는 자격을 인정하는 자연적 생활체로서의 인간을 가리킨다. 자연인은 살아있는 동안 법 앞에서 평등한 권리 능력을 가진다고 하지만 현실에서 그 가능성은 늘 위협받는다.

자연스러운 생활이 다소 모호하게 들린다. 나에게 자연스러운 것이 타인에게는 부자연스러울 수 있는 경우의 수는 차고 넘친다. 내가 해석하는 자연인은 현존재로서 가능하다. 대체로 들숨과 날숨으로 살아가고 있는 사람이기도 하고 아니기도 하다.

인간은 '이 세상에 던져진 존재'로서 먼저 실존한 후 '스스로 만들어 나가는 존재'라고 보았던 사르트르의 영향이 지나온 이십 대를 형성했다. 신에 의지하지 않고 홀로 남겨진 상태에서 스스로 모든 것을 선택하고 그것에 대해 책임지려는 실존적 휴머니즘이다.

세월이 지나면서 이런 힘은 책을 통해 변화되어 '현존재(Dasein)'라는 살아 있는 실존적 인간을 뜻하는 하이데거의 용어로 정착한다. 인간은 늘 변화하고 선택하는 능력이 있기에 현재가 강조되는 현존재이다. 자신의 가능성을 파악하고, 스스로 자신의 삶을 기획하고 창조해 가는 능동적 존재자가 되어 현존재로서 살아가는 것, 현재가 강조되는 자연인이기도 하다. 모든 사람이 가진 사전적 의미의 보편성보다 사람마다 다른 개별성, 곧 실존이 중요하다.

어떤 목적이나 용도 등이 미리 결정되어 있지 않은 자신을 스스로 만들어 가는 존재, 내가 가진 지금 이 모습, 나의 현재가 가장 중요하다. 현재의 내가 미래의 나를 만들어 낸다고 생각하기에 우적우적한 걸음 내딛으며 자연인으로 살아간다. 잿빛 하늘 너머 숨어있는 빛의 존재가 내일을 열어줄 것을 믿고 있기에 오늘은 또 오늘로 살아날 것이다. 자연스럽게 공기의 떨림으로 전해지는 피아노 선율이 아름다운 까닭이다. 다른 빛으로 열릴 내일에 설렘을 품고 살아가는 나, 현존재이다.

접촉하기 시작한다. 나는 땅의 기운에 응답하기로 한다. 내게 변명의 여지가 있어서는 안 될 말, 걷기. 되돌아보니 코로나19 시절 '사회적 거리두기'와 '생활 속 거리두기'가 편안하게 일상에 놓이는 것은 내 특별한 방어수단이 '거리두기'가 원인이었다.

이제 방어할 필요 없다. 내 자리에서 굳건하게 버티는 동안 쌓인 내 안의 힘을 절로 느낀다. 나이 듦이 주는 자연스러운 말 건넴은 건강함을 가리키는 안부 인사다. 오히려 외부로부터 오는 변화가 지금 이 자리에 있는 나를 자각하게 만든다.

자연인으로 접촉해보기로 한다. 어스름 밖으로 나가 평소 2차선

도로를 지나는 자동차로 스친 그 길 뒤로 나 있는 또 다른 골목길을 만난다. 내 기억 속에 자리한 장항제련소라는 명칭만큼 이곳은 세월을 외면한 채 그 시절에 딱 멈춰있다.

나의 걷기는 순례가 아니다. 내가 머문 이 공간이 맞닿은 땅 언저리를 느껴보기 위함이다. 순례가 다른 차원으로 향하는 통로가 되기도 한다면 혼자 걷기는 현재를 만끽하는 일이다. 나와 이 세계, 이 순간을 고스란히 품고 나아가는 자연인으로 살아간다는 일이다.

걷기는 현재와 친근해지는 일이다. 빈둥거리는 자기 자신과 조우하면서 자본주의 사회에서 결코 허락하지 않는 시간을 낭비할 자유를 누리는 일이다. 빛 바라고 낡은 빈 건물들과 담벼락에 벽화로 덧칠해 가며 장항의 쇠락을 끌어안고 묵묵히 버티어내고 있는 사람이 있다. 이십 대 중반 홀로 산행은 스스로를 치유할 용기와 인내의 한 가지 방법이었다. 자유롭고 싶어 하는 스스로를 위한 몸짓. 정상에서 만나는 해방감과 이 세상이 정지된 듯 작은 움직임도 없는 고요와 평화. 바람에 반응하는 나무들의 속삭임. 이제 다시 그것이 내게로 온다.

지나온 삼십 년은 발이 따라 잡을 수 없는 속도감이 필요했던 시기였다. 하루가 눈 깜짝 할 사이 지나갔다. 가족공동체와 사회 공동체를 오가며 너무 많은 일이 일어나고 사라지고 했다. 도로 위에서 자동차 엑셀레이터를 밟으며 달리던 스치는 풍경은 단편적이며 순간적이다.

나는 화려한 외출, 아름다운 사치를 누린다. 나를 붙들고 있는 이 땅과 연애를 하기로 한다. 십 대 동네 골목길을 하얗게 누비던 그 시절이 내 삶에 존재했음을 지운 내 몸이 다시 사랑을 원한다. 망각으로부터 긴 터널을 빠져나와 다시 길 위에서 나를 보호하던 겉옷을 풀어헤친다. 낡은 옷을 벗자 따스한 기운이 서쪽 바다로부터 온 몸으로 스며들어 온다. 바람이 적당히 스미다가 지나가는 옷처럼 소나무 숲길을 지나 해변을 혼자 걷는 나는 느린 걸음으로 확실히 살아 있다.

시작이 반이다

양혜원

일본 산골을 여행할 때였다. 서늘하고 맑은 숲 향기에 흠뻑 취해 있는데 백발의 할머니가 자전거를 타고 왔다. 가까이서 보니 생각보다 몸집이 작고 연로했다. 우연히 마주친 내게 눈빛으로 인사했다. 밝고 따뜻한 품성이 느껴졌다. 슈퍼에서 장을 봐 소박한 찬거리를 싣고 가볍게 페달을 밟으며 순식간에 모퉁이를 돌아 숲길로 사라졌다. 설핏 노을이 지고 있었다. 한 폭의 그림 같은 풍경이었다. 할머니의 자전거 타는 모습이 신선했다. 그리고 남에게 기대지 않고 자신의 삶을 꾸려나가는 모습이 더 놀라웠다. 내 노년을 어찌 보낼까 관심이 많은 터라 여운이 오래 갔다.

한국에 돌아와 가끔 일본 할머니가 생각났다. 그러던 어느 날 주민 센터에서 자전거 교실 안내를 봤다. 일본 할머니를 떠올리며 신청을 했다. 내 나이에 늦었다 생각 말고 시작하기로 했다. 생각을 행동으로 옮겨야 뭐든 배울 수 있다는 것도 한몫했다. 찬바람이 간간이 묻어있는 4월에 보름간 강습을 받기로 했다. 시작부터 마음과 달리 정신없이 넘어졌다. 자전거와 요령 없이 씨름하니 며칠 만에 온몸이 만신창이가 되었다. 괜히 시작한 것은 아닌지 슬슬 후회가 밀려왔다.

초등학교 때 겁 없이 어른 자전거를 타려다 길가 도랑에 거꾸로 곤두박질쳤다. 동네 아저씨들이 개천에서 몸이 반쯤 접힌 나를 겨우 건져냈다. 찢어진 무릎과 팔꿈치에서 피가 철철 나던 무서움과 아픈 기억이 늘 따라다녔다. 그 기억 탓인지 두렵고 긴장한 채 페달을 밟았다. 바퀴는 그 자리에서 요지부동이었다. 강사는 바퀴가 굴러가면 몸을 맡기고 시선을 멀리 보며 페달을 밟으라 했다. 몸에 힘은 빼고서. 열흘이 지났다. 며칠 후면 교육도 끝이었다. 초조했다. 엎친 데 덮친 격으로 지도 강사가 '나이도 있으시니 무리하지 말고 쉬었다가 다음 교육에 다시 하라'고 권했다.

실패보다 힘든 것은 자전거를 배울 기회가 다시 오지 않을 것 같았다. 헐거워진 마음을 다잡았다. 문득 수영 배울 때 하던 힘 빼기 연습이 생각났다. 온몸에 힘을 주면 오히려 물속에 가라앉았다. 초보임에도 두려움을 줄이고 몸에 힘을 빼니 물 위에 둥둥 떴던 기억이 났다. 다음날 강사에게 넓은 운동장에서 혼자 자전거를 타보겠다고 했다. 아무도 지켜보는 이 없는 곳에서 다리 힘만 이용해 넘어져도 계속했다. 어느 순간 시선은 먼 곳을 바라보며 페달을 밟으니 바퀴가 저절로 굴러갔다. 신기했다. 역시 시작이 반이다. 마지막까지 몰렸던 마음 탓인지 기쁨이 더 컸다.

자전거 교실에서 제일 먼저 넘어지는 법을 배운다. 스키강습에서도 처음 가르쳐주는 것이 잘 넘어지는 법이었다. '남이 한 번에 한다면 나는 백 번, 남이 열 번 만에 한다면 나는 천 번이라도 해서 할 수 있게 한다.(『중용』)'에 나 온 이 말을 생각하며 버텼다. 오뚝이처럼 다시 끝없이 일어서니 다음 단계로 나아갈 수 있었다. 하루아침에 두려움이 스르륵 사라지는 건 아니었다.

우리 삶도 자전거 타기와 비슷하다. 내 속도대로 마구 페달을 밟는다고 잘 달릴 수 있는 것은 아니었다. 오래전 일이다. 딸은 갑작스러운 투병 생활로 학교생활이 중단되었다. 딸아이 인생이 어떻게 될지 캄캄했다. 내 인생도 거기서 멈춰버린 것 같았다. 친구들이 학교를 향할 때 나는 딸을 데리고 매일 병원에 다녔다. 그 먼 길을 오가며 딸은 무거운 침묵으로 지냈다. 힘내라고 하는 주위에 격려도 버겁기만 했다. 앞이 안 보이는 상황에 의지만으로 힘을 내기는 어려웠다. 병원에는 우리처럼 느린 속도로 사는 사람들이 아주 많았다. 사는 것이 힘에 부칠 때 오히려 힘을 다 빼야 함을 그때 알게 되었다. 치료받는 오직 그 하루만 의지해 묵묵히 사는 것이다. 자전거 바퀴를 딱 한 번씩만 돌리는 것에 만족했다. 계속 페달을 밟아야 하는 자전거를 어깨에 메고 산 것 같은 그런 세월이었다.

나는 어려서부터 병약해 운동과는 담을 쌓고 지냈다. 조용히 앉아 책을 읽는 것이 훨씬 좋았다. 뒤늦게 용기를 내 운동을 시작했다. 요가를 시작으로 수영을 배우고 내친김에 스키강습까지 받았다. 그리고 자전거까지. 특히 스키는 그 나이에 위험을 무릅쓰고 극성을 떠느냐고 주위에서 다 말렸다. 나도 겁이 났다. 하지만 내가 경험해 보니 운동만큼 남는 장사가 없었다. 삶의 질을 좌지우지하는 것은 건강이기 때문이다. 운동으로 몸이 고되니 소소한 걱정이 줄고 매일 숙면에 든다. 게다가 어렵게 운동요령을 깨치면 자신감도 생겼다.

몸치에 겁도 많아 다른 사람에 비해 배우는 속도가 느리고 품이 많이 들었다. 두려움은 타고 나지만 자신감은 저절로 생기지 않는다는 것도 운동을 통해서 배웠다.

살맛나게 사는 것은 무엇일까. 삶의 호기심과 기대를 끝까지 지니고 살면 좋겠다. 그리고 낯선 환경에서 새로운 것을 배우려 할 때 용기를 잃지 말아야겠다. 102세 김형석 교수님께서 "가장 살맛나고, 보람 있고, 좋았다고 생각한 나이는 60~75세예요."라는 말씀을 하셨다. 나도 이제 그 나이 때가 되었다. 저무는 노을 길에 시간을 내 편으로 만들고 싶다. 일본 할머니 덕분에 포기하고 싶었던 자전거를 타게 되었다. 훗날 은발 머리 휘날리고 바람을 가르며 페달을 밟는 나를 상상하니 설렌다. 새로운 도전을 위해, 살맛나는 인생을 위해 늦었다는 생각을 떨쳐버려야겠다.

아무튼, 겁내지 말고 시작하자.

술잔엔 하얀 밥알이 별처럼 뜨고

유영숙

시외버스터미널, 출발하기도 전에 장대비를 퍼붓는다. 여름휴가 첫날부터 일정이 어긋날 것만 같은 예감이다. 함께 떠나는 후배, 비를 무척이나 좋아하는 그녀였지만 말없이 차창 밖을 내다보는 저 표정을 무어라 읽을 수가 없다. 나 역시도 그렇지만.

상봉터미널을 출발한 버스가 교문리를 지나자 이젠 한치 앞도 분간키 어려울 정도로 빗줄기가 거세어진다. 말없이 밖을 내다보던 둘은 무엇을 결심한 듯 동시에 고개를 돌리며 "저어…." 바라보던 둘은 그냥 호탕하게 웃었다. 서로의 속뜻을 말없이도 짐작함이다. 2박 3일 일정으로 '가평꽃동네'로 휴가를 떠난다. 이틀은 꽃동네가족을 위해 봉사를 하고 모레는 그곳에서 가까운 곳에 위치한 운악산을 등산할 예정이다.

경제위기가 닥친 우리나라. 신문들은 연일 실업자가 늘어난다고 지면 가득히 어깨가 축 처진 사람들을 안고 있다. 그러니 직장을 잃은 사람들의 눈에 비치는 '휴가'란 어쩌면 특정한 사람들만이 누리는 사치로 보일는지도 모른다. 답답한 일상을 벗어난 모처럼의 휴가지만 마음이 그다지 홀가분하지 않다. 그래서 챙겨든 배낭의 무게보다 마음이 더 무겁다. 차라리 쏟아지는 비를 핑계 삼아 산행을 포기하고 봉사를 하루 더 연장함이 마음 편할 것 같다.

휴가철이 시작되는 토요일 오후라 차는 거북이걸음이다. 다행히 빗줄기는 점점 가늘어졌다. 청평을 지날 즈음엔 뽀오얀 안개 띠가 용트림하듯 호수를 나와 산을 휘감고 오른다. 꽃동네 입구에 도착하니 말끔히 씻긴 하늘, 운악산 마루엔 노을이 곱다. 휴가 일정 모두 봉사하기로 결심을 굳힌 터라 마음도 한결 편하다.

꽃동네의 노체리안드리병원에 근무하는 후배 마리아가 마중 나와 있다가 운악산에 걸친 노을만큼이나 상기된 얼굴로 우리를 반긴다. 밖으로 나올 기회가 흔치 않은 마리아가 "언니, 우리 놀다 들어가요." 하며 오던 길로 우리를 잡아끈다. 비 갠 뒤의 여름산은 금세라도 초록 물이 뚝뚝 떨어질 것 같다. 풀잎마다 물방울이 맺힌 싱그러운 들길을 따라 셋은 수다를 떨며 걷는다.

운악산을 등지고 고즈넉한 마을에 주막집이 있다. 원두막처럼 지은 초가정자의 주막이다. 지붕에는 하얀 박꽃웃음이 얹혀있고 옆 개울엔 낮에 내린 비로 물 흐름소리가 제법 바쁘다. 그곳 분위기에 익숙한 마리아는 들어서자마자 음악도 주문한다. 그룹 '들국화'와 '해바라기'의 노래. 그녀의 취향인지 아니면 선배들의 취향을 지레 짐작함인지? 어쨌든 그녀의 마음씀이 초가지붕의 박꽃처럼 예쁘다.

산골 저녁시간은 시시각각으로 변한다. 기암괴석과 울창한 숲으로 위용을 과시하던 운악산 모습도 어느새 어둠 속에 묻혀버렸다. 들쑥날쑥한 능선만 아우트라인으로 남아있다. 능선에 닿을 듯 말 듯 가

느다란 초사흘 달이 조각배 마냥 떠 있다. 술잔에는 하얀 밥알이 별처럼 뜨고 우리는 술잔에 초승달을 띄워 마신다. 치열한 생존경쟁의 장, 각박한 도시의 일상을 벗어난 우리 둘과 그 역시 환자들의 신음소리에서 벗어난 마리아. 우리는 말없이 바라보지만 서로의 마음을 읽고도 남는다. '탈 서울'이 좋고 오랜만에 후배를 찾아온 선배가 반갑다. 마리아는 꽃동네에 상주하며 환자들을 돌보는 간호사다.

술을 잘 마시지 못하는 셋은 분위기에 먼저 취했다. 주막집을 나와 어둑한 들길을 삐딱삐딱 걷는다. 능선에 간신히 걸쳤던 초승달은 벌써 산이 삼켜버리고 없다. 목을 빼고 기다리던 달맞이꽃은 달님과의 짧은 만남이 아쉽고 서러운 듯 보인다. 우리는 달맞이꽃이 애처롭다며 달맞이꽃을 위한 노래를 부르다 이내 다른 노래를 부르며 메들리로 이어진다. 술김에 걸음도 휘청거려본다.

1시간 남짓 걷고 가파른 언덕을 오르니 꽃동네 마당이다. 넓은 마당 한쪽에 벤치가 놓여 있다. 마리아가 선배들도 누워보라며 제가 먼저 벤치 위에 길게 눕는다. 하늘에서는 별빛이 무수히 쏟아져 내린다. 별 하나가 서북쪽을 향해 빠르게 흘러간다.

알퐁소 도데의 『별!』 "이럴 때 소원을 빌어야 하는데…."라고 탄성만 지를 뿐. 순간 별은 이미 사라지고 없다. 이곳 꽃동네에 오면 언제나 가슴이 뭉클해지고 절로 마음의 숙제가 많아진다. 더구나 경제위기가 닥친 올해부터는 가족은 늘어나는데 그와 반비례로 후원금은 줄어들어 걱정이라고 한다. 그러나 어디 이곳뿐이랴. 도처에 어려움을 겪고 있는 이들이 많다. 마음으로라도 기원을 아끼지 말아야 하리라. 셋은 지금부터 유성이 나타나면 소원을 빌어보자며 빠르게 흐르는 유성을 놓치지 않기 위해 자세를 고쳐 눕고 숨을 죽이며 기다린다.

오늘밤 꽃동네 하늘에는 별이 유난히 많고 초롱초롱하다. 정적을 깨고 마리아가 말을 건넨다.

"언니, 별들이 저토록 많은 걸로 봐서 내일은 산행하기에 아주 좋은 날씨가 되겠지요? 하지만 내일 낮에는 오늘밤 저 별빛보다 더 초롱초롱한 별들을 볼 수 있어요."라고 한다. 선배들 생각을 짐작했음인지 마리아는 우리들에게 내일 '천사방' 아기들을 돌보아줄 것을 은근히 부추기고 있다. 그런 그녀가 조금도 밉지 않다.

천사방, 말 그대로 별빛보다 초롱한 눈망울을 한 아기천사들이 많다. 쌔근쌔근 자는 모습, 어디론지 뽈뽈뽈 기어 다니는 모습, 땀을 뻘뻘 흘리며 젖병을 빠는 모습. 모두 너무나 사랑스럽다. 하지만 아이를 키워본 경험이 없는 나로서는 어색하기만 한데…. 젖은 기저귀를 갈아주면서 수녀님에게 배운 대로 쭈쭈(다리를 펴줌)를 해주자 붉어진 내 얼굴에 보기 좋게 방뇨를 하고 씨익 웃던 금빛이녀석. 아이를 안는 것도 서툴기 그지없지만 고맙게도 내 품에 포옥 안기며 어설픈 엄마(천사방 봉사자는 모두 엄마, 아빠로 호칭)를 안심시키던 유진이.

나는 아직도 내 어깨에 사랑스럽게 볼을 비비던 유진이의 보드라운 살갗, 그 따뜻한 체온이 느껴져 하루에도 몇 번씩 어깨를 움츠려 보곤 한다. 수녀님의 말대로 꽤 오랜 시간이 흘렀는데도 아기들의 영롱한 눈망울이 자꾸만 어린다. 오늘도 가만히 불러보는 유진이, 금빛이, 보현이 그리고 모습이 수도사인형처럼 생겼다고 별명이 꼬마수사인 수빈이….

꽃을 피우는 호야

조순옥

친구가 생일 선물로 예쁜 도자기 화분에 심어진 호야를 선물로 주었다. 아름다운 사랑이라는 꽃말을 가진 호야를 매사에 바쁘다고 생각하며 산 나에게 친구가 되어 보라고 준 것이다. 코로나로 인하여 여유가 있을 것 같다며 길러 보라고 한다. 정말이지 꽃을 가꾸어 볼 만한 생각을 못 하고 지금까지 살았지 싶다. 그러나 코로나로 인하여 사람 만남이 끊기고 홀로 집에 있는 시간이 많다 보니 자연히 호야와 친숙해진다.

그래도 꽤 오랫동안 길렀던 크기이다. 3주에 한 번씩 물에 담그며 건져내고 창가와 가까운 곳에 둔다. 옮기다가 친숙해진 친구가 된다. 하루도 그냥 스치지 않고 대화를 한다. 잎이 파릇하며 반가이 맞는 토실하게 살이 오른 잎이 생기가 있다. 힘이 있게 뻗는 줄기의 생동감은 가까이하고 싶은 욕구를 자극한다. 그러더니 콩알만 한 꽃대가 생기며 마치 한 줄기에 수십 개의 꽃 초롱이 보인다. 활짝 단장하고 나온 나들이가 어색하지는 않았을 터인데 보지 못하는 밤새에 피어난다. 몸체로 피는 꽃봉오리가 달린 모습이 어찌나 신기하게 예쁜지 완전히 마음을 빼앗긴다.

날마다 자신을 돌아보며 속삭여 주는 사랑에 보답이라도 하듯이 아름다운 볼우물로 나의 마음을 완전히 사로잡는다. 환경적인 두려움과 불안을 잊게 한다. 이 작은 식물을 통해서 꽃을 피운 기쁨과 마음 뿌듯함을 느낀다. 누려보지 못한 메말라 버린 듯한 나의 마음 속에 봄의 따스한 빛에 물이 오르는 파릇한 잎과 가지에서 느껴오는 작은 행복을 선물로 주는 것 같다.

나의 삶을 통하여 배우자로부터 타인에 이르기까지 나에게 관련된 만남에서도 호야에 쏟는 마음이었는가 되돌아보게 된다. 가장 가까이 있는 사람에게도 호야에 쏟는 마음으로 했다면 삶은 더 맛이 있었을 거라는 생각이 스친다. 그때는 이와 같은 마음을 느낄 수 없었음이 아쉽다. 사람은 위기를 겪거나 실패가 밑거름되어 견디고 이기고 나면 성공의 스승이 된다는 말이 있다. 꿈을 꾸고 그것을 위하여 땀을 흘릴 때 미래가 보이지 싶다. 그것을 이루기 위해 노력하다 보면 다른 곳에는 미처 관심을 두지 못하고 지나가 버린다. 그러면서도 자기를 인정하고 신뢰하고 있다고 생각하는 대상을 위하여 열정을 쏟는다. 해서 지나온 나의 삶을 돌아보면서 성공적인 사회생활을 할 수 있도록 역할을 했던 모든 주변의 분들이나 일에 고맙기도 하다.

요사이 갈 곳이 자유롭지 못한 시기라서 자주 찾아와서 웃음과 기쁨을 주는 두 손녀가 있다. 이들에게서 꽃과 대화할 때의 감정을 느끼곤 한다. 이렇게 기쁨을 주는 아이들을 낳기를 회피하고 결혼하기를 생각하지 않는 자녀 때문에 걱정하는 친구가 안쓰럽다. 피아노를 치든지 그림을 그리든지 노래를 하더라도 칭찬을 아끼지 말고 자신만을 보아 달라고 한다. 아직 어린 이들에게서 칭찬은 고래도 춤을 추게 한다는 말을 연상하게 한다. 내가 고마움을 느끼고 칭찬을 좋아하는 손녀들의 마음을 남은 날들 속에서 다른 이들에게 마음껏 전하기를 기도한다.

바람이 불지 않고 찌는 듯 더운 날씨 탓이다. 호야의 잎이 물러 터지는 모습을 보니 초라하기 그지없다. 뽑지 않고서는 참을 수가 없다. 과수로 인한 탓이지만 시간 조절을 하지 못한 나의 무관심 때문이다. 고독한 사랑이라는 꽃말도 함께 있듯이 외로움을 느꼈는가 보다. 일상생활에 활력이 되던 호야가 귀찮고 버리기에도 즐겁지 않은 마음을 갖게 한다. 그래도 뿌리는 살아 있어서 다시 손질해서 두었더니 새로운 잎이 나오는 모습에 안도감이 돈다.

우리의 인생도 이와 같다. 목표를 통해 의욕을 갖고 꿈을 꾸며 어떠한 어려움도 이기며 살아간다. 직진으로만 갈 것 같은 나에게 어느덧 자연적으로 함께 걸어가야 할 동반자도 만나게 된다. 시작은 행복의 길로만 갈 것 같았지만 많은 우여곡절 속에서 상처와 아픔을 겪는다. 변화를 싫어하는 까닭일까 아니면 혁신을 원하지 않는 마음 때문일까 아니면 연민의 마음일까 고름이 터지는 고통을 견뎌내는 인내는 어디서 오는지 여전히 그 자리를 지켜온다. 시들어 버린 호야를 다시 살려 놓은 것과도 같다. 변함없이 키워 놓은 모습 속에서 숨겨 놓은 아픔이 보인다.

자리 지킴을 통해 터득한다. 목적지를 가기까지는 평지와 냇가도, 산과 들도 거쳐야 도달할 수 있다. 그러기에 살아오는 동안 꿈을 이루기 위해서도 많은 고난과 역경을 극복하고 전진해서 얻어진다는 값진 보상임을 알게 된다. 멈추고 싶은 걸음을 이기고 가다 보면 시원한 그늘도 있고 바람을 만나 다시 힘을 얻고 산도 넘는다. 이래서 여기까지 온 길을 되돌아보는 행복감도 가질 수가 있다.

작은 식물인 호야도 물을 주는 시간이 늦어지면 잎과 줄기가 힘이 빠진다. 그러면 급한 마음에 다시 게을렀던 마음에 대해 속죄하며 듬뿍 물속에 담근다. '뽀로록뽀로록' 물방울이 생기면 목마름이 채워졌다고 여기고 물을 빼고 제자리에 놓는다. 풍성하게 주는 사랑에 다시 활기를 얻은 모습으로 반긴다. 웃으며 다가오는 속삭임을 들으며 나도 상쾌한 마음이 피어오른다. 우리의 평탄할 것 같은 삶만 계속된다면 삶의 기쁨도 지루할 거라는 생각을 한다. 그래서 신은 고난을 통하여 열매를 얻도록 하는 두 날개를 단 인생을 나에게 준 선물이라고 생각한다.

성경에도 보면 왕자로서 살다가 살인자가 되고 도망치게 한다. 양치는 무명인으로 살아갈 수밖에 없었던 그를 신은 선택한다. 수백만 이스라엘 백성을 이집트에서 인도해 내는 위대한 지도자로 세우신다. 그것이 신의 계획이었던 것처럼 부실한 나에게도 같은 마음을 두고 있음을 생각해 본다. 그렇게 생각하니 살포시 다가왔던 불안과 걱정이 멀리 가버린다. 나를 소중히 여기는 사람을 위해 답답하고 규제로 인한 환경과는 상관없이 살 가치가 있다고 스스로 확신하며 위로를 한다.

호야가 신기하고 놀라운 꽃을 피워서 기쁨을 주는 것처럼 우리의 삶은 내 것이 아닌 나의 생명을 부여하신 신을 찾고 의지하는 자를 위대하게 만든다는 사실을 깨닫게 한다. 나만을 위해 사는 것보다 삶과 관련된 모든 이들과 주고받은 헌신을 생각한다. 그 사랑의 에너지로 그 자리 끝까지 지킬 수 있는 것이다. 고독이 주는 의미 속에서 자신을 지키며 생명을 살리는 힘이 이 속에 있음을….

아직도 가야 할 내일을 위해 꿈을 꾸자 내가 어떻게 살아야 하는가를 고민해 보며 그림을 그리고 노력해 본다. 누군가의 관심으로 다시 꽃을 피운 호야가 주는 기쁨을 실천하기로 한다. 다시 피어나는 꿈의 열매를 바라본다. 두 손을 높이 뻗으며 오늘도 주어진 일과 자리에 감사하며 이겨내자고 소리친다.

친구

이봉길

베란다로 나가 창을 가리고 있는 차양을 올린다. 아직 창을 두드리는 햇살은 없으나 맑고 투명한 하늘이다. 건너편 산에 잔설이 남아있는 이른 봄, 집 바깥으로 나온 것처럼 추위에 몸이 움츠려진다. 화분에 물을 주려다 사랑초 이파리가 기지개를 켜고 있는 황토화분 가장자리에 명주실 같은 게 눈에 띈다. 자세히 보니 달팽이가 지나간 자국 같다. 화분을 덮고 있는 줄기를 걷어 올리면서 달팽이의 흔적을 찾아본다.

명주실 자국은 집게손가락 하나 길이로 이어지다 사라졌다. 바닥으로 떨어졌을까, 화분의 흙 속으로 들어갔을까. 명주실 꼬리를 남기고 사라진 녀석은 분명 민달팽이일 것이다. 얼마 전 베란다에 있는 오지항아리 뚜껑 안쪽에 붙어있었던 놈이 틀림없다. 우리 집은 한 말들이 항아리에 수돗물을 받아서 하루 정도 묵혔다가 식수로 사용하고 있다. 한겨울에는 항아리 물에도 살얼음이 끼곤 하는데, 녀석은 몸 붙일 데 없는 차가운 타일 바닥에서 추위를 피해 항아리 안쪽으로 피신했을 것이다. 몸을 웅크리고 있는 그를 살짝 집어 사랑초 속에 숨겨주었다. 엊그제도 항아리에 물이 가득 차 있을 때 뚜껑 안쪽에 길게 몸을 늘이고 붙어있는 그를 만났다.

오늘은 어디에 숨어있을까. 화분들을 살펴보고 수채를 덮고 있는 그물망을 들추어봐도 녀석은 보이지 않는다. 은근히 걱정된다. 집도 없는 민달팽이, 오늘 밤부터 꽃샘추위가 온다고 하는데….

그를 친구라 부르고 싶다.

나도 민달팽이처럼 춥고 마음 붙일 데 없었던 시절이 있었다. 열여섯 나이면 다 컸다고들 하지만, 어머니가 돌아가시자 온돌방도 찬바람 스치는 한길 같고, 겨울 들판에 홀로 선 듯 춥고 외로웠다. 해가 지면 어린애처럼 자꾸만 눈물이 나고 가족들과도 어울리고 싶지 않았다.

어두워지면 잎을 접고 잠을 청하는 사랑초 곁을 떠나 밤새 맨살을 쓸리며* 물독으로 기어 올라가는 민달팽이. 그때 열여섯 머슴애도 그랬지. 날이 저물면 몰래 다락방으로 숨어들곤 했으니.

달팽이 한 마리
물기 없는 마른 땅 맨살 쓸리며 기어가네.

*유영숙의 시 「민달팽이」에서

우리의 여행가방

이경숙

딸네 가족이 캐나다로 떠났다. 방안 가득하던 여행 가방들이 없어지니 조금 전까지 손주 녀석들의 시끌벅적하던 소리와 함께 꽉 차 있던 공간이 갑자기 텅 비었다. 퇴근길에도 자주 들러 엄마인 내 마음을 헤아려주던 살가운 딸과 사랑스런 손주들을 잠시 못 본다는 생각에 고작 이 년 정도임에도 마음이 텅 빈 방처럼 허전하다. 그들의 흔적이 곳곳에 남아 있는 어질러진 집 안을 정리하고 집으로 돌아오는 차 안에서 나도 남편도 아무 말이 없었다. 남편도 어쩌면 나처럼 지금 손주만한 아이들을 둔 젊었던 우리를 생각 하고 있지는 않았을까.

벌써 30년도 지난 일이다. 우리가 캠핑을 시작한 것이. 그때도 큰 여행 가방에 필요한 것을 넣느라 몇 번이고 짐을 넣고 빼었다. 막상 도착하면 꼭 필요한 것은 가져오지 않고 필요치 않은 것을 가져오느라 가방만 차지하기도 했다. 하루라도 좋은 곳에서 휴가를 보내고 싶어 하는 나와 달리 남편은 자연을 가까이 느낄 수 있는 캠핑을 좋아하니 그것만은 번번이 내가 남편에게 양보할 수밖에 없었다. 텐트를 치려면 땅을 고르고 폴대를 세워 장막을 만들어야 한다. 그런 모든 것이 나는 보통 성가신 것이 아니었다. 그러나 나도 점차 자연이 주는 풍성함을 즐기게 되었다. 아이들은 우리들만의 집을 짓는데 그들의 작은 힘을 보탰다며 자랑스러워했다.

땀을 뻘뻘 흘려가며 텐트를 친 후에는 우리 모두는 옆 계곡물에 풍덩 들어가 서로 장난을 쳤다. 그러고 나서 먹는 식사는 무엇을 먹어도 꿀맛이었다. 밤이 되면 하늘의 영롱한 별, 풀벌레의 합창, 반딧불이의 춤, 계곡에서 흐르는 물소리는 한밤의 정취를 더해주었다. 깜깜한 텐트 속에서 우리는 작은 플래시로 장난을 치거나 간단한 게임도 했다. 그리고는 잠자리에 들면 아이들은 하루 종일 뛰어노느라 금방 잠에 골아 떨어졌다. 비가 오는 날에는 텐트에 떨어지는 빗방울 소리가 내 어린 날 양철지붕에 떨어지던 그리운 소리 같아 정겨웠다.

비가 와도 좋고 더워도 좋았다. 물 흐르는 계곡에 간이의자를 놓고 책도 읽었으니 지금 생각하면 신선놀음이 따로 없다. 불편함도 참아야 하고 결핍도 배우며 서로 힘을 모아야했다. 땀을 흘린 후에 얻을 수 있는 기쁨도 배울 수 있었으니 아이들에게 이만한 교육장이 있을까 싶다. 경제적으로 풍족하지는 않았지만 그때 아이들과 함께 했던 시간은 너무도 소중하고 감사한 일이었다.

한참이 지났다. 우리가 다시 캠핑을 꿈꾸게 된 것이. 딸이 대학졸업 후 다니던 직장을 계속 다녀야할까 힘들어할 때 남편은 과감히 결단을 내렸다. "그래 좀 쉬면서 다시 생각해보자. 그리고 우리 다 같이 함께 떠나자."고 하였다. 지금도 딸은 그때 힘을 실어 주었던 아빠에게 고마워한다. 마침 아들도 제대 후 복학하기 전까지 잠시 시간이 있고 나는 운영하던 서예 학원을 한 달 쉬기로 수강생들에게 양해를 구했다. 남편은 교직자로 방학이 있어 어느 정도 가능했지만 아무튼 떠나지 못할 어려움은 하나씩 가지를 치고 한 달간의 유럽 캠핑여행을 떠나기로 하였다. 우리 모두에겐 쉼이 필요했고 우리 인생에 다시없을 '함께하기'에 마음을 모았다. '그래 떠나자' 얼마 후면 우리의 아이들은 자신들의 둥지로 떠날 것이고 그 전에 확실한 추억 만들기엔 캠핑만한 것이 없음은 이미 우리는 알고 있지 않은가. 최소한의 경비로 최대 효과를 얻을 여행계획을 짜려고 머리를 맞대었다. 그때만 해도 지금 같은 성능의 스마트폰도 없었고 정보도 부족하여 캠핑을 하려니 준비해야 할 것이 보통 많은 것이 아니었다. 그때의 여행 가방 역시 한 달간 우리의 의・식・주를 해결해줄 최소한의 물건들을 싣고 다녀야할 뿐만이 아니라 여러 상황에 대비할 것들까지 꼼꼼히 챙겨야했다. 각자 일을 갖고 있었고 짧은 시간에 준비하느라 힘이 들었는데 남편이 많은 수고를 하였다.

프랑스에서 자동차를 렌트하고 파리에 있는 캠핑 대형매장인 '데카트론'에 가서 텐트부터 샀다. 크지도 않은 차에 온갖 짐을 싣고 비좁게 다녔어도 우리는 신이 났다. 그 당시에는 내비게이션이 없어 컴퓨터로 지도를 다운 받아가며 캠핑장을 찾아다녔다. 프랑스의 브로뉴캠핑장을 시작으로 스위스의 아름다운 알프스캠핑장, 로렐라이 언덕의 독일캠핑장, 축구장과 호수가 있던 멋진 네덜란드캠핑장. 가는 길은 어느 곳이나 목가적이고 아름다웠다. 이태리, 스웨덴, 룩셈부르크, 벨기에 등 유럽은 나라들이 가까이 붙어있어 자동차로 여행하기가 수월하였다. 스페인에서는 집시의 표적이 되어 타이어가 펑

크가 나는 바람에 구엘 공원을 눈앞에 두고 돌아올 수밖에 없었다.

아무튼 자동차 여행이 아니면 가보기 힘든 아주 작은 나라인 산마리노 공화국, 모나코, 리히텐슈타인. 안개가 자욱하여 앞이 보이지 않아 마음을 졸이며 도착했던 안도라 캠핑장은 잊을 수가 없다. 그 당시 어느 캠핑장에서도 한국 사람들은 분수가 없어 아쉬웠다. 그때 우리의 모습은 서양인이 보기엔 초라해 보였을 지도 모른다. 그러나 그것이 무슨 상관이란 말인가! 우리는 전기밥솥으로 밥을 해먹고 가져간 젓갈과 고춧가루를 버무린 오이김치라도 있어야 힘이 나는 한국 사람이 아닌가.

여행은 삶의 터전을 떠나 낯선 길에서 새로운 풍경과 문화를 만난다. 그러나 사람에 대한 기억만큼 오래 남지는 않는다. 이탈리아에 사는 딸 친구가 한국에 왔을 때 잠시 우리 집에 머문 적이 있었는데 이태리 여행 중 그 부모가 우리를 초대해주어 분에 넘치는 대접을 해 주었다. 그 부모는 산마리노 공화국에 있는 자신의 집을 통째로 며칠을 빌려주고 저녁마다 정식 이태리 음식을 만들어주어 함께 먹으며 우리의 여독을 풀어주었다.

나는 고마운 마음에 한국 음식을 대접하려고 그들과 시장도 함께 보고 고추장 돼지불고기를 만들어 주었다. 처음 먹어본 한국 음식을 브르노와 그 아들네 가족이 맛있게 먹어주어 고마웠다. 식사 후에는 밤바다에 놀러 가서는 '오 솔레미노'를 목청껏 함께 부르기도 했으니 말은 통하지 않아도 서로의 마음은 통하였고 그림을 그려가며 이야기를 나누기도 했으니 모두 즐거운 추억이다. 고맙고 경쾌했던 브루노 부부와 나탈리가족. 다시 한 번 꼭 보고 싶다. 고마운 건 아이들도 마찬가지이다.

아들은 이미 다녀왔으나 꼭 부모님께 보여주고 싶다며 지베르니로 안내했다. 모네의 '수련' 연작을 탄생시킨 아름다운 정원과 집은 동화를 연상시켰다. 아기자기 작고 특이한 상점이 아름답던 에즈, 그레이스켈리의 흔적이 있는 모나코에서 본 지중해 등은 아름다운 여행지로 기억이 된다. 그러나 우리는 목적지에 닿을 때보다 지나치는 길목에서 더 소중한 것들을 얻는다. 여행지에서의 기억보다 사람에 대한 기억이 훨씬 오래 기억이 되기 때문이기도 하다.

한 달 간의 여행 중 서로의 의견을 조율해야했고 조금씩 양보해야 했다. 그리고 아름답고 즐거웠던 기억들을 마음의 여행 가방에 담아 다시 일상으로 돌아왔고 각자의 삶속으로 뚜벅 뚜벅 걸어갔다. 이제는 모두 부모가 되어 자신들만의 둥지에서 살고 있다. 가끔 모이면 모두가 어려웠던 그때 다시 시작할 수 있는 시간을 만들어준 아빠에게 고마워한다. 그들도 자신의 아이들과 추억 만들기를 꿈꿀 것이다. 어서 빨리 코로나가 끝나길 바랄뿐이다.

인생은 여행과 닮았다. 막막한 가운데 스스로 갈기를 찾고 어려움을 견디고 그러다 보면 멋진 순간도 경험하고 추억을 남기니 말이다. 우리의 앞길을 알 수 없으니 무엇이 필요할지도 모르는 짐을 넣고 무거워하고, 꼭 있어야 할 짐을 빼놓고 한참을 걸은 후 가져오지 못한 짐을 두고 후회를 하기도 한다.

아무튼 인생이라는 긴 여행을 하는 동안 우리의 짐가방은 점점 늘어나고 그 소유한 것의 무게에 짓눌려 살아간다. 필요이상의 무거운 짐이 여행의 질을 떨어뜨리듯 나도 남은 인생의 여행 가방에서 조금씩 덜어내어 어깨의 짐을 가볍게 하여야겠다. 나의 모든 것을 담고 있는 집 그리고 육신이라는 큰 가방에서 오늘은 무엇을 덜어낼까. 필요이상의 것은 절제하고 내면의 소리에 귀를 기울이며 사랑, 상냥한 말투와 작은 배려, 가벼운 격려, 우정, 자연의 속삭임, 사랑스런 아이들의 웃음은 맘껏 인생의 여행 가방에 담고 싶다.

여름과 가을을 이어 주는 비가 내리고 있다. 뜨거운 여름을 피해 아이들과 함께 다니던 젊은 시절의 여행. 열심히 쉬지 않고 달려오다 잠시 쉼을 주었던 우리가족의 유럽캠핑여행. 남편은 정년퇴직 후 적지 않은 나이에 이 년간 아프리카에서의 해외봉사를 위해 용기를 냈고 나는 그때에도 쉽지 않은 여행 가방을 싸야했었다. 그러나 그것에 담겨져 있던 힘들고도 어려웠던 시간들을 함께 이겨냈고 아프리카 특유의 원초적인 아름다운 자연보다 더 아름다운 사람들과의 만남은 잊을 수가 없다.

이 모든 것을 가능하게 해준 힘 넘치던 남편은 이제 머리칼이 회색빛이 되어 가을과 겨울 사이에 멀쭘하게 서있다. 이제 나는 남편의 손을 잡아끌고 우리의 남은 여행을 해야 할 것이다. 우리 인생의 여행 가방에 채울 것과 덜어낼 것이 무엇인지 둘이서 머리를 맞대어야 한다. 딸네 가족이 잘 도착했다는 소식을 전해왔다. 그동안 담겨질 추억은 또 그들만의 여행 가방에 차곡차곡 담길 것이다. 우리가 그랬듯이….

눈 빼는 남자와 꼬리 떼는 여자

권예자

그 남자와 그 여자는 서로 다르다. 둘이서만 사는 집에 꼬들꼬들 구운 조기 새끼 두 마리가 아침 밥상에 올랐다. 남자는 누가 뺏어가기라도 하는 것처럼 얼른 눈알을 빼서 입에 쏙 넣는다. "아이, 징그러워 앞 못 보는 게 얼마나 답답한데 눈 먼저 빼요?" 여자가 들릴 듯 말 듯 말하며 꼬리를 잘라 바사삭한 식감을 즐긴다. "첫, 눈 뻔히 뜨고 꼬리 없어서 제 맘대로 움직이지 못하는 것이 더 가엾지." 남자가 질세라 맞받아친다.

바닷가에서 자란 남자와 도시에서 자란 여자는 별것도 아닌 식탁 위 생선 때문에 오늘도 티격태격이다. 오래 한집에 살았으니 식성이 비슷해질 듯도 한데, 전혀 비슷하지 않다. 하다못해 동태찌개를 끓여도 남자는 머리, 특히 눈알부터 먹고, 내장, 다음에 꼬리 순으로 먹는다. 여자는 머리나 내장은 거들떠보지도 않고 뽀얀 살만 먹는다. 그나마 조기 새끼의 꼬리를 먼저 먹는 것도 오십 년 동안 그에게 배운 것이다.

서로 다른 것이 그뿐이면 좋지만, TV를 봐도 여자는 보이는 모든 것이 다 예쁘고 신난다. “저 배우는 눈이 어쩌면 저렇게 예쁠까? 가수 K의 목소리는 참 시원하고 폭이 넓어, L 가수 음성은 정말 감미롭고 부드러워 최고다!” 감탄 일색이다. 하지만 같이 앉은 남자는 “저 배우는 코를 세웠구먼. 얼굴 버렸네. 자기는 노래 들을 줄을 몰라. K는 너무 시끄럽고, L은 졸리잖아. A는 목소리가 답답하고….”

말을 할 때도 여자는 앞뒤 설명 없이 본론부터 시작하고, 남자는 일이 시작된 배경에서 시작해서 한 식경이 지나야 본론이 나온다. 물건을 사도 여자는 장점 먼저 보여 속전속결이고, 남자는 단점부터 찾아보고 장점을 본다. 그런데 교환이나 반품하는 횟수는 서로 비슷하다.

거실에서 드라마 보는 여자와 안방에서 격투기 보는 남자. 자녀들 다 혼인시키고 둘이 사는 노부부의 흔한 저녁 풍경이란다. 젊어서는 이런저런 이유로 못이기는 척 함께하던 저녁 시간이 지금은 각자의 취미에 맞춰 따로따로 행해진다. 예전엔 속상해도 주변 때문에 참았던 서로의 잔소리도 옳고 그름을 따지는 토론으로 이어진다. 그러니 시끄럽지 않으려면 각자 좋은 것을 혼자 보는 수밖에 없다.

그렇다고 예외가 없는 것은 아니다. 종종 각자의 프로그램을 보다가 오래전 둘이 함께 좋아했던 가수나 배우, 정치가와 종교인이 등장하면 문 열고 눈 마주치며 아무개 나왔으니 보라고 알려준다. 그럴 땐 나란히 앉아 “저 사람이 저렇게 늙다니 세월이 너무 야속하다.”라며 눈물을 훔치기도 한다. 이때만은 서로 다른 의견이 없는 것은, 아직도 천연색의 젊은 추억들이 그들 사이에 머물러 있기 때문일 것이다.

그런데 추억과 관계없이 둘의 의견이 일치하고 행동을 함께하는 일들이 생겼다. 손자·손녀에 대해서다. 두 아들을 키울 때는 생각이 어긋나기 일쑤여서 자주 다투었다. 어떤 문제에 대해서는 아예 상대가 모르게 처리한 일도 허다했는데, 손자·손녀에 대해서는 거의 의견이 같다. 그냥 이름만 불러도 괜히 좋고, 전화로 목소리만 들어도 기분이 붕붕 떠서 불면증도 사라져 버릴 정도다.

심지어 어젯밤에는 손자와 탁구를 했다거나, 손녀들과 손잡고 꽃박람회를 다녀오는 꿈을 꾸었다면서 생시에 일어나지 않은 일을 가지고서도 자랑이 늘어진다. 듣는 사람도 생시의 일처럼 신이 나서 자꾸 묻는다. "그래서? 표정이 밝던가요? 그 애가 힘들어 보이진 않았죠?" 하면서.

올해는 새해 첫날부터 '묵주의 9일 기도'를 시작했다. 이 기도는 올해 대학입시를 앞둔 큰 손녀와 고등학교 2학년으로 준 수험생인 작은 손녀, 그리고 입대를 앞둔 손자를 위해서 연말까지 이어질 예정이다. 물론 가족의 건강을 위해서도 기도한다.

둘은 아침 식사 후에 십자고상과 성모상 앞에 나란히 앉아서 40여 분을 함께 기도한다. 주제가 기록된 탁상 달력에 기도하는 시간을 기록하고, 다른 때와 달리 급하지 않게 단어 하나하나에 정성을 들여 기도한다. 혹여 특별한 일이 생겨서 따로따로 하게 되면 각자가 기도한 시간을 써놓기로 했지만, 오월이 된 지금도 늘 함께 고개를 숙이고 두 손을 모은다.

눈부터 먹는 남자와 꼬리 먼저 떼는 여자는 오랜 세월을 함께 살았어도 서로 다르다. 하지만 손주들을 위한 사랑에는 약속이나 한 듯 의견이 일치한다. 둘이 토라져 돌아앉아 있다가도 아이들의 안부 전화에 좋아 어쩔 줄 모르는 철부지가 된다.

'조지 맥도날드'는 말했다. '이 세상에 태어나 우리가 경험하는 가장 멋진 일은 가족의 사랑을 배우는 일'이라고. 그 사랑에는 내리사랑도 있고 치사랑도 있겠지만, 선대의 또 선대가 후손에게 물려준 것은 아마도 따뜻한 내리사랑의 방식인 모양이다. 어긋나는 마음도 하나로 단단히 묶어줄….

빛에 대하여

김정의

빛은 어둠을 밝히고, 꽁꽁 얼어붙은 것들을 녹여낸다. 그 빛을 생각하면 맨 먼저 태양을 떠올리게 된다. 이 빛 없었다면 모든 생명체가 어찌 생존할 수 있었을까. 하지만 우리는 이 빛의 고마움을 얼마나 감지하며 살아가고 있는가. 어디 햇빛뿐이랴. 공기나 어버이 사랑처럼 정작 소중하고 큰 것엔 감사를 잊고 살아가기 일쑤다.

나에겐 태양에 버금가는 또 하나의 큰 빛이 있다. 이 빛으로 하여 목마른 내 삶의 여정이 얼마나 아늑하고 수월했던가. 주춤거릴 때 밀어주시고, 위태로울 때 감싸 안아주시고, 아프고 괴로울 때 고치고 다독여주신 은총의 손길. 보이지 않는 그 손길의 돌보심으로 생의 노을 녘까지 무사히 이르렀다. 감사의 절 수없이 올려도 부족할 뿐이다. 그런데 그 빛을 이웃에게 제대로 전하지도 못하고 살아가니, 얼마나 크고 무거운 빚을 짊어졌는가.

2천 년 전, 한 빛이 어둠을 뚫고 세상 속으로 들어오셨다. 장님처럼 빛을 갈망하던 세상은 현기증으로 눈을 뜨지 못한 채, 그 빛을 냉담하게 외면해 버렸다. 조롱하고 학대했다. 하지만 빛은 어둠을 절망하지 않았다. 그 빛은 쉼 없는 사랑의 굴절로 열을 내면서 얼어붙은 세상을 녹이고, 새 생명으로 꿈틀거렸다. 어둠을 밝혀야 할 사명으로 "나는 세상의 빛이니 나를 따르는 자는 어둠에 다니지 아니하고 생명의 빛을 얻으리라.(요 8:12)"고 목청껏 외쳤다. 무서운 진리였다. 사랑의 화신되어 악한 세상을 품으셨다. 빛이 있을 동안에 빛의 자녀가 되라고 호소했다. 황량한 광야와 산상에서 '이웃사랑'을 외치고 또 외치며, 어둠을 사르고 세상 속으로 들어오셨다. 그리고는 죄 없이 모진 십자가 형틀에 매달려야 했다.

하나님 편에서 생각해보면 성탄절은 아프고 슬픈 날이다. 십자가의 희생을 감수하면서 독생자를 암흑 속으로 내려 보냈으니…. 세상을 구하려고 말씀이 육신이 되어 강림하신 사건. 나는 언뜻 누군가의 말을 생각한다. '성경말씀은 하나님께서 인간에게 주신 짝사랑의 편지'라고. 그렇다. 지극한 홀로 사랑의 편지라고 생각된다.

다시 성탄절이 다가오고 있다. "기쁘다 구주 오셨네." 교회에선 캐럴 송이 울려 퍼진다. 정작 마음은 냉냉한 채 입으로만 소리 높여 분위기를 띄우는 건 아닌지, 허허롭다.

지난해의 성탄절 무렵, 나는 신문을 읽다가 한 기사에 시선이 꽂혔다. '살바토르 문디(Salvator Mundi · 구세주)' 이 작품이 4억 5천만 달러에 팔렸다는 뉴스다. 원화로는 4,971억 원, 미술 경매사상 최고가란다. 500여 년 전, 이탈리아 문예부흥기의 화가·건축가·조각가인 레오나르도 다빈치가 그린 예수그리스도의 초상화다. '구세주', 한때는 제자의 위작설이 돌아 별로 값이 없다가, 결국 진품으로 판명이 난 작품이다. 그간 러시아의 억만장자가 소장해 오던 걸 뉴욕 크리스티 경매에서 '루브르 아부다비' 박물관이 재빨리 입수한 것이다.

그 기사를 보면서 많은 생각을 하게 되었다. 예수를 철저히 외면하는 회교권, 아랍에미리트 연방 '루브르 아부다비' 박물관의 빈데르빈 압둘라(사우디 왕자)는 왜 그 명화 '구세주'를 욕심냈을까. 빛을 발하는 초상화 '구세주'는 그곳 왕자의 심령 속으로 스며서 알 수 없는 감동을 자아냈을까. 아니면 단지 경제적 이득을 계산 했을까.

빛은 어둠을 미워하지 않고 고루 비추어 밝힌다. 태양 아래 모든 생물이 평등하듯이. 지금, 우리는 빛의 속도를 항해하는 디지털 시대에 살고 있다. 현기증으로 쓰러지지 않도록 조심조심 참 빛의 길로 나아가야 할 게다. 구세주는 태양처럼 작열하는 큰 빛. 세상의 값으로는 매길 수도, 살 수도 없는 사랑일 뿐이다. 그 빛 따라만 가면 넘어지지 않으리라.

오해

김대수

전국에 도로망이 잘 정비되어 있어 우리는 편리하게 생활을 할 수 있다. 이러한 도로는 국가나 지방자치단체 등이 국토발전과 지역경제를 위해 개발사업을 시행한 덕이다. 개발사업에 편입된 부동산 소유자는 본의 아니게 그토록 아끼고 소중히 여기던 재산에 대하여 보상을 받기는 하나 소유권을 넘겨야 하는 아쉬움이 있기 마련이다.

옛날의 시골길은 폭이 좁고, 꾸불꾸불하고, 그 길을 따라 주로 걸어 다녔다. 이러한 곳에 자동차가 다닐 수 있게 신작로를 만들기도 하였다. 모처럼 자동차가 오면 뒤로 돌아서서 손으로 코를 막고 먼지를 뒤집어쓰고, 자동차가 지나가길 기다리던 일이 추억으로 생생하다. 넓게 보였던 신작로는 요즘 보면 그렇게 좁을 수가 없다. 근래 어디를 가나 도로망이 잘 정비되고 포장이 되어 있어 자동차 여행도 쉽게 할 수 있게 되었다.

부동산은 의식주를 해결하는 원천이다. 우리가 소유하고 있는 부동산은 조상으로부터 물려받았거나 열심히 노력하고 절약하여 저축한 자금으로 소규모의 것을 장만하고 점차 늘려가면서 행복감을 느끼면서 살아간다.

토지는 생산이 불가능하여 증가시킬 수 없고, 각종 산업의 발달로 대가족은 핵가족화 되고 산업용지 등의 수요증가로 그 가격은 세월이 흐를수록 상승한다.

재판에서 3심이 있는 것처럼 보상에 억울함을 덜어주기 위해 협의, 지방토지수용, 중앙토지수용 등 세 번의 평가 기회가 있고, 그래도 불만이 있는 경우에는 법원에 행정소송을 할 수 있다.

협의는 사업시행자가 감정평가기관의 평가액을 기준으로 소유자에게 계약할 것을 요청한다. 이 경우는 개인 간의 거래와 같이 상호협의로 계약을 하게 되므로 국가기관이라고 하더라도 가격에 불만이 있으면 계약을 하지 않아도 된다.

많은 사람을 위한 공익사업은 토지 등이 필요하므로 국민의 협조가 필요하다. 사업시행자는 일부 불응한 소유자의 부동산에 대하여 부득이 토지수용법에 따라 강제로 취득한다. 지방토지수용위원회에서 구한 수용평가액으로 협의하게 되면 계약이 종결된다. 그러나 협의가 이루어지지 않으면 토지 소재지의 공탁소에 공탁하고 소유권을 이전한다. 소유자가 이의 없이 공탁금을 찾으면 계약이 종결되지만, 공탁금을 찾을 때 '보상금액 중 일부 수령'이란 조건을 달면 다음 단계의 중앙토지수용위원회에 이의재결을 신청할 수 있다.

보상은 보통 두 사람의 감정평가기관의 평가액을 산술평균한 금액을 기준으로 하나 소유자 등이 원하면 감정평가기관 한 사람을 추천할 수 있음으로 이 경우는 세 사람의 평가액을 산술평균하여 보상액을 결정한다.

보상은 적정가격으로 지불하도록 규정되어 있다. 적정가격은 보통 정상적으로 거래되고 있는 가격이지만, 당해 사업으로 인한 개발이익이 포함된 경우에는 그 개발이익을 배제한 가격이다.

도로를 건설하는 경우에는 편입 토지의 이용 상황에 따라 그 토지의 정상가격으로 보상을 한다. 공익사업을 시행하기 위해서는 미리 보상하는 것이 원칙이지만, 어떤 사정 때문에 먼저 도로를 개설하고 세월이 흐른 후에 보상하는 때도 있다. 도로개설 후에 보상할 때 인근 토지 가격은 당해 사업의 개발이익이 포함된 것이다. 도로가 없다면 토지 이용이 불편하여 그 가격은 낮게 형성될 것이다.

보상은 당해 사업으로 인한 개발이익을 배제한 가격으로 한다는 규정을 모른다면 보상액이 현 시세에 비해 지나치게 저렴하다고 오해하게 될 것이다. 너무 억울하여 끝까지 버티겠다는 마음으로 이의신청 평가를 위한 현장 조사를 반대하는 때도 있다. 이런 경우에 토지는 인근에서 주위 환경, 이용 상태, 지세 등을 조사하고, 관련자료 등을 참고하여 평가할 수 있으나 건물 등은 내부시설 등을 확인할 수 없음으로 기본적인 자료가 없는 한 평가를 하지 않는다.

공익사업에 협조한다는 차원에서 대부분의 소유자는 소유권의 이전에 동의하는 것 같다. 이의 신청의 일부 내용을 보면 보상금액이 적다가 대부분이고, 대상 토지에 꿈을 실현할 특별한 계획이 있다, 조상으로부터 물려받은 귀한 재산이다, 축산업의 경우에 옮길 곳이 마땅하지 않다는 등 이유가 다양하다. 사업시행자 등은 관련 규정의 범위에서 작은 나무 한 그루라도 보상하는 등 잘해주려고 노력하고 있다. 일부 소유자의 불응으로 큰 사업을 중단할 수는 없는 일이다.

다소 서운하더라도 공익사업임을 고려하여 이해하는 것이 좋지 않겠는가.

평가는 관계 법령에 규정된 기준과 감정평가이론에 따라 하지만, 평가자 각자의 의견이 있음으로 평가액에 다소 차이가 있을 수 있다. 조사를 못 하게 방해할 것이 아니라 오히려 적극적으로 평가 대상물에 대하여 안내하고, 더구나 겉으로 잘 보이지 않으나 특수공법 등으로 시공한 것 등이 있다면 자세하게 설명을 하는 것이 좋다. 조금이라도 더 많은 보상을 받는다면 다행히 아니겠는가. 평가하지 않으면 종전 가격으로 보상하게 된다.

우리는 모든 것을 다 잘 알 수는 없다. 모르는 상태에서 잘못 판단하거나 오해로 피해를 보는 일이 없었으면 좋겠다. 소유하고 있는 부동산에 대하여 너무나 애착을 둬 끝끝내 불응하더라도 결국은 수용되므로 미리 대토 등 대책을 세우는 것이 현명한 방법일 것 같다.

하와이 여행

박덕희

하와이로 6박 7일 자유여행을 가는 날이다. 쾌청한 날씨다.

비행기가 구름 위에 오르니 승객 모두 눈을 붙인다. 안내원이 나의 좌측에 있는 창의 차양을 가린다. 나는 구름 위 밤 광경을 더 보고 싶었으나 눈을 감고 외국 여행 추억을 더듬는다. 헤르만 헤세가 구름을 얼마나 좋아했는지 몰라도 나도 구름을 좋아한다, 구름이 인생과 같아서다. 16년 전 미국 여행 시 비행기 내에서 낮밤을 새워가며 창문으로 본, 태평양상의 아름답고 찬란한 각양각색의 구름 흰구름만 있는 것이 아니라, 오색구름이 지금도 내 가슴을 뭉클하게 한다. 케네디 공항 착륙 직전 일출 시 환상적인 구름이 눈에 선하다. 그때 여행은 구름을 본 것으로 만족하고 있다.

P는 가까이 살고 있는데 가이드가 본업은 아니지만 해외여행도 많이 한 사람으로 금번 여행에 우리의 안내 역할을 하기에 가이드로 표현한다. 내 취미생활도 있고 세대 차가 있는 사람들이 해외여행을 다녀보니 불편한 점이 많았다. 특히 2년 전 일본 여행을 하였을 때 위통으로 가이드에게 고생을 시켜 부끄러웠다.

하와이는 아내가 가끔 말하던 곳이고 나의 건강을 체크해 볼 기회이며, 안 가면 평생 후회할 것 같고, 어린이를 동행치 않을 것 같아서, 헤르만 헤세가 말했듯이 나를 묶고 있는 모든 속박에서 며칠이라도 벗어나기 위해 가기로 하고 오늘 출발하게 되었다.

잠에서 깨어보니 안내원은 보이지 않고 비행기 내의 담요만 내 몸을 감싸고 있다. 서론이 길어 여정은 간략히 기록해야겠다. 또 하와이는 넓지 않고 현지 총천연색 풍광을 삽입한 여행 안내책을 보면 갔다 온 것처럼 생각되는 좋은 곳이다. 올림픽도 참여에 뜻이 있듯이 갔다 온 것에 만족한다. 관광하면 볼거리, 먹을거리, 즐길거리를 찾게 되는데 우리는 하와이안 춤이나 음식 같은 문화 체험보다 역사와 자연 감상에 포커스를 맞추어 오아후와 빅아일랜드에 가보기로 했다.

하와이 첫날, 거의 8시간 만에 태평양 가운데 있는 섬인 미국령 호놀룰루 국제공항에 착륙했다. 우리나라와 9시간의 시차가 있다. 약 100만 년 전에 화산 운동으로 형성되었으며 미국의 50번째 주가 된 곳이고, 사람이 도심을 이루었거나 살 수 있는 섬 8개를 포함해 백삼십여 개가 넘는 섬이 있단다. 예전에 왕국도 있었고 무엇보다 풍광이 아름다워 전도가 관광지가 아닌 곳이 없다. 최근까지 하와이는 두어 개의 섬으로 흑인들이 많이 사는 곳인 줄 알았는데, 비교적 큰 섬 8개가 북에서 남으로 징검다리 같이 되어 있다. 지명은 니하우섬, 작은 카우아이섬, 세 번째 섬이 호놀룰루 국제공항이 있고, 진주만이 있어 일반적으로 하와이로 알고 있는 오아후섬이다, 그 밑에 몰로카이섬, 다음으로 라나이섬, 카호올라에섬, 작은 섬인 마우이섬이다. 그 다음 제일 남쪽에 우리나라 경기도 크기의 하와이에서 제일 큰 섬

BIG ISLAND인데 이곳이 우리가 볼 활화산이 있는 곳이다.

국제공항 치고 섬이라 그런지 주변이 조금 엉성해 보였다. 300여 명의 승객이 꼬리를 물고 0.5㎞정도 되는 통로를 걸어서 허름한 창고 같은 곳에 이르니 입국 심사소인 것 같은데 약 한 시간 소요되었다. 그래도 내가 고령으로 보여선지 수십 명 앞세워 주는데도 그렇다. 공항을 나와 대기하고 있는 소형 버스를 타고 시내 변두리 같은 곳에서 하차했다. P가이드는 짧은 시간에 많은 곳을 보려면 차량 투어를 해야 한다고 하며 차를 렌트해서 시내에 있는 한국식당 '서라벌'에 가서 식사를 했다. 넓은 홀 한쪽에는 서울에서 온 50대 단체 손님들이 식사를 하고 있다. 한국과 일본의 국무총리도 방문했는지 이름이 붙어 있고 식당 여주인과 여종업원은 친절했다. 식사 후 예약한 '퀸 카피올라니' 호텔에 체크인 하니 주인이 여종업원과 같이 우리에게 각자 대형 꽃목걸이(Lei)를 걸어주신다. 이곳의 옛날부터 내려오는 풍습인데 방문객의 안녕과 무사를 축원하고 방문에 감사한다는 뜻도 포함되어 있단다.

꽃목걸이 행사 후 호텔에서 바로 200~300m 떨어진 해안, 영화로도 소개된 바 있는 '와이키키' 해변으로 석양 일몰 광경을 보러 나갔다. 오아후의 석양 일몰 관광의 명소 3곳 중 한 곳이다. 초입엔 수십 년 된 큰 나무에 잎이 무성하고 베이지색 꽃이 피어있는데 조화 같아 보인다. 와이키키엔 백사장 7곳이 있는데 각각 비치명이 있다. 우리는 호텔에서 가장 가까운 비치에 갔다. 수영복이나 가벼운 옷을 입은 동서양의 젊은 남녀 수십 명이 먼저 와서 담소하고 있다.

남쪽을 바라보니 화산으로 융기된 유명한 산 '다이아몬드 헤드'가

멀리 보인다. 가까이 모래사장엔 여인들이 비치파라솔 밑에 비스듬히 누워 건각을 자랑하고 있고 좌우 해안엔 수영복의 건장들이 보드놀이를 하거나 수영과 스키, 서핑을 즐기고 있다. 국제적인 서퍼들도 있다고 가이드는 말한다. 뒤돌아보니 호텔 등 고층건물이 즐비하고 운치가 있다. 동호인 일행의 와~ 하는 소리에 서쪽 태평양을 보니 구름 사이로 해가 지고 있는데 아름답다. 그러나 장소만 다를 뿐 우리나라 일몰 광경과 유사했다. 사진 몇 장 담고 숙소로 돌아왔다.

둘째 날. 오늘은 동쪽 해변을 드라이브 투어로 절경을 관광하며 맛집도 들러보기로 한 날이다. '하나우마 베이'로 가기 직전에 좌측 멀리 흰색 건물들로 구성된 한국 지도와 같은 '한국 지도 마을'이 보인다. 버스 투어를 하면 들르는 곳이란다. 갑자기 고향 생각에 잠긴다. 다시 출발하여 바닷물 맑기로 유명한 '하나우마 베이'에 도착해서 산 위에서 내려다보니 과장해서 말하면 헤엄쳐 다니는 조금 큰 물고기도 보일 것 같이 맑은데 피서객이 인산인해다. 유로란다. 야산에서 내려와 주차 시키고 한 시간 동안 풀밭 같은 길을 산책했다. 약 50~60년 된 나무숲 옆에 공중전화 부스가 있는데 전화기를 보니 오래된 것이 분명했다. 미국은 부국인데 '아직까지 저런 전화기를 쓰는구나!'라고 긍정적으로 생각하며 뒤돌아와 승차했다.

72번 도로를 승용차로 태평양 바닷바람을 가르며 '할로나 홀로우 홀'을 향하여 달린다. 파도가 바위에 부딪치는 압력에 바닷물이 분수처럼 오르는 광경을 보았다. 멋진 동쪽 해안을 여행하다 보니 시장하여 '부츠 앤 키모스'란 유명한 맛집에서 팬케이크를 사 먹고 '카일루아비치'로 향한다. '카일루아비치'는 미국 전체에서도 손꼽히는 멋진 해변이고, 오바마 대통령의 별장이 있어 더욱 유명해진 곳이다. 탁 트인 이국적인 경치에 아내와 나는 탄성이 절로 나왔다. 봉분 없이 수백기의 일본식 묘지가 있는 곳을 투어하고, 다시 달려서 '루아누팔리' 전망대에 올랐다. 몸이 날아갈 듯 바람이 몹시 불었다. 산천 구경을 만끽하고 '탄탈루스' 언덕을 걸어서 올랐다.

이곳이 하와이 일몰의 두 번째 명소이다. 날씨는 서늘해지는데 일몰 광경을 보려고 경사면 잔디 언덕에 먼저와 있는 30여 명의 남녀가 삼삼오오 모여 앉아 담화하며 해지기를 기다린다. 해가 구름 속에서 나와 잠시 보이더니 사라진다, 너무나 짧은 순간이다. 인간은 몇 백 년 살 것 같이 행동하는 경우가 많다. 나 역시 예외는 아니다. 날씨는 찬데, 해가 나 같이 보인다. 백세 시대니 아직은 젊고 건장한 줄 알았는데, 현실을 직시하지 못했다. 갑자기 어깨가 내려앉는 것 같았으나 힘을 내어본다.

셋째 날은 오아후에서 가장 많은 관광객이 온다고 자랑하는 주립공원 '다이아몬드 헤드'를 관광차 출발했다.

하와이어로 참치의 이마라고 불리는 '레아히'산 정상까지 등산하는 코스다. 첫 번째 콘크리트로 만든 74단의 경사 계단은 그런대로 올랐으나 보행자용 터널을 지나 두 번째 험난한 99단의 계단은 힘들어 몇 번 쉬며 올랐다. 등산객을 보니 고령자들도 보이나 80대는 거의 없는 것 같다. 포격통제소 내에 나선형 계단을 만들어 포격통제소 4층에 올라 바깥쪽으로 나가니 54단의 철제 계단에 오르게 되고 정상이다. 한참 동안 쉬면서 사방을 보니 와이키키 해변과 주위 경치가 아름다워 소리 한번 질러보고 자연을 만끽해 본다.

하산 시도 등산로를 따랐다. 전망대 방향으로 가지 않고 지름길인 82단의 계단으로 내려오는데 정말 힘들었다. 조금 더 걸어와 휴게소에서 쉬었다가 보행자 터널을 들어서니 조금 전 오르던 터널과 연결되어 있다. 그곳부터 오르던 길을 따라 돌아왔는데 약 3시간 소요되었다. 등산 시보다 하산 시 아내와 나는 가이드의 손을 잡고 걸을 때가 더 많았다. 힘은 들었지만 하와이 여행 추억이 될 만한 코스였다.

넷째 날, 미 대통령 별장이 있다는 오하후의 '카일루아비치'와 이름이 같은 '카일루아 코나'라는 지역이 빅아일랜드에서 가장 많이 모여 사는 곳이라고 한다. '후알랄라이산' 중턱에 4만 2천여 평 부지에 8만 그루의 커피나무가 있는 일본 최대 커피 브랜드 UCC 농장이 코나 공항에서 20분 거리에 있다. 큰 섬 중앙 부분에 있고, 정상엔 1년 내내 흰 눈이 모자를 쓴 것 같이 눈이 덮여 있는 산, 해발 4,205m의 '마우나 케아' 일명 '흰산' 앞 삼거리에 도착했다. 빅아일랜드의 명소 두 군데를 꼽으라면 단연 '마우나 케아'와 활화산인 화산 국립공원이다. 열대 지방에 흰 눈이 쌓인 이곳은 현지인에게 신성한 곳으로 여겨진다고 한다. '흰산'이 보이는 방향으로 차를 돌려 2차선 도로를 약 10㎞ 더 올라가서 방문자 센터에 해지기 전에 도착하여 20~30여 대의 차와 같이 주차시켰다. 부근에 군부대 막사도 보인다. 천문대까지 더 올라갈 수 있으나 여기서부터는 길이 더욱 험해지고 해가 지기 시작하여 이곳에서 일몰을 보기로 하였다. 하와이에서의 네 번째 일몰이다. 이전 세 번의 일몰이 장관이었다면 마우나케아에서의 일몰은 매우 신비로웠다. 도로보다 언덕에서 일몰이 더 잘 보여서 약 500m를 도보로 더 걸었다, 위엔 하늘구름 발

아래는 흰 구름의 실상을 보고 석양도 보았다. 출발 시부터 두어 시간 만에 동쪽에 있는 힐로(HILO)에 와서 밤이 되어서 캐슬 힐로 하와이언호텔에 투숙했다. 섬 중앙을 가로질러 온 것이다. 운전을 잘 하지 못하면 이국에서 정해진 시간에 많은 곳을 볼 수 없을 것 같다. 문 닫기 전에 호텔 안 식당에서 미국식 식사를 하였다. 매우 피곤한 일정이었다.

다섯째 날, 호텔 '힐로'에서 일찍 기상했다. 어젯밤에 허기진 배를 채웠던 퀸즈 코트라는 식당에 다시 갔다. 밤에는 몰랐는데, 여왕의 뜰(마당)이라는 이름처럼 아침에 보니 식당 분위기도 밝고 경치도 멋졌다. 뷔페식 식사 후 친절한 여종업원으로부터 '샤카샤카' 하며 이곳 인사법을 배웠다. 종업원을 보면서 손을 흔들며 '샤카샤카' 하니 자연히 웃음이 난다. 기분이 업되어 웃음꽃을 피우며 승차해서 칼스미스비치로 향하여 해안에 있는 거북이를 구경하였다. 약 30분 달려 빅아일랜드의 두 번째 명소인 화산 국립공원으로 갔다. 해발 1247m의 '킬라우에아' 화산 분화구를 보기 위해 관리소 부근에 주차하고 입장료(자동차 1대 25불, 보행자 1인 2불)를 지불하고 수백 명의 외국인 관광객과 같이 걸었다. 돌밭 같은 평지 여러 곳에서 가스가 섞인 것 같은 소량의 더운 수증기가 분출되고 있다. '스팀 환풍구(STEAM VENT)'라고 한다. 냄새를 맡으며 돌 틈 사이에 있는 곳을 들여다보기도 했지만 갑자기 폭발하면 어쩌나 할 정도로 불안함도 생긴다.

'킬라우에아' 분화구는 5개의 화산이 융합해 한 개의 섬을 이룬 활화산인데 지금도 활발히 화산 활동을 이루고 있다. 직경이 12㎞인데 축구장 10개를 합친 면적보다 넓은 구릉이다. 구릉 안에는 2018

년에 분화한 '할레마우마우분지도 있고 약 50m밑 부분에 목재로 도로를 만들어 트레킹을 즐길 수 있게 해 놓았다. 우리는 많이 걸어 피곤해 쉬려고 50m를 올라와 화산 옆 호텔에 들어갔다. 활화산 바로 옆에 호텔이 경이롭다. 입구에 영적 영감이 있다고 하는 화산의 여신 펠레(PELE)의 그림도 보고, 차도 마시며 조금 쉬었다가 승차 이동했다.

분화구에서 해안으로 뻗어 있는 '체인 오브 크레이터스 로드(CHAIN OF CRATERS ROAD)'에서 드라이브를 즐겼다. 넓은 화산 용암이 흘러내린 면에 나무 한 점 보이지 않고 검붉은 용암이 덥인 도로인데 긴 갈지자로 되어 있다. 관리소가 있는 해변에 도착해 바위길을 걸어갔다. 용암이 해변 낭떠러지로 흘러내려 옆에서 본 코끼리의 머리부분 같은 모양이 용암이 굳어서 된 것 같다. 멀리서 보았으나 자연산 작품이 분명했다. '홀레이 씨 아치(HOLEI SEA ARCH)'라고 한다. 조망하는 곳이 위험해서 잠시 보고 내려갔던 길로 돌아왔다. 차량으로 왕복 1시간이 넘는 코스로 광활한 빅아일랜드의 진면목을 볼 수 있는 곳이었다. 돌아오는 길에 화산 작용으로 나무는 불에 타 없어져 구멍만 있는 모습도 보고 200번 도로를 2시간 달렸다. 빅아일랜드에서의 두 번째 숙소인 킹스 샵(king's shop)이 있는 '와이콜로아' 빌리지 내의 힐튼(Hilton) 호텔에 도착했다.

여섯째 날, 오늘은 힐턴 빌리지를 관광 및 쇼핑하는 날이다. 이곳은 관광할 곳이나 숙박 시설 뿐 아니라 필요한 것은 다 있다. 특히 먼 곳까지 갈 수 있는 자체로 운영하는 트렐(king's Trail)이 있어 노약자뿐 아니라 장애인도 관광에 지장이 없도록 만들어 놓았다. 사방

팔방 갈 수 있는 도로는 물론 트렘과 나란히 걷는 길도 있고 소형 운하도 있다. 먹거리 볼거리 즐길거리 등 지나친 표현일지 몰라도 관광 천국인 것 같다. 그러나 나는 가이드가 밀어주는 휠체어에 많이 의존했다. 미안했지만 어쩔 수 없었다. 그간 많이 걷기도 하였으나 피곤할 때는 염치 불구하고 타고 다녔다. 이 글을 쓰며 생각하니 땀 흘리며 밀고 다니던 장면이 오버랩 되어 고마운 맘이 든다.

마지막 날은 비행기를 타고 귀국하는 날이라고 아내는 새벽부터 부산하다. 집주인이 말하는데 비행장으로 가는 봉고차가 집 앞쪽에서 출발한다고 해서 그 시간에 나가서 10여 명의 귀국 인사와 같이 탑승하고 공항에 왔다. 출국장은 입국장과 달리 화려했다. 넓은 쇼핑센터를 걸어 다니면서 손주들에게 줄 쇼핑도 하고 여유로운 시간을 보냈다.

나는 비즈니스석에서, 아내와 P가이드는 일반석에서 귀국했다. 우리는 제일 늦게 비행기에서 내렸다. 트랩 끝에 나오니 공항 직원이 휠체어를 가지고 기다리고 있었다. 휠체어를 보니 여행 중 나에게 애써준 가이드에게 휠체어 운전을 잘못한다고, 두 번 화를 낸 것이 생각나서 공항 직원이 보는 앞에서 사과했다. 여행 가방을 찾아 공항 대합실에 나오니 둘째 딸과 사위가 마중 나왔다. 나에게 인사하고는 딸이 가이드를 보고 "아버지 모시고 다니느라 고생 많았지?"라고 말하니 가이드는 웃으며 대답한다. "아버지가 생각보다 잘 걸으셔서 큰 고생은 하지 않았어요." 하며 사무실로 가서 포인트 적립하고 왔다. 생로병사의 진리를 심취하게 느낀 여행이었다. 무 주상 보시라도 더 많이 해야겠다.

그래도 삶은 계속되어야 한다

윤임덕

"아이가 몇 이유?" 갑순 어르신의 표정이 사뭇 진지하다. 정말 궁금하다는 눈빛을 보이며 말갛게 쳐다본다. 20분가량 머무르는 짧은 시간 동안 갑순 어르신이 일곱 번째 던진 질문이다. 질문을 할 때마다 "딸이 한 명 있습니다."라고 대답을 드렸다. 그러면 "아이고, 한 명이면 너무 섭섭하지? 한 명 더 낳지 그랬수."라고 안타까워한다. 그리곤 5분도 지나지 않아 다시 "아이가 몇 이유?"라고 뚱딴지같이 똑같은 질문을 반복한다. 일곱 번째 질문엔 '이 대답을 또 해야 하나?' 하는 어이없음과 난처함이 겹쳐 허탈한 기분까지 들었다. 그렇지만 별수 없이 "딸이 한 명 있습니다."라고 또 같은 대답을 했다. 그런데 이번엔 의도치 않았음에도 약간 짜증스럽다는 느낌이 곁들여지며 한숨 쉬듯이 대답했다. 그리곤 이내 '아차! 어르신이 나의 귀찮아하는 듯한 태도를 눈치채셨을까?'라는 자책감으로 마음이 불편해졌다. 다행히 어르신은 아무렇지도 않은 듯 "한 명 더 낳지 그랬냐?"라는 말을 반복한다.

치매에 걸리면 같은 말을 반복한다는 것을 이론으로 배워 알고 있었음에도 겨우 짧은 시간 동안 같은 대답을 반복하는 것에 짜증을 느꼈다는 사실에 부끄러움이 느껴졌다. 사회복지사로 일을 한 세월이 30년인데 예상하지 못한 어이없음으로 잠시 본분을 잊어버리다니….

갑순 어르신 집을 처음 방문했던 날, 보호자인 아들과 방문요양에 필요한 서류도 작성하고 방문할 요양보호사에 대해서 이런저런 얘기를 나누는 동안 갑순 어르신은 우리 옆에 얌전히 앉아 계셨다. 그러다 그날도 "아이가 몇 이유?"라는 질문을 했고 "아이가 하나면 너무 섭섭하니 얼른 한 명 더 낳으라."라는 충고도 했다. 이미 갱년기도 훌쩍 지나 버린 나이에 아이를 한 명 더 낳으라는 충고를 들어 난처함과 마땅한 답이 떠오르지 않아 얼떨결에 그러겠노라 대답을 했다. 그러자 당황해하는 모습이 미안했던지 아들이 갑순 어르신을 향해 쓸데없는 말을 한다고 버럭 소리를 지르며 핀잔을 주었다. 갑순 어르신은 방금 자신이 무슨 말을 했는지 잊어버린 모양이다. '무슨 생뚱맞은 소리냐?'는 듯한 표정을 지으며 핀잔주는 아들을 쳐다본다. 천진스럽기까지 한 그 모습에 슬그머니 웃음이 나왔다.

갑순 어르신이 너무 다소곳한 모습으로 앉아 있기에 "어르신이 평소 문제 행동을 일으키지는 않으시나 봐요?"라고 물었다.

"저길 보세요. 문제를 안 일으키는지." 아들은 투박스럽게 대답하며 냉장고를 가리켰다. 냉장고 문짝 두 개에 달기도 어려웠을법한 커다란 자물통이 하나씩 달려있다.

"혼자 집에 있게 되면 냉장고 속의 물건을 모두 끄집어내어 온 집안을 엉망으로 만들어 놓는 바람에 어쩔 수 없이 자물쇠를 달게 되었다."라고 했다. 그래도 집을 어지럽히는 정도는 치우고 청소를 하면 되니까 괜찮다고 했다.

그런데 제일 참을 수 없는 일은 휴일에 좀 편안히 쉬려고 자신의 방에 누워 있으면 "아침밥은 언제 먹느냐?"라며 5분에 한 번씩 방문을 열고 같은 말을 반복해 하루 종일 겪다 보면 귀찮다 못해 나중엔 화가 난다고 했다. 화가 난다는 아들의 말을 들었을 때 5분에 한 번씩이라는 말을 이해하지 못했다.

'같은 말을 자주 한다는 얘기를 과장되게 하고 있구나'라고 마음대로 해석을 했다. 그리곤 '치매에 걸려 정신이 없는 어머니가 같은 말을 조금 반복했다고 화까지 난다니 너무 이해심이 부족한 것이 아닌가?'라며 마음속으로 아들의 속 좁음을 비난했었다.

그랬는데 이제 '5분에 한 번씩'이라는 말의 의미를 가슴에 콕 박힐 만큼 실감했다. 그리고 이해심이 부족하다고 비난했던 무례함이 사라지며 어머니의 물음에 일일이 대답을 해주었을 아들에게 미안함과 함께 고마움이 느껴졌다. 몇 해 전 요양원에서 2년 남짓 시설장으로 근무를 한 적이 있었다. 그때 그 요양원에 입소해 계시던 치매 어르신 중에는 상태가 너무 심하여 돌보아 드리기 힘든 이가 몇 분 계셨다.

'매슬로우의 욕구 이론'에 따르면 음식을 먹는 일은 인간의 가장 기본인 생리적 욕구에 해당하는 것이라 했는데, 밥 먹는 것을 몰라 식사를 하지 못하는 분이 계셨다. 음식을 입속에 넣어주면 씹는 것을 잊어버려 음식을 베물고 가만히 있기만 해 보는 이들을 안타깝게 만들었다. 또 다른 어르신은 침대 옆 의자에 앉혀 주면 일어서거나 눕는 일을 잊어버려 요양보호사가 일으키거나 눕혀주지 않으면 몇 시간이고 그 자세대로 가만히 앉아 있는 분도 계셨다.

갑순 어르신을 만나기 전까지는 치매에 걸린 사람은 요양원에 입소해 계시던 어르신들처럼 아무것도 할 수 없는 멍한 상태로, 남은 인생을 그냥 죽은 것처럼 살아가는 것이라고 마음대로 단정을 했었다. 좋고 나쁨을 인지하지 못하니 슬픔이나 행복함도 모르는 하루하루가 이어지다 그렇게 끝을 맺게 되는 것이라고 생각했었다.

그런데 갑순 어르신이 그런 나의 생각이 틀렸음을 일깨워 주었다.

"다음 달에 또 올게요."라고 인사를 하며 일어서는 내 손을 잡으며 갑순 어르신이 진심을 담은 목소리로 아들에 대한 얘기를 꺼내셨다. 아들이 이유를 알 수는 없지만 몇 년 전에 며느리와 이혼을 했고, 손자들은 며느리가 키우기로 하고 데려갔다고 했다. 지금은 아들이랑 단둘이 살고 있는데 혼자된 아들을 보면 불쌍해서 가슴이 아프다고 했다. 다니면서 좋은 사람을 보거든 꼭 중매를 서 달라는 부탁을 했다. 갑순 어르신의 얘기가 너무 간절하게 느껴져 좋은 사람이 있으면 중매를 서 주겠노라 대답을 했다. 어르신은 고맙다는 인사와 함께 얼굴이 활짝 피며 환하게 웃으셨다.

아들에 대한 얘기를 하는 동안 갑순 어르신은 치매를 앓지 않는 여느 어머니와 똑같은 모습이었다. 치매를 앓고 있는 어르신도 보통의 사람처럼 기쁨과 슬픔을 느낀다는 것을, 행복함을 느낄 줄 아는 인간이며, 존중받아야 하는 소중한 존재라는 것을 깨우쳐 주었다.

평균수명이 늘어나 장수하는 노인이 늘어나고 있다. 장수와 노쇠는 치매에 걸리게 하는 가장 큰 요인인데 나이 듦은 누구도 피할 수 없는 일이다. 앞으로 우리 사회가 치매를 완치할 수 있는 방법을 개발해 치매에 걸려도 안심할 수 있는 사회가 되었으면 좋겠다.

치매에 걸려도 남은 삶은 계속되어야 하므로….

사랑에 빠지게 하라

전미자

"감정선이 무너졌어요. 너무 급해요. 왜 좋아하게 됐는지 그 이유가 명확하지 못해요." 한 달에 두 번, 출판사 편집자와 계약 작품에 관해 검토하면서 듣는 말이다. 물론, 글 쓰는 작가의 의도가 우선순위이기에 내용을 수정하든 말든 출판사에선 관여하지 않는다. 다만 리뷰만 해줄 뿐인데, 그 리뷰가 읽는 독자의 관점에서 해주는 것이기에 여간 신경 쓰이는 게 아니다. 글을 쓰는 나야, 이미 기승전결을 다 짜놓고 섬세한 문구나 세세한 감정선, 시간에 따른 에피소드를 써나가기 때문에 궁금함이나 문제점을 바로바로 보기가 쉽진 않다. 하지만 독자 입장에서는 그걸 모르기에 '왜?'라는 의문이 들 수밖에 없다.

왜, 여기서 이런 말이 나오지? 왜 생뚱맞게 키스하지? 왜 하필 둘이 같이 밤을 보내지? 왜 여자가 남자를 거부하지? 무엇 때문에 남자가 여자에게 화를 내지? 기타 등등.

읽어 내려가는 독자에게 궁금함을 줘서 그다음 장을 빨리 읽고 싶다는 마음이 들게 해야 하는 것도 작가의 몫이지만, 읽어가는 독자가 충분히 감정이입이 될 수 있게 글이 무너지지 않게 해야 하는 것도 작가의 몫이다.

"작가님, 독자들은요, 설레는 걸 좋아해요. 서로 사랑을 확인했다가 아니라 확인하기까지 가는 그 경로를 좋아합니다."

그걸 누가 모르나? 안다고. 아마 로맨스를 쓰는 모든 작가가 고민하는 것이 바로 그 '경로'를 어떻게 잘 쓰냐이다. 나 또한 마찬가지이다. 그 '경로'에 따라 수많은 사랑 이야기가 탄생하고 재창조되니까 말이다.

편집자와 세 시간을 통화하면서 열흘 동안 쓴 4만 자, 원고론 200페이지가 훌쩍 넘은 글을 삭제하고 다시 써야 한다는 결론을 내렸다. 내 의도대로 밀고 나가는 것도 방법이겠지만, 읽는 사람이 작가의 의도를 캐치 못 했다면 내 글에 분명 문제가 있다는 것이다.

노트북 모니터를 보며 DEL 키를 눌러 삭제하는데 손이 부들부들 떨렸다. 하지만 무너진 감정선이 회복되진 않으니까 이를 악물고 지웠다. 백지가 된 노트북 화면을 보며 자판 위에 다시 손가락을 올려놓고 마음을 잡았다. 삭제된 4만 자를 대신할 또 다른 4만 자를 채워나가야 했다. 사랑에 빠지는데 무슨 공식을 써야 설레고 가슴 떨리고 두근거릴까? 머리를 쥐어짜며 한 자 한 자 키보드를 눌렀다. 그러다 문득, 유명한 방송작가 노희경의 글이 생각났다.

"사랑은 교통사고야. 교통사고처럼 아무나 부딪힐 수 있는 게 사랑이야. 사고 나는데 유부남이, 할아버지가, 홀아비가 무슨 상관이야. 나면 나는 거지."

정말 작가님 글에 박수를 보낸다. 사랑에 빠지는데 이유가 무슨 상관이야? 첫눈에 빠질 수도 있고, 오다가다 필(fee)받아서 빠질 수도 있지. 안 그래?

이렇게 말하면, 출판사 편집자는 말할 것이다.

"작가님, 그러다 독자들 다 빠져나갑니다."

그래서 오늘도 나는, 사랑에 빠지게 만들려고 이유에, 이유에, 이유를 고민하며 쓰고 있다.

5.

잠시 헤어짐은

은어가 온타리오에 가는 날

박연숙

6월이 오면 큰딸 생각으로 가슴이 설렌다. 시부모님, 시조부님과 함께 살았던 시기에 20여 년 만의 아기의 울음소리를 처음 듣는다고 신기해하시면서 첫 아기라 특히 많은 사랑을 받은 딸이다. 임신 중에 남편은 맑은 물이 집안으로 들어오는데 집의 뼈대들이 모두 황금으로 된 꿈을 꾸었고, 나는 운동장에 몇 백 명 아이들이 무궁화 꽃을 들고 있는 태몽을 꾸었다. 남편은 퇴근 후 세발자전거에 큰딸을 태우고 마당에 많은 꽃들이, 담벼락엔 줄장미가 흐드러지게 피어 장미의 집이라고 불렸던 우리 집을 지나, 동네 몇 바퀴 도는 게 일과였다. 기대한 만큼 밝고 씩씩하게 잘 자랐다. 특히 영어를 잘해서 캐나다에 유학 가서 경영학 공부를 마친 뒤, 캐나다 큰 호텔에서 한국을 알리는 일을 했다.

큰딸 생일인 6월 가까이에는 늘 캐나다에 보낼 선물을 궁리한다. 작년에는 극심한 코로나로 아예 보낼 생각도 못했는데, 올해는 내 첫 시집 몇 권과 몇 가지 한국에서나 맛볼 수 있는 먹거리를 생각했다. 우선 딸이 먹고 싶은 것을 문자로 하라고 했더니 의외로 과메기, 오리고기, 맥반석 오징어채란다. 대학교 3학년 손녀는 손흥민 팬이라고 로고 들어간 핸드폰 케이스를 부탁했다. 과메기는 사위가 아주 좋아한다고.

나는 우선 진공 포장된 것을 사기 위해 막내딸한테 구입해 줄 것을 부탁했다. 주문대로 구입하고 문어가 너무 먹음직스러워 주문했다고 한다. 운송 동안에 해동을 조금이라도 지연시키려면 일주일 이상 집에서 냉동시켜 보내야 한다.

딸한테 어울릴 만한 귀고리 2개, 스카프 3장, 반짝거리는 마스크 걸이 3개와 손녀 여름 잠옷과 스낵 3봉도 샀다. 전에 뻥튀기를 보냈는데 한국을 그리워하며 즐겁게 먹었다고 해서 이번에도 과자 3봉 챙겼다. 아들이 사보내준 핸드폰 케이스와 함께 보낼 냉동식품과 이것저것 물건들을 상자에 넣고 콜택시를 부른 지 30분이 넘어도 호출이 되질 않는다. 진공포장 음식들이 상할까봐 가슴이 콩닥콩닥한다. 40분여 만에 겨우 호출되어 지친 마음으로 걱정을 붙들고 택시에 탔는데, 차창 밖 금계국 꽃에 언뜻 언뜻 엄마 얼굴이 얼비친다.

친정어머님 생전에는 고향에 내려가면 정성과 사랑으로 버무린 김치로 여름엔 열무김치, 가을엔 동치미, 배추김치, 호박김치를 가득 받아오면서 받는 기쁨으로 가슴이 그득했다. 그러다가 남동생 사돈이 해마다 김장김치를, 지금은 동생 댁이 봄에는 마늘 구운 것과 쑥을 직접 뜯어서 만든 쑥개떡, 쑥설기를 보내오고 김장철에는 김치를 지금까지 보내온다. 내리내리 받는 사랑으로 복 받은 여자라로 생각한다. 준비하고 보내는 기쁨과 기다림으로 받는 딸의 기쁨도 또한 그러리라 생각한다.

우체국 안에 포장전문 아저씨가 20분간 정성껏 포장하고 EMS 용지에 주소 쓰고 상자 크기와 무게를 달아보니 송금 요금이 15만 원이다. 전에도 요금이 만만치 않았지만 더욱 놀랄만한 일은 코로나 때문에 몇 달이 걸릴지도 모른다는 것이다. 순간 다리가 풀려 휘청거린다. 보내는 걸 포기하고 돌아설까 망설이다가 진공포장 했으니 2주간은 괜찮다고 하니 행운을 믿어보기로 하고 보냈다.

매일 우체국 문자를 확인하고, 애타게 소식을 기다린다. 아니 차분히 기도한다. 9일 만에 캐나다에 도착했다는 문자가 왔다. 행운인가. 정말 다행이다. 한숨 놓았다. 선물상자를 풀어 제일 먼저 먹은 것이 문어란다. 쫄깃쫄깃하면서 간도 적당해서 맛있게 잘 먹었다고, 오늘이 가장 행복한 날이라고. 그 모습들이 눈에 선하다.

행복해 하는 모습을 보니 여기서도 덩달아 행복하다. 마스크 걸이를 하고 직장에 가니 예쁘다고 해서 한국에서 엄마가 보내준 것이라고 했더니 'good, beautiful' 하더라고. 한국인의 섬세한 미적 감각에 놀랐다고 한다. 빠르게 유행을 만들어 수출하는 디자이너들이 있기에 아마도 한국의 패션은 세계로 펼쳐지리라.

고심 끝에 어렵게 보낸 문어가 온타리오 가서 제일 인기가 있었다니 뜻밖의 행운이다. 마치 딸이 이웃에 살고 있는 듯 한국과 온타리오의 경계가 사라진 따스한 오늘. 축복 받은 우리 가족이다. 오늘따라 엄마가 해주시던 톡 쏘는 동치미가 생각난다.

나를 익게 하소서

서숙자

가을이 무르익는다. 안개 자욱한 공원, 플라타너스 잎 하나가 허공을 맴돌다 떨어진다. 사그락! 잘 익은 자연의 소리는 잠자는 나의 영혼을 살며시 깨운다. 옆에 서 있는 느티나무는 담색(淡色)이어서 좋다. 여름엔 짙은 농녹색이었다가 가을이 깊어지면 윗부분은 담갈색, 중간은 담황색, 아래는 담청색으로 변한다. 나뭇잎의 고운 빛깔은 풍경을 아름답게 해줄 뿐 아니라 성숙을 느끼게 한다. 강가 갈대꽃 색깔은 은은하면서도 빛난다. 스킨로션만 바른 투명한 얼굴에 보랏빛 라벤더 향수를 살짝 뿌린 여인처럼. 이렇듯 부드러운 꽃을 피우려고 봄여름 내내 무시로 바람에 흔들렸나 보다.

오랜만에 황금빛 들녘에 선다. 아슴푸레 들리는 벼 잎 부딪치는 소리, 서늘한 바람소리는 도시의 소음에 찌든 귀를 씻어준다. 풀꽃조차 익어가는 깊은 성숙의 바다 빨려 들어가는 가을 들녘, 그곳에 오래도록 서 있다. 가을. 겉은 시들고 속이 익는 역설의 계절, 껍데기는 차지만 속에선 뜨거운 불꽃 향연이 펼쳐지고 완숙한 열매는 금방이라도 터질 듯 꿈틀거린다. 아파트 경비실 앞에 사과 · 배 · 감 ·

밤과 고구마 등등 택배 상자가 쌓인다. 땀과 눈물의 결실이다.

달콤한 가을 맛처럼 마음도 속까지 푹 익기를 소원한다. 겉모습이 시들어갈지라도 속은 알찬 열매를 맺어야 할 때, 오늘도 나는 초라한 영혼의 오두막에서 기도한다. '나를 익게 하소서'라고. 인생의 가을을 맞은 게 실감 난다. 계단을 가뿐하게 오르던 때도 옛날, 발걸음이 무겁다. 그렇다고 늙음의 징조가 생길 때마다 서글퍼한다면 삶의 질은 떨어질 것이다. 마음이 익으면 육체의 한계를 그리 서러워할 일도 아니리라.

영국시인 예이츠(W.B. Yeats 1865~1939)는 그의 시 「비잔티움 항해(Sailing to Byzantium)」에서 '만약 노인이 즐거운 영혼으로 손뼉 치며 노래하지 않는다면 막대기에 누더기 걸친 허수아비처럼 하찮은 존재일 뿐'이라고 쓴다. 영혼이 즐겁게 사는 길은 어떤 것일까. 다시 가을을 맞게 됨을 감사한다. 짧은 가을을 붙들고 기도한다. 허수아비가 되지 않고 잘 익은 영혼을 준비하길 바란다. 가을이 깊어갈수록 더 아름다워지는 나무처럼. 익을 대로 익어 진주 알맹이를 터뜨리는 석류처럼.

가을이면 으레 읊는 시가 있다. 영문학사상 가을을 노래한 최고의 걸작으로 꼽히는 영국 시인 존 키츠(John Keats 1795~1821)의 「가을의 노래(Ode to Autumn)」다.

> 안개와 무르익은 풍요의 계절
> 성숙의 근원인 태양의 정다운 벗이여
> 태양과 합심하여 초가집 처마를 휘감은 넝쿨에

주렁주렁 열매를 드리우게 하고
이끼 낀 오두막집 나무들 사과로 휘게 하고
갖가지 열매를 속까지 익게 하고
……

이 무르익은 계절이 나의 모습이 되길 기도한다. '주여, 내 영혼을 익게 하소서'라고.

저 흰나비 떼가

손수자

"어머나~, 웬 흰나비 떼야!" 창밖을 무심코 내다보다가 탄성을 지른다. 키 큰 감나무의 연초록 잎에서 무수한 흰나비가 팔랑거린다. 나비의 날갯짓이 새하얀 햇살 조각을 뿌려놓은 듯 눈부시다. 흰나비 떼는 바람이 불면 순식간에 어디론가 사라졌다가 바람이 잔잔해지면 초록 무대로 다시 나타나 춤사위를 벌인다. 처음 보는 경이로운 정경에 도취한다. 도대체 저들은 어디서 온 것인가.

"나비를 부르려거든 꽃을 피워라."

문학기행 중 관광지의 어느 카페에 들어갔을 때 남자 수필가 한 분이 카페 천장을 쳐다보며 시를 읊듯이 말했다. 천장에는 장식용으로 붙여놓은 여러 종류의 나비가 다닥다닥 붙어 있었다. 그는 "나비가 떼를 지어 나는 걸 보니 이 카페에 꽃이 많은가 보네."라며 실내를 두리번거리고 웃었다. 카페에는 중년을 훌쩍 넘긴 여인과 목을 축일 겸 들어온 어르신 몇 명이 있을 뿐이었다.

우리 집 뜰에도 저 많은 나비를 부를 만큼 꽃이 많지 않은데 누가 흰나비 떼를 불렀을까. 6월의 뜰에는 철 지나 시들어가는 철쭉, 금낭화, 매 발톱, 산괴불주머니꽃과 터줏대감 노랑 민들레와 제비꽃이 있을 뿐이다. 곰곰이 생각하니 며칠 전부터 뒤뜰 수돗가 층층나무 주변에 흰 나비 몇 마리가 날아다니고 있던 모습 생각난다.

수돗가 층층나무로 다가가 살펴보았다. 벌레가 잎을 잎맥만 남기고 다 갉아먹었다. 잎 주맥만 남은 층층나무 몰골이 너무나 안쓰럽다. 그물망이 되어버린 잎사귀로 어떻게 광합성작용을 할 수 있을까. 나뭇가지에는 아직도 털이 숭숭 난 징그러운 벌레들이 붙어 있다. '아, 이 벌레들이…?' 비로소 층층나무 유충이 부화하여 나방이 된 것을 짐작했다.

알아보니 감나무의 흰나비 떼는 층층나무에 붙어 있던 유충이 부화한 '황다리독나방'이다. '황다리독나방'은 독나방과로 성충은 6~7월에 나타나며 앞다리의 종아리마디와 발목마디는 노란색을 띤다. 남한 전역에 분포하고 있으며 성충의 털이 사람의 눈이나 피부와 접촉하면 가려움증이나 두드러기 등 알레르기 증상이 발생할 수 있고, 심각한 경우 호흡곤란을 유발할 수도 있다고 한다. 사람에게 해 끼치는 곤충이다. 층층나무에 기어 다니는 저 애벌레를 어찌하나.

남편이 층층나무를 베어버리자고 한다. 나보다 층층나무를 더 좋아하는 그가 아닌가. 층층나무는 가지가 층층이 옆으로 퍼지고 흰 꽃이 5~6월에 가지 끝에 모여 필 때면 우아하고 뜰 안이 환하다. 9월에 익는 검붉은 자주색 열매가 구슬 장식품처럼 예쁘다. 삭막한 겨울, 층층나무 나뭇가지가 하얀 눈과 함께 그리는 선 그림! 거기에 딱새가 날아와 재잘대는 모습은 정갈한 그림 한 폭이어서 창밖을 내다보는 내 시선이 한동안 머물곤 한다. 이 독특한 층층나무의 매력에 이끌리어 조경수로 심었는데 베어버리다니….

카메라 망원렌즈로 감나무에서 나풀거리는 흰나비 떼를 가까이 당겨 보았다. 무도회를 벌이고 있는 흰 나비들이 무리 중에서 짝을 찾느라 분주하다. 저 흰나비 떼들이 나무마다 알을 낳고 그 알이 또 탈바꿈하여 나방이가 된다면 이곳은 '황다리독나방'의 낙원이 될지 모를 일이다. 우리 집 층층나무가 저들의 서식처가 될 수 있지 않은가. 수돗가 층층나무를 베느냐 마느냐 고심 중이다.

산골짜기를 메울 만큼 떼를 지어 날아다니는 흰나비를 보니 섬뜩한 느낌이 들더라는 지인의 말이 떠오른다. 도시에 사는 그가 혼자 어성전 산을 오르는데 갑자기 골짜기를 메우듯 날아다니는 나비 떼가 놀랍기도 했으리라.

시인인 어느 선배는 온 산에 날아다니는 나비 떼를 보고 '푸른 전원에/ 하얀 꿈을 꾸는 곳/ 사랑이 가득 자라는 마을이겠다'라고 표현했다. 그는 산골짜기 흰나비 떼를 평화로운 나비 마을로 보았다. 같은 현상을 보고도 사람마다 느끼는 감정이 다르다.

눈부신 춤사위로 나를 미혹한 저 흰나비 떼가 독나방 무리라는 게 선뜻 믿기지 않는다. 잠시 아름다운 정경에 도취하여 화려한 무도회를 꿈꾼 기분은 사라지고 나비 떼가 떨어뜨리는 해로운 물질이 내 피부에 닿지 않을까 걱정이 앞선다.

우리네 인생에서 저들과 같은 유희에 속아 곤경에 빠진 삶이 있지나 않은지….

*김학순 詩 「나비 마을」 중에서 인용

만공(滿空)

김 익 래

"할아버지 이 축구공 속에 무엇이 들어 있어요?" 네 살 백이 아이의 물음에 "뭐가 들어 있긴, 텅 비어 있지." 일곱 살 형이 끼어든다. "축구공 속은 공기로 가득 차 있어." 할아버지와 형의 상반된 답변에 아이는 빈 것도 같고, 가득 찬 것도 같은 그게 그거라는 듯 고개를 한번 갸우뚱할 뿐 별로 관심을 두지 않는 눈치다. 이렇게 하나의 현상을 두고도 보는 관점에 따라 텅 비기도 하고 가득 차기도 하는 것일까.

만공(滿空), 이 두 글자를 각각 한자씩 떼어 놓고 보면 가득 찰 만(滿)자에 빌 공(空)자로 서로 반대의 뜻을 가진 뜻글자이다. 그러면서도 이 두 자가 하나로 엮어지면 각 글자가 갖고 있던 본래의 뜻은 숨어 버리고 마치 애벌레가 예쁜 나비가 되어 날아오르듯 전혀 새로운 느낌의 언어가 되어 나타난다. 만공(滿空)을 어디에서 그저 막연히 듣거나 보게 될 때 언뜻 형이상학적인 느낌으로 다가오는 것은 아마도 종교나 철학의 영역에서 사용되는 유심론적 사유의 표현이기 때문이 아닌가 싶다.

내가 이 만공이라는 글자를 처음으로 머릿속에 주워 담게 된 것은, 20여 년 전 길을 걷다가 우연히 한 장면을 마주치게 되면서였다. 그날 서울 견지동 조계사 앞을 지나는데 사찰 정문 입구에서 스님 두어 분과 불자 여러 명이 다소 흥분된 모습으로 갑론을박하고 있었다. 가까이서 언뜻 들어보니 인근 교회에서 조계사 일주문(一株門) 바로 옆에 '여름 성경학교 개강'이라는 대형 현수막을 걸어놓은 것이 문제였다. 즉시 떼어버리자고 흥분해 있는 신도들과 매년 여름이면 항상 걸리는 것이니 그저 웬 줄 끊어진 연이 걸려있나 생각하고 관심 두지 말자는 스님의 만류였다. 당시 교회에 적을 두고 있던 나로서도 그 현수막은 참으로 민망스러웠다. 내 종교가 중요하면 남의 종교도 중요할진대 어찌 남의 집 문 앞에다 저럴 수가! 너무 이기적이고 배려를 모르는 몰염치 아닌가.

마침 그날이 유명하다는 방장스님의 법회가 있는 날이라 했다. 법회 안내 방송이 흘러나오자 흥분하던 그들도 현수막 다툼을 중단한 채 경내로 몰려 들어갔다. 야릇한 호기심을 느낀 나도 그들의 뒤를 따라 법당으로 향했다. 법당은 이미 만원이었고, 대웅전 앞마당에 돗자리가 준비되어 있었다. 나는 돗자리에 자리를 잡고 도선사 방장스님의 설법을 듣게 되었다. 그날의 주제법문은 일제 강점기 시절 불교계의 대승이셨다는 '만공(滿空)'이란 스님의 만공어록(滿空語錄)에 관한 내용이었다.

"가득 찬 것이 텅 빈 것과 통하고 텅 빈 것이 가득 찬 것과 통한다. 마음이 가득 차 있기에 마음을 비울 수가 있고 텅 비어 있기에 무한 창조가 가능하다. 내가 틀어쥐고 있는 '생각의 틀'이 비어 있기에 새로운 생각이 나올 수 있으며 어떠한 틀도 어떠한 패러다임도 없는 그런 텅 빈 게 바로 만공(滿空), 즉 진리의 자리이다. 하나씩 둘씩 생각의 틀을 깨뜨려 나가면 진리의 자리는 점점 가득 차게 되고 우리의 삶은 더 자유롭고 더 평화로워진다."라는 말씀에 감동되었다.

수십 년 동안 교회의 규격화된 의자에 앉아 찬송가 부르며 비교적 생동감 넘치는 목사님의 성경 설교에 익숙해져 있던 나에게 이날 처음 참여해 보는 사찰 법회는 마치 낯선 땅 이방인의 느낌 같은 오묘하고 신기한 것뿐이었다. 내가 앉은 자리에 깊은 그늘을 드리워 주던 아름드리 회화나무, 가끔 그곳을 스치는 바람 소리만 들려올 뿐 쥐 죽은 듯 조용한 사찰 경내에 잔잔히 퍼지는 스님의 설법은 나를 몰입시켰다. 다소 생소한 용어들이라 그 내용은 잘 정리가 되지 않았지만, 만공(滿空)이라는 단어 하나는 신비로운 여운을 남긴 채 내 머리에 깊이 각인되기에 충분했다. 신도들 틈에 끼어 법당을 나오는 길 정문 앞 그 현수막이 다시 눈에 들어왔다. 그러나 들어갈 때와 달리 그 현수막은 신도들의 눈길도 받지 못한 채 초라한 모습으로 펄럭였다.

우리는 주변에서 "마음을 비워라." "마음을 내려놓아라."라는 말을 자주 듣는다. 절망의 틀에 갇혀 비탄에 빠진 사람에게나 무리한 욕심에 갇혀 얻고 싶은 것을 얻지 못하는 사람에게 흔히 위로의 말로 쓰인다. 인간은 태생적으로 손익계산에 의해 만들어진 속물 군상이라고 하는데 어떻게 마음의 영욕을 비울 수 있단 말인가.

만공스님의 만공어록(滿空語錄)에는 모든 존재의 본체를 마음, 자성(自性), 자심(自心), 일원상(一圓相) 등으로 표현하고 있다. 예쁘고 밉고, 즐겁고 괴롭고, 기쁘고 슬프고 이러한 모든 감정의 본체는 따로 존재하는 것이 아니라 자심(自心) 즉 마음의 장난에 불과하다는 것이다. 어깨에 쌀 한 가마니 메고 끙끙대고 가다가 무서운 곰이 뒤

쫓아 오면 그 무겁던 쌀가마니도 가벼운 솜 가마니가 되어 나 살려라며 가볍게 뛰게 된단다. 결국 무겁고 가벼운 것도 마음의 장난에 불과하다는 것이다.

'예순 살이 되어서는 귀에 거슬리는 이야기가 없었고(六十而耳順), 일흔 살이 되니 마음 내키는 대로 살아도 법도를 넘어서지 않았다(七十而從心所慾不踰矩)'. 2500년 전 70 인생을 회고한 공자님의 인생 편력이다. 아마도 공자님은 60이 되어 천지 만물의 이치(理致)에 통달하게 되고, 70이 되어서 성인지도(聖人之道)의 경지를 체득하신 것 같다. 그의 인생 편력으로 미루어 볼 때 결국은 인생 연륜이 쌓이고 쌓이면서 배우고 익히고 닦은 경험들이 마음 가득 녹아들어 마음과 행동을 지배할 때 비로소 자심(自心), 만공(滿空)의 경지에 이른다는 추론이 성립된다.

70을 갓 넘겼던 어느 해 6월, 강릉 바닷가 송정에서 초등학교 졸업 60주년 모임이 있었다. 희끗희끗한 머리, 깊은 주름살, 그러나 잡은 손 바라보는 눈빛에는 젊은 시절 배어있던 영욕과 번뇌의 그림자는 느껴볼 수 없었고 얼굴 얼굴에는 클래식의 여유로움과 긍정의 기운만이 넘쳐났다. 모두 인생 편력 70에 종심소욕 불유구(從心所慾 不踰矩)를 나름대로 터득한 모양새다. 그 긴 세월 한 해 한 해의 나이테에 배어있는 그 수천, 수만 개 색깔을 가진 칠정육욕(七情六欲)의 인생 풍파! 이제 모두 흰머리, 깊은 주름살 한 올 한 올에 묻어 버리고 60년 전 얄개의 동심이 되어 새하얀 마음으로 다시 돌아온 걸까.

그 어떤 격랑에 부딪혀도 흔들림 없이 묵묵히 걸어갈 중심이 느껴진다. 마음속이 텅텅 비어서일까, 아니면 꽉꽉 차서일까. 빈 것도 같고 꽉 찬 것도 같고…. 이게 바로 만공(滿空)이 아닐까.

폼페이 최후의 날

손광야

서기 79년 8월

화려했던 향락과 유혹의 도시는 18시간 만에 사라지고 사랑하는 두 연인은 화석이 되어 아름다운 사랑으로 마지막을 장식한다. 어느 날 순간 모든 것을 정지 시켜 버린 무서운 재앙! 수많은 사연이 묻혀버린 폼페이! 평화로운 일상생활을 하다가 그런 끔찍한 재앙으로 삶의 막을 내릴 줄이야 그 누가 예견 했겠는가! 가족끼리 식사를 하다가, 의사는 메스를 들고 수술을 하다가, 공장에서 작업을 하다가, 사무실에서 집무를 보다가, 정지된 삶이 얼마나 숱한 사연을 가지고 수천 년 내려 왔는가!

20여 년 전 이탈리아 여행 중 용암과 화산재로 덮어버린 폼페이를 관광하게 되었다.

그 현장을 둘러보다가 가장 가슴에 와 닿는 곳이 있었다. 바로 두 연인이 꼭 껴안고 생의 마지막을 함께한 모습을 너무 흡사하게 만들어볼 수 있었다. 관광을 하면서 가장 하이라이트인 그 광경 아! 어쩜 하고 심장이 멎는 심정이랄까. 유럽 여행 중 오래 가슴 속에 남았던 그 광경이었는데 얼마 전 지인한테서 폼페이 최후의 날이 영화화했다고 본인은 이미 관람했다며 정말 볼만하다고 권하기에 가야지 하고 차일피일 미루다 전화를 해보니 오늘이 종영이란다. 마음이 바빠졌다. 마침 시간이 되는 친구와 마지막 회를 보았다.

유년시절 로마 군대에 의하여 모든 가족을 잃고 노예 검투사가 된 마일로는 영주의 딸 카시아와 운명적인 사랑에 빠지게 된다. 대규모 축제의 검투경기에 참여한 '마일로'는 부모를 살해한 코루부스를 만나게 된다. 로마의 상원의원이 된 '코루브스'는 카시아와 정략결혼을 하게 되고 검투사 마일로는 진정한 사랑은 함께 죽는 것이라며 결국 그들은 그렇게 최후를 맞았다.

생동감 넘치는 스릴과 액션의 영화! 사라진 마지막 그 순간 웅장한 서사시적인 영화! 폭발 하는 화산과 폐허가 된 폼페이의 모습은 그 야말로 장관이었다. 고대 로마로 떠나는 시간여행이라고나 할까? 사상 최대의 화산 폭발! 그 화려했던 도시는 사라지고 사랑은 전설이 되었다.

폼페이는 지중해에 접해 있는 로마 남쪽에 있는 매우 융성한 항구도시였다. 이태리 캄파니아에 고대 도시 사루스누 강에서 흘러나온 선사시대 용암에 의해 만들어진 돌출 부위에 건설되었던 도시다. 베수비오화산의 거대한 폭발로 수많은 크고 작은 도시가 매몰되었고 고대 도시들의 유적들은 그리스 로마 시대의 화려했던 생활상을 보여주는 하나의 자료가 되었다. 지금도 폼페이 그 현장엔 마지막까지 꼭 껴안고 있는 두 연인의 모습이 눈에 어린다.

7월의 눈 맞춤

홍승만

6월이 남기고 간 회색빛 그늘을 밟으며 아침을 연다. 몇 주의 장마가 산책로를 무르게 만들어 놓았다. 오랜만에 구름 사이로 햇살이 고개를 내민다. 오늘은 신정호 사계 풍경 중 7월 풍광에 눈 맞춤해 보련다.

기쁨을 온몸으로 받아 안을 듯 널따란 연잎이 넉넉한 가슴을 펼치고 있다. 푸른 연잎의 물결이 잔잔한 파도를 이룬다. 밤새 고인 투명 이슬 덩이를 조심스레 품어 안은 잎들은 이슬방울이 혹시나 터질세라 바람에 흔들림을 서로서로 감싸 안아 주는 것 같다. 운동장만한 넓이에 멍석을 펼쳐 놓은 듯 뭉게뭉게 호수를 덮은 연잎 더미 사이로 연분홍 수련(睡蓮) 송이가 미소를 지으며 수줍은 듯 손짓한다. 연분홍 수련 한 송이를 꺾어 그리운 이에게 사랑을 전하고 싶은 아침이다.

7월 햇살에 풀이 죽어 있을 법한 갈대밭에서 날카롭게 사방으로 뻗쳐 성난 모습 같은 청년 갈대와 눈 맞춤을 해본다. 흔히 갈대를 흔들림으로, 봄에 새싹 틔울 뿌리의 바람막이로, 아기 갈대의 지지 대로 또 어떤 시인은 '갈대는 속으로 운다.'라고 읊었다. 모두 묵은 갈색 갈대의 모습을 말함이다. 7월 갈대의 억센 잎에서 활기에 찬 청년의 열기를 볼 수 있다. 다른 나무들의 잎과는 달리 사방으로 삐쭉 삐쭉 뻗힌 강인한 모습에서 북풍 몰아치는 차디찬 겨울에 물 한 방울 끌어 올리지 못하는 속 빈 몸으로 설한풍을 이겨내야 하는 늙은 갈대를 위해 에너지를 축적하는 꿋꿋함을 본다.

반면 훌쩍 큰 키 아래로 부드러운 억새를 손아래 동생들처럼 거두는 모습이 보기 좋다. 뜨거운 여름 햇살의 그늘막이 되어주고 긴 장마에 세찬 물살도 그룹으로 뭉쳐 자란 갈대로 막아준다. 세찬 겨울바람에도 꺾이지 않는 꿋꿋함은 청년 갈대에서부터 쌓인 힘이지 싶다.

매미가 울어댄다. 누가 매미의 '맴맴맴' 소리를 울음이라 했을까. 이 세상에 짧은 시간 왔다가는 아쉬움을 외치는 합창이 아닐까. 마치 지휘자의 손놀림에 따라 리듬과 소리가 어울려 퍼지는 것처럼 질서 있는 화음을 듣는다. 그들의 작은 소망을 합창하는 매미의 소리를 이제는 울음이라 하지 않으리. 7월 가로수에서 품어 나오는 매미 소리에 나도 지금 이 시간이 영원하기를 꿈꾸어 본다.

산책로 중간 쉼터에 무궁화 세 그루가 있다. 오랜 민족의 한을 가슴에 품어온 무궁화 꽃잎에 이슬이 반짝인다. 초봄에 화려함을 자랑하는 벚꽃, 정열의 상징 5월의 장미를 부러움 없이 서 있다. 누가 꽃으로 보아주든 말든 아침부터 저녁까지 아물 줄 모르고 피어 있다. 마치 영원하다는 것이 무엇인지 알려주려는 듯 오래도록 지지 않는다. 잦은 외침(外侵)에도 굴하지 않고 꿋꿋이 이겨낸 우리 민족의 인내와 끈기를 무궁화에 비유하는 이유를 알 것만 같다.

그리움이 밀려올 때면 무궁화 옆 벤치를 찾는다. 꽃송이를 바라보며 외로움을 달래곤 호숫가 뚝방 길 옆 성질 급한 코스모스 꽃나무들의 반란이 일어났다. 때 이른 코스모스의 만개다. '아! 가을인가 봐' 잠시 착각을 한다. 아직은 하면서도 하늘거리는 꽃가지를 보며 가을 노래의 가사를 떠올려 본다. '코스모스 한들한들 피어 있는 길 향기로운 가을 길을 걸어갑니다. 길어진 한숨이 이슬에 맺혀서 찬바람 미워서 꽃 속에 숨었나.' 혼자 흥얼거린다. 코스모스가 품어내는 가을 향기를 느끼며 칠월의 따가운 햇살을 잠시 잊고 누군가를 기다리는 그리움에 젖어 본다. 가을이 아닌 7월의 코스모스에도 순정을 담은 사랑을 느끼게 한다.

오랜 장마로 황토 빛이 된 호수를 용감한 스키어가 물결을 가른다. 평소 잔잔한 청색이 아닌 흙탕의 호수를 달리는 스키어의 용맹은 코로나의 침입으로 지쳐 있는 모두에게 희망과 용기를 전하는 손짓이다. 아산의 명소 신정호에서 7월의 눈 맞춤을 한다. 모두 따뜻한 정이 넘쳐나는 광경이다.

행복한 눈물

이지유

시원아, '행복한 눈물'이라는 작품이 있어. 화가 로이 리히텐슈타인(1923~1997)이 그린 그림이야. 빨간 머리와 양 뺨에 양손을 대고 눈물을 흘리며 웃고 있는 이 그림은 그림을 볼 줄 아는 지식이 1%도 없는 엄마가 봐도 한 눈에 매우 매혹적이라는 느낌이 들었어. 작품 '행복한 눈물'은 S그룹의 비자금으로 구입을 했느니, 안 했느니 하면서 나라가 발칵 뒤집어 진적이 있었지. 엄마도 그때 그 그림을 처음 봤어. 우리네는 그림속의 여인이 왜 그렇게 웃고 있으면서 울어야 했는지에 관심보다는 어쩜 그 그림이 부(富)의 대물림 수단은 아닐까하는 것에 더 관심을 가졌지. 그런데 시원아, 엄마는 그 여인의 마음을 헤아리고 싶다. 어떤 사정이 있었을까, 어떤 아픔 아니면 눈물을 흘릴 만큼 어떤 기쁜 일이나 감사한 일이 있었던 것은 아닐까 하는. 그 여인의 눈물을 위로해 주고 싶었어. 감사한 일이든 아픈 일이든 괜찮다고. 그래, 괜찮으니깐 마음껏 울라고. 마음껏.

"엄마, 마음이 아파야 성장을 하지." 내 새끼 시원이의 마음을 헤아리면서 얼마나 펑펑 울었는지 옆에서 위로 해주던 희원이가 건넨 말이었어. 시원아 이 말에 엄마가 뭐라고 답한 줄 아니? “엄마 성장해야해?”라고 되물었어. 너무 바보 같은 답변 아니니? 어느덧 어른이 되어 버린 네 동생 스무 살짜리 딸애 앞에 엄마는 아기가 된 듯 했어. “엄마는 아기라서 더 커야해.” 하면서 수건도 가져다주고 눈물도 닦아주는 내 딸이 예뻐서 더 크게 행복한 눈물을 흘렸단다.

엄마는 아기라서 챙겨주지 않으면 안 된다고 희원이가 매번 그러거든. 엄마 우는 모습을 얼마나 많이 봤는지 희원이는 엄마보고 ‘아기’라는 호칭을 사용한단다. 엄마가 보기에는 내 새끼들이 아직 아기 같은데. 이 아기들이 어른이 다 되었어. 몸만 어른이 된 것이 아니라 생각하는 것도 어른이 되어서 한편으로는 기특한데, 다른 한편으로는 마음이 아프다.

내 아들 시원아, 네가 엄마한테 콩팥을 떼어 주겠다고 작년 초부터 얘기를 했었지. 그때는 네가 철없이 그냥 하는 말인 줄 알고 받아들일 수가 없었어. 사랑은 내리 사랑이라고, 부모가 자식한테 뭐든 다 줄 수는 있어도 병든 부모가 자식한테 생명을 받는다는 것은 세상이치를 거스르는 것이라고 생각했거든. 자식이 부모를 살리는 이런 일은 자주 있는 일이 아니라서 전래동화 같은 데에서도 주제로 다루고 있잖아.

달이 지구를 돌고, 지구는 태양을 돌면서 균형을 맞추듯 살아가고 있는 이 세상살이에 엄마가 자식한테 콩팥을 받는다는 일이 세상이치를 거스르는 것은 아닌지 두려웠단다. 그만큼 많이 조심스럽고 무서웠어. 수학 문제라면 풀어서 답을 구하고, 어려우면 다른 사람에게 물어 보면서라도 답을 찾으면 되는데, 이 문제는 그런 문제가 아니잖니. 지금 행하고자 하는 것이 현명한 일인지 엄마는 신께 매달리면서 지혜를 구하고 있지만 엄마의 작은 그릇은 신께서 주시는 답을 다 주워 담지 못하는 거 같아.

"나 효도하는 거 아니야. 난 엄마가 필요해서 결정한 거야." 시원이가 생각하는 효도란 자식 된 도리로써 부모에게 무조건적으로 행해야 하는 일이라고 했지. 그래서 너는 효도를 하는 것이 아니라고 강조했어. 그냥 엄마가 필요하니깐, 엄마는 언제나 그 자리에 있어주어야만 하는 그런 사람이니깐, 없으면 안 되니깐 그래서 살려야 한다고 생각했다고. 그러면서 너는 조건을 달았어. 엄마는 오래 오래 살아서 시원이가 아기를 낳으면 아기를 봐줘야 하니깐 그 자리에 있어야 한다고.

세상에는 많은 경험들이 있어. 밥을 먹는 일, 밤에 자고 아침에 일어나는 일, 출근하는 일 등 대부분의 사람들이 같은 경험을 하지. 이렇게 평범한 경험을 하면서 평범하게 살아가길 바랐는데 어쩌다 보니 장기를 이식받고, 공여하는 그리 흔하지 않은 경험을 하게 되는구나. 그 흔하지 않는 경험을 시원이에게 하게 하는 거 같아 엄마는 마음이 많이 복잡하단다.

단순하게 살고 싶어도 단순해질 수 없는 게 우리네 삶인가보다. 집에서 밥 한 번 해 먹으려고 해도 복잡하잖니. 찌개나 국을 끓이고, 반찬을 만들고, 상을 차려내고. 된장찌개 하나만 끓여도 감자, 양파, 대파, 호박 등을 다듬어야 하잖니. 우리도 어느 정도 모양새를 갖춘 삶을 살기 위해서는 다듬어야 할 인생의 굴곡이 많은가 보다. 이 많은 굴곡과 복잡한 마음을 다잡기 위해 '주님의 평화가 항상 우리가정과 함께'라고 기도 하는데 기도 덕분으로 지금은 마음의 평화를 많이 찾았어.

시원아 가을 하늘을 봤니? 얼마나 새파랗고 아름다운지 눈을 뗄 수가 없어. 누렇게 익은 벼들은 얼마나 겸손한지. 생명의 쌀을 가득 품고서도 고개를 숙일 줄 아는 그런 너그러움이 보였단다. 과일들은 또 얼마나 탐스럽게 익었는지. '어서 나 좀 먹어주세요. 얼마나 맛이 있게요.' 하는 거 같아. 그리고 그냥 들에 핀 들꽃이 얼마나 아름다운지 한참을 앉아서 본 적도 있어. 예전에는 느끼지 못했던 마음의 평화를 요즘은 느끼고 있단다.

여기서 저기까지 인생의 배낭을 메고 가야 한다고 해봐. 엄마는 분명 배낭을 잘 메고 걸어가고 있는데 어느 샌가 그 배낭이 뜯어 진 거야. 맥없이 뜯어진 거 보면 이것저것 넣으려고 욕심을 부렸나봐. 다시 꿰매서 물건들을 넣고 가는데 언제 또 뜯어질지 몰라 영 불안하단 말이지. 그때 시원이가 엄마의 배낭을 너의 배낭에 넣어서 함께 메고 걸어가겠대. 엄마 인생의 무게까지 짊어지게 한 거 같아 많이많이 미안했어. 엄마가 같이 걸으면서 시원이의 웃음과 눈물 함께 해주고 싶은데 받아 주겠니? 고마움의 표시로 이렇게라도 하지 않으면 엄마 마음이 많이 아플 거 같구나.

시원아, 3, 4시간을 실컷 울고 나서 거울을 보니 눈물에 콧물에 머리카락까지 난리가 났더구나. 내 새끼가 엄마를 살린다는데 그 고마움을 답하기에는 눈물만으로는 안 되겠지. 그리고 고맙다고 마냥 울고 있는 모습을 너도 원하지 않을 테고. 그러면 앞으로 어떻게 살지 답이 나오지. 즐겁게 사는 거. 무엇을 이루려고 하기 보다는 내 새끼에게 보답하는 마음으로 그냥 즐겁게 살다 보면 행복도 건강도 평화도 따라 오리라 믿는다.

시원아, 내 새끼 사랑한다. 넌 그 누구보다 소중하고, 그 무엇보다도 소중하단다. 세상의 그 무엇보다도 따뜻한 눈물을 흘리고 있는 엄마는 무릎을 꿇고 기도드린다. '제 아이를 보호하소서. 자비를 베푸시어 제 아이를 보호해 주소서.' 그림 속의 행복한 여인은 아마도 아기를 낳고 기쁨의 눈물을 흘리는 거 같아. 내가 그랬던 것처럼. 시원아 엄마가 다시 건강을 되찾으면 늘 감사하면서 아름다운 삶을 살께. 옷도 예쁘게 입고, 환한 웃음을 지으면서 아픈 사람들의 마음을 헤아리며 기도도 하면서.

시원아, 고맙고 사랑해. 아주 많이.

홍시(紅柿)

이경애

늦가을 어느 날 누런 상자 하나가 집으로 배달됐다. 확인 해보니 시골 부모님께서 보내주신 것이다. '무엇을 보내셨을까' 궁금해 하면서 흐뭇한 마음을 감추지 못했다. 상자를 열어보니 빨갛게 익은 홍시가 가득 채워져 있었다. 홍시를 보는 순간 나는 벌써 고향에 가 있었다. 내가 자라던 시골집에는 감나무 과수원이 있었다. 그리고 넓은 마당가에도 몇 그루가 심어져 있었다. 봄이면 다른 나무들보다 조금 늦게 잎이 피기 시작하여 연두색 잎이 조금 커지면 꽃 몽우리가 가지 끝에서 나오기 시작하여 초여름이면 꽃들이 하얗게 피어난다.

감꽃이 떨어지는 마당은 아버지가 항상 깨끗이 쓸어 놓으신다. 먼지도 없이 깨끗한 시골 마당에 한나절 꽃이 떨어지면 튀밥을 뿌려놓은 듯 하얗게 쌓여있다. 떫으면서도 달착지근한 그 감꽃을 많이 주워 먹기도 했다. 꽃이 떨어진 감나무엔 뜨거운 여름 햇살을 받아 감들이 굵어지고, 들녘이 누렇게 물든 가을이 되면 감들도 빨갛게 익어 홍시가 되면서 떨어지기 시작한다. 그럴 즈음이면 친구들과 홍시를 줍기도 하고 감나무에 올라가서 따기도 했다. 서로 많이 주우려고 이 나무 저 나무 앞 다투어 다니며 줍다가 홍시를 밟아 미끄러진 한 친구는 옷에다 온통 홍시를 묻히고 다니기도 하고, 감나무를 올려다 보다 얼굴에 맞는 친구도 있었다. 우리는 그 모습이 재미있어 서로 깔깔거리며 웃기도 했다.

그렇게 소쿠리에 가득 채운 홍시를 가지고 집으로 돌아오면 어머니는 그중 제일 굵고 잘 익은 홍시를 할아버지, 할머니께 먼저 드리라고 주신다. 어머니도 홍시를 무척 좋아하셨지만 항상 어른들 드릴 것을 먼저 준비해 두시고 그 다음은 자식들 몫으로 챙겨 두시느라 정작 당신은 편하게 잡수실 수 없었다.

내가 학교에서 돌아오면 배가 고플 줄 아시고 아껴놓았던 홍시를 챙겨주시던 어머니였다. 그때의 달콤하고 시원한 홍시의 맛을 잊을 수가 없다. 어릴 때부터 잘 먹지 않아 끼니를 자주 거르던 나 때문에 많이도 속상하셨던 어머니 마음을, 내가 아이를 키워보니 이제야 알 것 같다. 늦가을 날씨가 추워지면 볏짚 속에 땡감을 넣어 두어 얼마간 기간이 지나면, 말랑한 홍시가 되어 아주 맛이 좋아진다. 길어진 겨울밤이면 야참으로 살짝 언 홍시를 즐겨 먹기도 했으며 떡에 발라먹기도 했다. 온 가족이 둘러앉아 홍시를 먹으며 서로의 정을 나누던 그 시절이 그립다.

서울에서 결혼 생활을 시작한 이후 어머니는 늦은 가을이면 땡감이며 홍시를 상자에 가득 담아 서울로 보내주셨다. 감 상자를 열 때마다 빨갛게 익은 어머니의 사랑을 느끼면서 가슴이 벅차올랐다. 그런 어머니의 사랑도 이제는 받을 수 없게 되어, 아버지께서 어머니를 대신 하여 홍시를 챙겨 보내주신다. 표현은 안 하시지만 타지에 떨어져 사는 자식이 마음에 걸려 하나라도 더 챙겨 보내주시려는 마음을 알기에 가슴이 먹먹하다. 딸이 하나뿐이라 더 그런 마음이 드시는 모양이다. 나이를 먹어갈수록 더 부모님을 의지하며, 때로는 보고 싶어 마음이 울적하기도 하다.

해마다 가을이면 보내주시던 홍시가 담긴 상자를 아버지도 가시고 나면 이제 보내올 수 없다는 생각에 마음이 슬퍼진다. 아버지가 부쳐주신 홍시 하나를 들고 창가로 가 문을 살짝 열었다. 아버지가 계시는 남쪽 하늘은 유난히 맑고 높아 보인다. 제법 차가운 바람이 얼굴에 와 닿는다. 차가워진 날씨에 쇠약해지신 아버지의 건강이 염려되고 자주 찾아가 뵙지 못함이 죄송스럽다. 앞으로도 아버지의 사랑이 담긴 홍시 상자를 오래오래 받을 수 있기를 기도드리고 나서 나훈아의 노래 홍시를 흥얼거려본다.

생각이 난다 홍시가 열리면 울 엄마가 생각이 난다
자장가 대신 젖가슴을 내~주던 울 엄마가 생각이 난다
눈이~오면 눈 맞을 세라 비가 오면 비 젖을 세라
험한 세상 넘어질 세라 사랑땜에 울먹일 세라
그리워진다 홍시가 열리면 울 엄마가 그리워진다
눈에 넣어도 아프지도 않겠다던 울 엄마가 그리워진다.

- 나훈아 「홍시」 가사 1절

즐거운 나의 집

김형도

해가 바뀌고 이마에 주름살이 늘어갈수록 어린 시절의 추억은 더욱 새롭게 다가온다. 각박한 삶 속에서도 가끔 입가에 맴도는 학창시절 즐겨 불렀던 노래들이 떠오른다. 가슴 한 켠에 묻어두었던 노래의 보석함을 열어 추억들을 하나씩 꺼내보는 것도 쏠쏠한 재미인가 보다. '즐거운 곳에서는 날 오라 하여도….'라는 노래는 평소 잊고 지내던 가정의 소중함과 고향에 대한 향수를 다시 일깨워준다.

1852년 4월 10일 미국의 한 시민이 알제리에서 사망했다. 31년이 지나 미국 정부는 "내게 돌아갈 가정은 없지만 고향 공동묘지에라도 묻히게 해주오."라는 그의 유언에 따라 군함을 보내어 그의 유해를 본국으로 운구했다. 유해가 도착하던 날 부두에는 수많은 인파가 모여들었다. 뉴욕항 개항 이래 최고의 인파였다. 대통령을 비롯한 상하원 의원들과 영부인 등 수많은 시민들이 줄지어 운구행렬을 맞으면서 모자를 벗고 머리 숙여 조의를 표했다. 바로 그가 '즐거운 나의 집'의 노랫말을 지은 작가였다. 그의 묘비에는 이렇게 씌어 있다. "아름다운 노래로 미국을 건강한 나라로 만들어주신 존 하워드 페인. 편안히 잠드소서."

흥미로운 사실은 환영 퍼레이드의 주인공은 정치가나 장군도, 위대한 과학자나 기업인도 아닌 평범한 소시민이었다는 것이다. 더욱 놀라운 것은 이렇게 환영을 받은 그는 평생 결혼을 하지 않고 집도 없이 길거리를 떠돌았다. 생을 마감하기 1년 전 한 친구에게 한 통의 편지를 보낸 뒤 쓸쓸하게 세상을 떠났다. "세계의 모든 사람들에게 가정의 기쁨을 자랑스럽게 노래한 나 자신은 아직껏 내 집이라는 맛을 모르고 지냈으며 앞으로도 맛보지 못하고 말 것이오."라는 내용이었다.

노래의 원제목 '홈 스위트 홈(즐거운 나의 집)'은 영국의 모차르트로 불리던 '헨리 비숍'경의 작곡으로 19세기 초 영국의 가정에서 피아노 반주로 불린 응접실 발라드의 대표작이다. 1823년 런던에서 상연된 비숍의 오페라 '클라리, 밀라노의 아가씨'에 차용되어 세계적으로 유명해졌다. 노랫말을 지은 존 하워드 페인이 파리에서 동전 한 푼 없는 처량한 신세였을 때다. 영국해군에선 출정식 때 군악대가 이 곡을 연주하곤 했는데 그때마다 바다로 뛰어드는 병사들이 속출하여 해군 지휘부가 연주를 금지시켰다는 일화가 있다.

그런데 작사자는 노래가사와는 정반대로 가정도 없이 평생 떠돌이로 살았으니…. 그만큼 가정의 소중함을 절감했는지도 모를 일이다. 가사의 Home(집)은 대문자로 시작한다. 가정은 진(眞)·선(善)·미(美)처럼 언제나 변함없는 신성불가침의 영역이다. 그런데 가사의 무엇이 그토록 미국 국민들의 관심을 끌게 했을까?

남북전쟁 때 강을 사이에 두고 남군과 북군이 대치한 상황에서 한

병사가 하모니카로 연주한 이 노래가 전 병사들에게 큰 감동을 주어, 남군·북군 가릴 것 없이 모두가 합창으로 불러서 전투를 한 동안 멎게 한 곡이다. 당시 대통령 에이브러햄 링컨과 영부인이 특히 좋아했었다. 1862년 오페라 가수 '아델리나 파티'가 대통령 초청으로 백악관에서 불렀다. 한동안 'Home Sweet Home'이란 문구가 자수(刺繡)되어 장식되기도 했다. 한국에서는 작곡가 김재인이 한국어로 번역하였으며, 제목 '즐거운 나의 집'은 그가 붙였다.

이 노래가 그토록 미국 국민들로부터 열광을 받은 것은 노래의 가사가 미 국민들에게 무엇이 가장 소중한 가치를 지니고 있는지에 대한 짜릿한 메시지를 주었기 때문일 것이다. 지금까지도 미 국민들뿐만 아니라 전 세계 수많은 사람들로부터 사랑을 받고 있다. 아마도 삶의 근본이 되는 '가정의 행복'을 가슴에 와 닿게 감동적으로 노래하고 있기 때문이 아닐까. 물질이나 권력이 많다고 해서 행복해지지 않는다. 가정의 행복만이 진정한 행복이리라.

'즐거운 나의집'이란 물질적인 소유 개념인 나의집이 아니라, 애정과 즐거움이 넘쳐나는 정신적인 차원에서 내 영혼과 육신이 편히 쉴 만한 공간을 이름이다. 평범한 사람들이면 누구나 자기 집이 있고 그 구성원 단위인 가정이 있다. 집은 개개인이 구성하여 가정을 이루고, 가정은 세상에서 가장 밀접한 인간관계를 형성하는 혈육의 정과 인연으로 살아가는 것이 기본이다.

또한 가정이란 가장을 중심으로 하는 가족제도를 의미하는데, 가족 구성원 각자가 다른 생활을 할지라도 언제라도 돌아가서 쉴 만한 삶의 안식처가 가정이다. 우리는 누구나 자신이 쉴만한 집과 가정이 있어서 행복을 느끼며 살아가지만, 잠시라도 집과 가정이 없다면 삶이 불안하고 끔찍할 것이다. 나와 가장 가까운 사람들이 모인 가정이란 혈육으로 연결되어 있어 서로 돕고 사랑하며 살아가는 곳이다. 무엇보다도 중요한 것은 식구들이란 나를 사랑하여주고, 내가 사랑하여야 할 대상들이다. 그들이 존재함으로 서로가 편안하고 행복하다. 이런 관계가 정립되지 못한다면 가정생활이 안정되지 않고, 가족 구성원의 관계에서 따뜻함을 느낄 수 없는 것이다.

매년 한두 번은 미주 등에 다녀온다. 금년은 딸이 사는 '아리조나'에서 2개월을 보냈다. 해외에 나갈 때마다 바로 돌아올 날이 기다려지곤 한다. 딸아이가 정성을 다하지만 폐만 기치는 것 같아 마음이 그렇게 편치는 않았다. 그런 내 마음을 차분히 갖고자 인터넷을 검색하다보니 학창시절 즐겨 불렀던 노래 '즐거운 나의 집'이 떠올라 이색적인 새로운 느낌을 받았다. 왜 진작 이런 가정적인 느낌을 받지 못했을까.

삶을 영위하는데 필수적인 것이 나의 집이요 가족이다. 집과 가족으로 구성된 가정은 우리에게 최고의 행복을 가져다주는 안식처요 삶의 보금자리다. '즐거운 나의 집'의 노랫말을 지은이(존 하워드 페인)의 유해가 뉴욕항구에 입항할 때 수십만의 인파가 몰려나와 머리 숙여 조의를 표하는 걸 보고는 과연 대국 미국이요, 미국 국민들이라는 짜릿한 감동을 받았다. 위 노랫말처럼 가정의 소중함을 고이 간직해서 가족과 더불어 행복하게 살아가기 위해서는 항상 감사하는 마음을 가져야 한다는 느낌이 가슴에 새겨졌던 것이다. 바로 이게 내 평생의 수학(修學)이리라.

종익이 형

김지영

나하고 같은 교무실을 쓰는 종익이 형은 별명이 왕뚜껑이다. 그는 키가 160센티를 겨우 넘고, 머리는 반쯤 벗겨졌는데, 그나마 남은 머리털마저도 희끗희끗하다. 배는 볼록 튀어나오고, 눈은 왕방울처럼 크고 부리부리하다. 나한테 무슨 말을 할 때마다 자기의 얼굴을 내 얼굴에 맞닿을 듯 대고 심각한 말이라도 하듯 한다. 그럴 때마다 내 얼굴에 침이 튀어 죽을 맛이다. 말을 할 때마다 부리부리한 눈으로 쳐다보며 침까지 튀겨, 나는 고개를 숙인 채 듣는데도 그는 내 사정은 아랑곳하지 않고 끝까지 할 말을 다 한다.

그가 왕뚜껑이란 별명이 붙은 것은 느닷없이 화를 잘 내기 때문인데 한 번 화를 내면 아무도 못 말린다. 언젠간 수업을 하다가 문이 부서져라. 열고, 복도로 달려 나와 씩씩거렸다. 마침 나는 옆 교실에서 수업하고 있었기에 웬일인가 싶어 복도로 나갔다. 그는 수업할 때 큰소리를 지르면서 교단 앞에서 정신없이 왔다 갔다 한다. 이렇게 수업하다 보니 앞에 앉은 아이들은 그의 침 세례를 받는데 한 아이의 얼굴에 그의 침이 과도하게 튀자 그 아이가 인상을 썼다.

그 모습을 본 왕뚜껑은 수업을 하다 말고 양동이와 사물함을 걷어차고 발정 난 황소가 울부짖듯 소리를 질러댔고, 아이들은 새파랗게 질려 어쩔 줄을 모르고, 인상을 쓴 아이는 무서워서 엉엉 울었다. 그러자 왕뚜껑이 문을 박차고 달려 나온 것이었다. 나는 그의 뚜껑이 열리는 것을 자주 보아온 터라 솥에서 김이 빠지기를 기다리듯 가만히 참고 기다렸다. 그는 씩씩거리며 복도에서 서성이더니 한 십 분이 지나자 언제 그랬냐는 듯이 본래 상태로 돌아왔다. 그는 쑥스러운 표정을 지으며 다시 교실에 들어가서는 아이들에게 미안하다며 아이스크림을 사주고는 잘못을 빌었다.

명색이 문학박사인 그가 불의에 대한 분노나 불합리한 사회적 현상에 대한 저항 같은 것에 관심을 가질 법도 한데 그런 것엔 관심이 없고, 가만히 보면 사소하기 이를 데 없는 일에 뚜껑이 열리곤 한다. 가령 분식집에서 김밥을 샀는데 김밥에 단무지가 빠져있다거나 편의점 종업원이 거스름돈을 주면서 공손하게 주지 않았다거나 할 때 뚜껑이 열린다.

며칠 전에 나와 같이 퇴근하던 길이었다. 길을 걸어가는데 경찰관이 우리에게 신분증을 보여 달라고 했다. 그러자 왕뚜껑이 다짜고짜 쩌렁쩌렁한 목소리로 경찰관한테 "신분증!" 하는 것이다. 그러자 그 경찰관이 화들짝 놀라며 신분증을 보여주자 그가 경찰관임을 확인하고는 그제야 자신의 신분증을 내보이는 것이다. 옆에 있던 나는 뜻하지 않은 그의 행동에 당황이 되기도 하고, 어찌나 소리가 큰지 행인들에게 창피한 생각도 들었다. 나는 그의 행동이 궁금해서 왜 그랬냐고 물었더니 씩 웃으면서 원래 경찰관이 길거리에서 불심검문을 할 때면 자신의 신분을 확인시켜준 다음에 하는 것이 도리가 아니냐는 것이다.

왕뚜껑은 동료들 사이에서 역술선생으로 통한다. 그는 동료 교사들에게 점을 쳐준다. 동료들이 자신의 점괘를 부탁하면 그때만큼은 차분해져서 안경을 살짝 내리고, 생년월일과 태어난 시를 점잖게 물어본 다음, 점괘를 말하는데 그럴 때는 표정이 제법 근엄하다. 그는 수업을 마치고 퇴근을 하면 집으로 가지 않고, 황학동에서 산 새마을 모자를 뒤집어쓰고는 탑골공원에 가서 서성거리다가 집에 들어가곤 하는데, 퇴직하면 탑골공원 주변에 텐트를 치고, 점치는 일을 하겠다는 꿈에 부풀어 있다. 나보고는 호객행위를 잘하겠다며 동업하자고 꼬드긴다. 그가 점을 치면 늘 좋은 괘만 나오니 그다지 나쁜 일은 아닐 것 같긴 하지만 내가 과연 그 일에 적합한지 요즘 고민 중이다.

그는 오랫동안 부장을 했는데도 교감승진을 하지 못하였다. 한때 대학교 겸임교수로 학생들에게 '문학과 인생'이라는 강의를 했다. 그때는 인기 강사라고 자부심이 대단했다. 그러다가 원하던 교감승진을 하지 못하자 그것이 창피하다고 교직원 식당에도 가지 않고 점심시간이면 컵라면으로 끼니를 때우며 사람들을 피하더니 남들이 들어가기 싫어하는 지하 교무실을 쓰겠다고 자청했다. 그 교무실은 온갖 벌레들이 우글거리고 쥐가 들락거려 여선생님들이 그곳으로 자리가 배정되면 울면서 근무를 못 하겠다고 하는 곳이다. 왕뚜껑이 교장선생한테 그 교무실을 쓰겠다고 했을 때, 나는 그와 같이 근무하고 싶은 생각에서 그 교무실로 보내달라고 했다. 그곳에 있으면서 나는 토스터와 가스레인지를 갖다 놓고 아이들에게 빵을 구워주고 달걀을 삶아주었다. 내가 달걀을 삶는 동안 뚜껑이형은 손금을 봐주다 보니 쉬는 시간이면 아이들이 교무실 앞에 줄을 서서 기다리고, 그 구석진 교무실이 언제나 북적거렸다.

얼마 전 동료 장학시간이라 그의 수업을 참관했다. 국어과 부장인 나와 교장, 교감선생이 지켜보는 가운데 수업이 진행되었다. '문학의 정서적인 언어'라는 단원이었다. 그는 정서적 언어는 교감이 있어야 한다고 말하다가 갑자기 눈을 번뜩이더니 특유의 광기를 내뿜으며 말했다.

"얘들아! 내가 죽으면 땅에 묻히게 될 거야. 그러면 내 몸 위에서 나무가 자라겠지. 내 몸이 썩으면 그 자양분으로 나무는 자라고, 그 나무로 책걸상을 만들겠지. 이처럼 생명은 목숨이 다했다고 해서 그것으로 끝나는 것이 아니야. 그것은 땅에 묻혀 다른 생명을 잉태하고, 그 생명은 또 다른 생명을 잉태하는 거야. 그러니 지금 너희들이 앉아 있는 책걸상에는 우리 할아버지, 할머니들의 영혼이 깃들어 있는 거야. 바로 너희들이 쓰고 있는 책걸상이 우리들의 할아버지이고 할머니야."

그러다가 갑자기 "할아버지!" 하면서 교실 앞 책상을 끌어안더니,

"이게 바로 교감이야. 문학은 우주와의 교감이야!"라고 사뭇 비장하게 문학을 정의하였다. 아이들도 그때까지는 그런대로 그의 열강에 감동이라고는 할 수 없어도 어느 정도 공감하는 눈치였다. 그때 그가 뒤쪽에 앉아 있던 교감선생을 한 번씩 쳐다보고는 소리쳤다.

"교감, 교감!" 그 순간 아이들의 시선이 일제히 뒤에 서 있는 교감

선생에게 쏠리며 폭소가 터졌다. 나도 배꼽을 잡고 아이들과 함께 웃고 있는데, 교감선생은 이 상황에서 웃어야 할지 말아야 할지 난감한 표정을 지으며 어쩔 줄 몰라 했다. 왕뚜껑은 아랑곳하지 않고 침을 튀기며 수업에 열중했고, 교감선생도 어느 정도 난감한 심정이 수습되었는지 무표정한 얼굴로 수업을 듣고 있었다. 그러나 아이들은 이쪽저쪽에서 쉬지 않고 어깨를 들썩이며 킥킥댔다. 참 별난 수업이었다.

그는 지하 교무실로 온 이후로 왕따가 되기를 작정하기라도 한 듯 동료들과는 마주치려고도 않고, 역술책이나 들여다보며 책상 앞에 어항을 놓고는 날마다 금붕어와 알에서 갓 깨어난 열대어를 커다란 돋보기로 보면서 대화를 나누고 있다. 중얼거리는 소리가 너무 작아 무슨 말을 하는지는 모르겠지만 아무튼 열대어에 애정을 많이 쏟아 그중 한 마리가 죽기라도 하면 온종일 중얼거리다가는 그가 늘 가는 황학동에 가서 기어이 한 마리를 사오고야 만다.

며칠 전에는 교무실 옆 건물에 집을 짓고 살던 비둘기가 늙고 병들어 떨어진 것을 가져왔다. 비둘기를 신문지로 감싸 교무실 한 귀퉁이에 뉘어 놓고는 물을 주고 먹을 것을 주며 정성을 다했지만, 이틀을 못 넘기고 죽고 말았다. 그는 몹시 슬퍼하며 비둘기를 화단에 묻고 향불을 피워 장사를 지내더니 요즘 아침저녁으로 그곳에 가서 기도하고 있다.

하지만 혈기 왕성하던 왕뚜껑도 요즘 들어서는 뚜껑이 열릴 듯 말 듯 덜컹덜컹하다가는 그만 김이 새는 듯하다. 마누라와의 잠자리가 두려워 거실에서 혼자 잔다는데 꼭 아들 방문을 열어놓고는 아내가 문을 열고 거실에 나올 때마다 아들에게 헛기침해달라고 돈을 주면서까지 부탁한다고 하니, 이제 왕뚜껑 인생도 다 저물었고, 혹 뚜껑이 열린다 해도 김이 다 새버린다. 그런 뚜껑이 형이 불쌍해서 더욱 친하게 지내다 보니 나까지 동료들과 거리가 멀어졌지만, 아이들과는 더 가까워졌으니 그나마 다행한 일이다.

시간 쪼개기

윤종영

하루가 어찌 가는지 모를 만큼 정신없이 바쁘다. 시간의 소중함을 절실히 깨달은 이후로 한가하면 괜스레 불안하여 바쁘게 살기를 바라며, 바쁘게 살려고 노력했지만 '이건 아닌 것 같다.'는 생각이 들 정도다. 8월부터 집과 온양을 오가며 쉬는 날 없이 계속 일을 하다 보니 가끔은 아무 생각도 하기 싫어진다. 휴대폰을 들여다보는 것도 귀찮아 무음으로 놓고 잊어버릴 때도 많다. 순간순간 멍해진다. 할 일은 산더미인데 몸은 하나라 체력은 예전부터 바닥을 드러내고 있다. 일을 마치고 나면 실신하듯 쓰러져 자다가도 정신이 들면 해야 할 일들이 떠올라 하지도 못하면서 머리만 복잡하다. 생각은 있는데 몸이 따라 주지를 않으니 늘 걱정만 앞선다. 너무나 바쁘고 힘이 들어 약속을 지키지 못하고, 맡은 일을 제대로 처리하지 못해 신용 없는 사람이 되어가는 것이 가장 안타깝고 속상하다. 시간을 쪼갤 수 있다면 하루 24시간을 48시간으로, 아니 72시간으로 쪼개고 싶다.

시간을 쪼개어 쓰기 위해 '잠을 줄여서라도 할 일을 하자.' 다짐하지만 피곤해서 더 이상 잠을 줄일 수 없는 한계를 느낀다. '딱 2년만 참자.' 하면서 생각만 해도 숨이 막히는 것 같을 때는 눈앞의 현실로부터 가끔은 도망치고 싶을 때도 있다. 도저히 불가능할 것 같아 마음 졸이지만 또 닥치면 대충이라도 해결되니 오늘 하루를 아슬아슬하게 버틴다. 포기하지만 않는다면 불가능이란 없다는 말이 실감 난다. 매번 시간이 없어서라는 말을 달고 살다 보니 거짓말쟁이가 된 기분이다. 어쩌면 시간이 없다는 말은 게으른 나의 핑계인지도 모른다. 정말 부지런하고 성실한 사람을 보면 나보다 하는 일이 훨씬 더 많은데도 능숙하게 할 일을 다 한다. 그럴 때마다 나 자신을 되돌아보게 된다. 시간 활용을 제대로 하지 못해 마음만 바빠서 쉽게 지치는 것 같기도 하고, 체력이 부족하다 보니 몸이 마음을 따라가질 못해서 더 힘들게 느껴지는 것 같기도 하다.

누구에게나 똑같이 주어지는 하루 24시간, 성실한 사람들을 보면 24시간을 72시간처럼 활용하는데 왜 나는 24시간은커녕 12시간도 제대로 활용하지 못하는지 모르겠다. 하루 동안 해야 할 일을 절반도 못 하면서 늘 시간에 쫓기는 이유가 무엇인지 곰곰이 생각해 봤다. 계획 없이 불규칙적으로 생활하는 것이 시간 활용을 제대로 하지 못하는 가장 큰 문제점임을 알게 되었다. 예전에 가수 박진영의 하루 생활 모습을 TV방송에서 우연히 보았던 기억이 떠올랐다. 하루도 거르지 않고 자신과 약속한 것들을 지키고, 계획한 것을 철저하게 실천하는 걸 보면서 그렇게 생활하는 자체만으로도 놀랍고 대단하다는 생각이 들었다. 따라 해보고 싶다는 생각만 했을 뿐 지금까지 실천은 단 한 번도 못 해봤다.

이 글을 쓰면서 그동안 내가 바쁜 척하면서 얼마나 무계획적으로 불성실하게 살았는지 깨달았다. 돌이켜 보면 아쉬움과 후회뿐인 지난날의 어리석은 내가 보인다. 지난 시간을 조용히 되짚어 봤다. 가끔은 마음을 다잡고 노력하다가도 아프면 쉽게 무너지고 포기하기를 수없이 반복하며 대충대충 닥치는 대로 살았다. 참으로 무지(無知)하고 무식하게, 생각도 없고 대책 없이 살아온 것 같아 연신 한숨만 나왔다. 하루 24시간을 제대로 활용하며 살기 위해서 무얼 어떻게 해야 할까? 잠자리에 들기 전에 다음 날 할 일을 정리한 다음 시간 활용을 위한 계획을 세워 규칙적으로 생활해야만 가능하겠다는 판단이 섰다. 하루가 다르게 나빠지는 기억력 때문에 어디에 뒀는지조차 모르는 다이어리를 한참 동안 찾았다. 펼쳐보니 새해에 며칠 쓰고 쓰지를 않아서 깨끗하다. 언제 또 포기할지 모르겠지만 해야 할 일과 하고 싶은 일을 하기 위해서 시간을 쪼개어 열심히 살고 싶은 마음을 담아 날이 밝으면 해야 할 일들을 정리해 보았다.

모두가 잠든 지금, 이 순간에도 시계는 멈추지 않고 변함없이 일정한 간격을 유지하며 똑딱똑딱 가고 있다. 다시 돌아오지 않을 소중한 시간이 간다. 하루 24시간을 쪼개고 쪼개어 48시간처럼 더 부지런히, 더 성실하게 살고 싶다. 힘들어도 내 맘대로 움직이며 건강하게 오늘을 살 수 있음에 감사하는 마음으로….

외투

김지수

내가 겨울을 좋아하는 이유는 많다. 짙푸른 쪽빛하늘, 휘몰아치는 칼바람. 자신을 그대로 드러내고 서 있는 나목, 그것만으로도 갖가지 복잡한 상념을 털어낼 수 있으니 아무래도 겨울과 나는 궁합이 맞나보다. 뿐인가, 서걱서걱 얼음 섞인 동치미국물에 말아먹는 쫄깃한 국수, 달착지근한 냄새를 풍기며 익어가는 군고구마, 붕어빵을 구워내는 아저씨의 웃음 띤 얼굴, 그 앞에서 먹는 달고도 바삭한 붕어빵, 이러한 것은 겨울이 아니고는 만끽할 수가 없다. 그러나 이 무엇과도 비교할 수 없게 좋은 것이 외투다.

외투란 사계절 늘 필요한 건 아니다. 봄, 여름, 그리고 가을은 장롱 속에 없는 듯 숨어 있다가 빛을 보는 건 겨울 한 철뿐이다. 힘이 들 때 부모가 생각나고 아파야 의사를 찾듯이 춥지 않으면 잊고 사는 게 외투다. 포근하고 따스한 오버코트를 입고 거리를 활보하노라면 아무리 추워도 울이 튼튼한 집에서 사는 느낌이다. 듬직한 보호자의 품 속 같다.

내게는 외투가 여러 벌 있다. 별 모양은 없으나 바람과 추위를 막아주는 따스한 것, 길이가 짧아 편한 것, 보온은 그저 그렇고 불편하지만 모양은 그만인 것 등이다. 생각해보면 지금까지 사는 동안 내게 외투 역할을 해준 사람들은 내가 가지고 있는 외투의 숫자보다 더 많다.

아버지는 가장 크고 따사로운 나의 오버코트였다. 인성이며 감성이 숙성되어 가는 스무여 해의 세월을 그 안에서 별 탈 없이 자랐으니 말이다. 흰 눈이 내리면 화롯불에 찹쌀떡을 구워주고, 찬바람이 휘몰아치는 날이면 석쇠에 곱창을 구우며 소곡주를 맛보이시던 아버지는 그 긴 겨울밤을 오히려 정겹고 짧게 만들어 주었다. 삭막한 겨울이 낭만적으로 생각되는 것은 순전히 아버지라는 포근한 외투가 있었기 때문이다.

아버지는 주위사람들에게 무서운 분으로 통했다. 내가 어렸을 적엔 대부분 가정이 그랬겠지만 아버지의 권위는 실로 막강했다. 집안의 경제며 내무, 외무, 모든 권한을 한 손에 쥔 통치자였다. 말이 없고, 웃음이 적고, 정과 사랑은 표현하는 일이 많지 않았지만 나는 그런 아버지가 좋았다. 늦둥이 막내인 나에게는 늘 예외였기 때문일까. 아버지 곁에만 있으면 세상 걱정이 없었다. 아무리 추워도 두툼한 외투를 입었을 때처럼.

스무 몇 해를 지나자 외투를 바꾸어 입게 되었다. 남편이라는 이름의 외투다. 바뀐 외투는 모양과 크기가 전의 것과 많이 달랐다. 새로운 맛과 멋을 풍겨주는 대신에 아버지의 것처럼 무조건 편안하지만은 않았다. 때론 너무 조여 답답한가 하면, 색깔이 내게 맞는 것 같지 않아 버리고 싶기도 했다. 허나, 소중하게 간직하고픈 남다른 매력을 그 외투는 가지고 있었다.

뿐인가. 모든 사물을 바르게 볼 줄 아는 능력을 키워준 스승이며 어른들. 넉넉한 감성을 갖는데 도움이 된 형제며 친구. 그들은 모두 나의 크고 작은 외투가 되어 내 인생이라는 옷장에 걸려있다

며칠 전 큰아이가 학위논문집을 가져다주었다. 아들이 4년의 학부와 그리고 또 2년의 석사과정을 공부한 결실이었다. 내용은 땅속에 스며드는 중금속의 원소며 용해도의 특성에 관한 아들의 전공분야였다. 그러니 알기가 어려웠다. 어미의 얄팍한 마음인가. 나의 관심사는 그 속에 적힌 '감사의 글'에 더 쏠렸다.

왜 그리도 감사할 분들이 많은지. 은사며 친구, 또 선후배. 그리고 누구나 그러하듯 맨 밑에 적어둔 말은 부모의 몫이었다. 아들은 '부모님께는 고마움을 그 무엇으로도 대신할 수 없다'고 했다. 이 진하디진한 한마디의 말. 남에게는 대수롭지 않은 말인지도 모르겠지만 나에겐 그 무엇도 대신 할 수 없는 소중한 보석이었다.

큰아이는 무뚝뚝할 정도로 말이 없다. 나갈 때는 "다녀오겠습니다." 다녀와서는 "안녕히 주무세요."라는 두 마디가 전부인 날도 있다. 아들은 별로 요구하는 게 없다. 그것이 늘 더 많은 것을 주고 싶은 마음이 되게 하는지도 모른다.

이제 아들은 사회의 일원이 되어 일하며 공부하고 있다. 시간이 흐를수록 하나의 독립적인 개체로 성장해간다. 그런 아이를 보며 대견하면서도 모든 잎을 다 떨구어낸 겨울나무같이 느껴지는 쓸쓸함은 또 무엇인지. 그것은 나라는 외투가 아이의 어깨에서 벗겨지는 때가 점점 가까이 다가오고 있다는 것을 알기 때문이 아닐까.

사람은 누구나 외투의 역할을 한다. 이제 나는 아들이 벗어야하는 낡은 코트가 되고 아들은 나의 새로운 외투가 되어간다. 그러나 아들이라는 외투는 몸에 걸치고 나서지 않아도 그냥 생각만으로 흐뭇한 모피코트처럼 가슴이 훈훈하다. 외투만 생각하면 그 추운 겨울이 기다려지고 그 기다림이 즐거웠던 것처럼…. 자식은 그런 건가 보았다.

전화벨이 울린다. 친구가 집 근처에 있다며 잠깐 보자는 내용이다. 나는 하던 일을 멈추고 작업복 위에 코트를 걸쳤다. 현관문을 나서니 찬바람이 휙 몰아친다. 외투 깃을 세우며 추울세라 품을 꼭 여몄다. 새삼 그 따스함에 가슴이 벅차오른다. 순간 뜨거운 눈물이 주르르…. 이건 또 뭐지?

*작가 메모

나는 몹시 추위를 탄다.

그런데도 칼바람이 볼을 스치고 쨍하니 얼음 갈라지는 소리가 들리는 겨울이 좋다. 그 이유가 뭘까? 아무래도 전생에 몰락한 러시아의 귀족, 아니면 눈이 푹푹 쌓이고 산타가 살고 있다는 핀란드의 로바니에미, 그곳에서 어둠을 밝히는 초를 만드는 여인이었는지 모르겠다. 그들은 외투가 없이는 살지 못했을 것이다.

그래서인가 외투가 좋고 그것을 입을 수 있는 겨울이 좋은 이유는…. 또 영혼의 외투를 훌훌 벗어버릴 수 없는 이유다.

행운, 그 빛과 그림자

이순자

누구나 자신에게 행운이 있기를 바란다. 하고자 하는 일, 바라는 일에는 물론이고, 일상생활을 하면서도 좋은 운을 기대한다. 요즘처럼 경제적 생활이 불안하고 힘들수록 그런 바람은 간절해진다. 횡재(橫財)를 만나거나 대박이 터져 주기를 꿈꾼다. 행운을 만난 사람이 다 그렇지는 않겠지만, 영혼을 기절시킨 것 같은 순간의 빛나는 행복 뒤에 숨어 있을 그늘은 아예 생각하지도 않고.

'행운(幸運)'이란 말을 사전에서 찾아보면 '좋은 운수, 행복한 운수'로 풀이되어 있다. '운수(運數)'라는 말은 이미 정해져 있어 인간의 힘으로는 어쩔 수 없는 천운(天運)과 같은 운을 뜻한다고 한다. 그러니까 행운은 아무나 흔히 누릴 수 있는 복은 아닌 것 같다. 전적인 자신의 의지나 노력보다 내 밖의 어떤 보이지 않는 기운에 의한 축복이란 뜻의 비중이 크다.

누구나 익히 아는 나폴레옹1세와 네 잎 클로버의 꽃말 '행운' 이야기. 전쟁터에서 프랑스군을 지휘하던 나폴레옹이 우연히 네 잎 클로버를 발견하고 따려고 몸을 숙이자 그때 그의 머리 위로 총알이 지나갔다. 만약 몸을 숙이지 않았다면 목숨을 잃을 뻔했다는 이야기. 사실이건 아니건 '행운'의 고전적 의미로 전해오고 있다. 의도하지 않고 예상하지 않았던 뜻밖의 좋은 운수를 의미하는 것이라 여긴다.

행운을 꿈꾸며 복권을 사는 사람들을 흔히 볼 수 있다. 일확천금의 요행을 바라고. 특히 금요일 오후, 토요일 오후 6시 즈음에는 거리의 복권 판매점 앞에 사람들이 길게 늘어선 것을 볼 수 있다. 매주 토요일 오후에 로또복권 추첨이 있기 때문이다. 로또는 공공기관 등에서 특정한 사업자금을 마련하기 위해서 발행하는 것으로 온라인연합복권이라고도 한다. 이와 같은 성격을 가진 복권은 1971년 6월 미국 뉴저지주에서 시작됐는데 우리나라는 2002년 12월부터 시행해 왔다.

지금까지 살아오면서 복권을 사거나 투기에는 별 관심을 두지 않았다. 몇 번인가 요행을 바라고 복권을 사보았지만, 한 번도 맞지 않았다. 주택 건설 붐이 한창일 시기에 순수 거주의 목적을 갖고 신도시에서 분양하는 아파트를 청약해 보았지만, 당첨의 행운은 없었다. 재운이 따르지 않고 '내 몸과 능력으로 정직하게 노력해서 살아야 하는 팔자구나.' 하는 자격지심이 들었다. 그리고 내 삶에 대한 여러 가지 부정적인 감정들이 일어서 상당 기간 속상해하고 의기소침했던 경험이 있다.

토요일, 우연히 티브이를 켜니 로또복권 당첨번호 추첨 실황을 방영한다. 1등 당첨자가 다수 나오고 각각의 당첨자가 몇 십억 원씩의 당첨금을 받는 기막힌 행운, 횡재를 본다. 잠시 놀라움과 부러움을 느끼다가, 며칠 전 복권으로 인한 사건을 다룬 신문기사가 생각난다. 수년 전 50대의 남성이 로또 1등 당첨금으로 8억 원을 받았다. 형제 셋에게 1억씩을 주고, 나머지 당첨금으로 전통시장에 정육점을 차렸지만 해가 갈수록 장사가 되지 않았다. 동생은 형에게서 받은 돈과 자신의 돈을 합쳐 집을 샀는데, 적자에 허덕이던 당첨자 형이 그 동생의 집을 담보로 은행에서 대출을 받았다. 대출이자는 형이 내기로 하고. 그러나 계속 장사가 잘되지 않아 몇 달간 대출이자도 내지 못했다. 결국, 파업에 이르고 은행 빚 독촉에 몰려 형제간 말다툼을 하다 동생을 해친 것이다. 행운이 극악한 마귀와 같이 온 것일까?

1990년대 초에 미국에서 4530만 달러(한화로 533억 6340만원)의 복권에 당첨됐던 톰 히티 가족이 한 말을 통해서도 행운의 눈부신 번쩍임에 가려진 그늘, 그 마성을 알 수 있다. "우리 가족은 부가 얼마나 사람을 추악하게 하는지 당첨 이후에 알게 됐다." 친척들이 들러붙고, 생면부지의 사람들이 찾아와 도움을 요청하고 협박까지 하니, 생명의 위험을 느껴 불안하고 행복하지 못했다는 것이다. 복권에 당첨된 사람들의 당첨 후의 삶의 동향을 조사한 바에 따르면, 1/3정도가 파산한다고 한다. 또 당첨금을 나누는 과정에서 싸움과 소송이 벌어져 가족들이 갈라서게 되고 급기야는 살인에 이르게도 된다고 해서 '두려운 로또의 저주'라는 말까지 생겨났다.

행운이 어딘가의 보이지 않는 힘의 축복이라 하더라도 일방적이거나 우연은 아닌 것 같다. 우선 복권에 당첨되려면 나가서 복권을 사와야 한다. 당첨의 기회를 잡기 위해 준비할 필요조건이다. 복권 당첨 추첨 시기가 가까워지면 많은 사람이 복권 판매점에 몰린다. 한 사람이 수만 원까지 사기도 하고, 당첨이 잘 일어난다는 유명 판매점을 불원천리 찾아가기도 한다.

고대 로마의 철학자 세네카(Lucius Annaeus Seneca. BC 4 ~ AD 65.4)는 "행운은 준비가 기회를 만났을 때 온다."라고 설파한 것으로 보아 서양에서는 행운이 성공을 위한 덕목 중 하나로 보고 매우 진지하게 생각했던 것 같다. 미국 스탠퍼드대 심리학자 존 크롬볼츠는 '계획된 우연'이라는 이론에서 '성공하는 사람들은 행운을 부르는 사건과 자주 만나려고 일부러 의도적으로 계획하고 행동한다. 그저 수동적으로 우연을 기다리는 게 아니라, 우연이 자주 일어나도록 적극적으로 관여하고 노력한다'라고 행운이 우연이 아님을 설득력 있게 밝힌다.

행운은 끊임없이 바라고 준비한 또는 준비하는 마음과 행동의 운동성과 기회가 절묘하게 만나 생긴 결과인 것 같다. 마치 행운은 자신 밖에 있는 우주의 풍요로운 기운과 자신의 간절한 기도가 맞닿아 이루어진 신의 은총 같은 것이리라.

성공한 많은 유명인의 성공비결을 물으면 대답 끝에 어김없이 공통으로 하는 말이 있다. 겸손을 표현한 말이겠지만, "행운이 함께했다."라고. 세계 억만장자 946명 중 60%가 자수성가형이라는 사실로도 행운은 우연히 찾아오는 것이 아닌 것 같다. 그들을 성공하게 한 행운의 의미가 밝고 빛나는 면이 있는가 하면, 그 이면에는 자신에게 닥친 곤란과 역경에 동요되지 않고 고난과 시련을 겸허하게 받아들이면서 극복한 의지가 더 깊고 넓다.

누구나 행복한 삶을 누리고 싶기에 행운을 바란다. 내 밖에 있어서 막연하고 불확실한 미래에 대한 기대가 행운이라면, 행복은 이미 내 안에서 겪어 본 충분한 만족, 기쁨을 느끼어 흐뭇한 현실적 실질적 현재형의 감정인 것이다. 행복은 우리 마음 안에 있는 것이라서 언제든지 꺼내어 쓸 수 있어 삶이 힘들 때 평안과 위로, 용기를 얻을 수 있는 원천인 셈이다.

시 「풀꽃」으로 유명한 나태주 시인은 「행복 2」라는 3연의 시에서 '저녁 때/ 돌아갈 집이 있다는 것// 힘들 때/ 마음속으로 생각할 사람 있다는 것// 외로울 때/ 혼자서 부를 노래가 있다는 것'이라 노래했다. 가을하늘처럼 청명하지만 따뜻함이 고즈넉이 담겨있는 이 시를 읽으면 참으로 행복하다. 그렇다. 행복한 사람은 쉴 곳이 있고, 사랑하는 가족이나 친구가 있고, 향유 할 문화를 가지고 있다. 행복은 우리의 삶 가운데 있다. 그것도 멀리 있는 게 아니다. 나 자체인지도 모른다. 살아 있는 생명체로 존재하는 것이 얼마나 큰 행운인가?

네 잎 클로버가 행운의 상징이라면 세 잎 클로버는 행복을 상징한다고 한다. 로또 복권에 당첨되는 행운은 풀밭에서 찾기만 하면 눈에 띄는 세 잎 클로버를 제쳐 버리고, 눈 크게 뜨고 찾아도 잘 보이지 않는 네 잎 클로버를 찾으려는 것과 같다. 내 옆에 널려있는 행복은 무시하고, 진지한 노력 없이 행운을 잡으려는 욕망의 행위다. 복권 당첨으로 돈벼락을 맞은 사람 중에는 패가망신한 불행한 경우도 적지 않다. 행운은 번쩍임만 있는 것이 아니라 행운을 감사하며 겸손하게 관리하여 행복을 누릴 줄 아는 내공이 부족해서 생긴 그림자도 있다.

운도 실력이고 행운도 창조하는 세상이라 하지만, 어차피 인생은 길흉화복(吉凶禍福)의 무늬를 짜며 흐르는 시간여행인데, 안달하지 말고 현재의 복에 감사하고 만족해야겠다. 재물은 넉넉지 않으나 초라한 집 한 채가 있고, 건강 그런대로 유지하고, 하고 싶은 일이 있고, 사랑을 주고받는 사람들이 있으니 이만하면 행복한 사람 아닌가. 현재의 내 삶 자체가 행운이 아닌가?

주선(酒仙)의 길

신지호

코로나의 위세가 좀처럼 수그러지지 않는다. 사람들의 정서적 폐해가 말이 아니다. 평생 '낭만과 여유'를 삶의 모토로 살아온 나는 깊어가는 이 가을 수심(愁心)에 울적하기만 하다. 이럴 때 그 전 같으면 한 잔 술로라도 마음을 달랬을 것이다.

나이 들어가면서 술이 입에 잘 당기질 않는다. 평생 즐기던 것이라 마음 한 구석이 허전해진다. 물론 지금도 정겨운 사람들과의 모임 같은 데서 술잔을 부딪치며 '위하여' 하고 건배라도 할라치면 제법 활기가 솟는 것이 술에 대한 정취(情趣)만은 여전한 것 같다.

하루에 한두 잔은 약이 되고 보(補)가 된다고 하지만, 세상에 술처럼 자제하기 어려운 것이 없구나 하는 것을 안다. 한창 시절에는 한 잔이 들어가면 그 알싸한 쾌감이 두 잔을 당기게 하고 두 잔이 들어가면 서너 잔은 금방이었다. 없던 입심이 나오고 호기(浩氣)가 팔팔해진다. 그러다 보면 2차 3차로 이어지는 경우도 많았다.

애주가들은 술 마실 핑계거리가 많다. 기뻐서 마시고 슬퍼서 마시고 하는데 나는 거기에 분위기를 더 보탠다. 반가운 사람 만나면 술잔부터 부딪치고 싶었다. 봄날 벚나무 아래, 가을 단풍 그늘 아래, 눈 내리는 겨울날 뜨뜻한 아랫목은 바로 술자리로 연상이 될 지경이다. 재직 시절에 퇴근 무렵이면 으레 떠올리는 것이 어디 오붓한 자리였다. 좋은 사람들과 어울림에는 술 한 잔보다 더한 것이 있을까. 나폴레옹 꼬냑이 어떻고, 프랑스산 와인이 어떻고 하는 혀끝 간지럽히는 술의 맛이나, 지체 높은 술집이 아니라도 마음을 열어놓고 도란거리는 술자리의 인정들이 더 좋았다.

젊었던 시절, 근무하던 학교에서도 술자리에는 거의 빠지지 않았다. 그때 교장선생님은 우리 어울려 다니는 사람들에게 '8대 주당'이라는 올가미 같은 간판을 하나 달아주셨다. 그뿐 아니라 각자의 술버릇에 따라 그럴듯한 별칭까지 하나씩 선사했다. 이를테면, 술자리 끝에 행패가 좀 있었던 사람은 주폭(酒暴)이라고 했다. 이런 식으로 해서, 얼큰한 기운에 말이 많아지는 사람, 정신을 놓아버리는 사람, 행동에 중심을 잃고 비칠비칠한 사람, 조용히 곯아떨어진 사람들에게는 각각 주사(酒辭) 주미(酒迷) 주광(酒狂) 주침(酒寢) 등의 이름이 매겨졌다. 술을 별로 즐기시지도 못하는 분이 어떻게 그리 현장의 상황들을 잘 파악하고 있는지 신기한 일이었다. 술버릇 나쁜 사람들에게 은근히 주의를 환기시키는 배려인 듯싶었다.

일당 중에는 괜찮게 보이는 사람들도 있었는데, 이를테면 똑같이 마시고도 남의 뒤치다꺼리까지 다해주는 사람은 주봉(酒奉)이었다. 내게는 황송하게도 주선(酒仙)이라는 이름이 내려졌다. 남들 앞에 툭 튀지를 못하는 성격을 그대로 술자리에 대입시켜 버리신 모양이다.

술 먹는 사람이 왜 실수가 없겠는가마는, 그 별칭이 싫지가 않아서 더욱 조심을 했다. 그리고 심리학에서 자성예언(自省豫言)처럼 그 이름을 지키려고 평생 유념을 하고 살았던 것 같다.

술이 들어가면 혀가 나오고, 혀가 나오면 말실수를 하고, 말을 실수하면 몸을 망친다는 말이 있다. 잘못 마신 술은 이렇게 말로써 세상의 비웃음이 되는 것 말고도, 건강을 해치고 가정과 직장의 분위기를 어지럽히고, 또는 가정경제를 피폐케 하는 등 폐해가 따를 수 있다. 술 때문에 자기 할 일을 제대로 못해서 말년이 초라하게 된 사람도 있으리라. 나도 이중 어느 범주 속에 있을 것이라 해서 멋쩍은 웃음이 난다.

요즈음 의료계에서는 건강상 술의 폐해에 대해 극성이다. 인체 어느 질환이고 술의 영향을 받지 않는 것이 없다고들 이론이 분분하다. 나 또한 불안 속에 살고 있기는 하다. 그러나 어떤 걱정이 따를망정, 나는 마음 따스한 술의 정서만은 살리고 싶다.

술로써 시를 빚어낸 진짜 주선(酒仙) 이백(李白)의 시를 음미해본다.

> 술을 마시다 보니 어느덧 날이 어둡고(對酒不覺暝)
> 옷자락에 수북이 쌓이는 낙화여(洛花盈我衣)
> 취한 걸음 달 밟고 돌아갈 제(醉起步溪月)
> 새도 사람도 없이 나 혼자 간다(鳥還人跡稀)

세상 근심 잊어버리고 세월 가는 줄 모르는 유유자적(悠悠自適)이 부럽다. 마음이 답답할 때면 주선의 흥을 내 읊조려 본다. 생각해 보면, 술이 내 생애를 살맛나게 했는지, 허허롭게 했는지, 굳이 따질 필요가 없는 나이가 되었다. 그러나 그 많던 술자리들을 돌이켜

본다. 세상을 이겨내지 못하는 좌절감으로, 또는 내가 아니해도 세상일은 돌아갈 것이라는 안일함에 젖어 속절없이 마셨던 적도 있다. 그리고 턱도 없는 욕심을 내세워 힘에 부치면 술로 얼버무리고 있는 것이나 아닌지, 그 새에 남에게 험을 잡히거나 폐를 끼치는 줄도 모르고 혼자 시시덕거리고만 있는 지도 모른다. 그러다가 가뭄에 물줄기 졸아들 듯 눈도 귀도 마음도 시난고난 시들어가고 있는 것이 아닌지 해서 걱정도 된다.

그래서는 안 될 일이다. 비록 옛날에 운이 좋아 당치않게 얻어들은 주선(酒仙)이지만, 그 이름만은 간직하고 싶다. 어찌 이백 시의 참 맛을 그대로 느낄 수가 있고, 선인(仙人)의 경지를 짐작이나 할까마는 나름대로의 주도(酒道)는 지키려 한다. '훌륭한 사람은 술에 취하면 착한 마음을 드러내고, 조급한 사람은 사나운 기운을 낸다'는 어느 선인(先人)의 말을 항상 염두에 두고 살아왔다. 언제까지고 지나치지 않은 약술로, 세상을 아름답게 볼 줄 아는 지혜를 얻고, 좋은 자리에서 좋은 사람들과 어울려 살맛나는 인정을 나누었으면 한다. 취흥의 멋과 맛을 살리고, 한 잔 술에 활기까지 넘친다면 그것이야말로 누구나 주선(酒仙)의 길이 되지 않을까.

노래한다. 금수강산(月亭公墓)

임봉훈

月亭公墓(월정공묘)를 찾아간다. '달과 亭子(정자)' 傳(전)하는 글자의 뜻은 '亭'字(자)를, 酒幕(주막) 旅館(여관) 또는 亭子(정자) 驛站(역참)이라고 한다. 달월 '月'자는 밤이 되면 온 世上을 밝혀주기도 하고 밤낮을 가려주면서 神秘(신비)하도록 感性(감성)과 만물을 어루만져준다. '달과 亭子'를 즐기는 月亭公(월정공)은 太祖(태조) 李成桂(이성계) 異腹兄(이복형)인 元桂(원계)의 사위이다. 그의 墓號(묘호) 역시 權力(권력)에 걸맞는 柳陵墓(유능묘)라고 전한다. 名(명)을 '廷顯(연현)'으로 하니 '朝廷(조정)에 나타난다'라 하고 字(자)를 '汝明(여명)으로 하니, '너는 밝아라'라고 풀이하기도 한다. 當代(당대)의 名門大家(명문대가) 文化柳氏(문화유씨)이다. 檀紀 4351(2018)年 5월이었다.

금회는 學究(학구), 學術(학술) 歷史探訪(역사탐방) 29年次(년차)이다. 志學(지학)威德(위덕)으로 遺跡(유적)탐방하고 紀行文(기행문)과 時調(시조)와 律詩(율시)를 즐겨왔다. 老年(노년)의 資産(자산)이라고 생각을 하니 이른 아침, 동트기 전부터 부산하다. 집을 나선다. 一山(일산)에서 矜井驛(긍정역)까지는 약 3시간이 所要(소요)된다. 3번을 갈아 타야한다. 지나온 날들이 走馬燈(주마등)처럼 스쳐간다.

오래도록 大型(대형)버스를 賃借(임차)하고 韓半島(한반도) 땅끝 마을까지 眞知(진지)한 興味(흥미)를 가지고 구석구석 누벼왔었다. 그러나 지금은 옛이야기이다. 京畿(경기)지방 서울 中心으로 漏落(누락)된 곳을 찾아다닌다. 30星霜(성상)의 끈기와 鬪志(투지) 努力(노력)과 年輪(연륜)은 在野學術團體(재야학술단체)로서 自矜心(자긍심)과 自慰(자위)를 가지게 한다. 30권 더하기 알파의 국내외 탐방 紀錄物(기록물)들이 答(답)을 하지 않을까 기대하면서.

오늘도 地下鐵(지하철)과 택시, 버스를 活用(활용)하기로 하였다. 安養市(안양시) 비산동(飛山洞)에 있는 來美安村(래미안촌)이다. 團地(단지)내에 있는 陵墓(능묘)를 探査(탐사)한다. 지도교수 中崔權興(최권흥) 선생을 비롯하여 洪永杓(홍영표)박사와 文人作家(문인작가) 및 많은會員(회원)들이 참여하였다. 鐵柵鐵網(철책철망)으로 둘러싼 울타리(離牆)로 出入(출입)을 막고 있었다. 돌고 돌아, 풀과 가시넝쿨 숲속을 헤맨다. 울창한 樹木(수목)이 얽히고설키어 現場接近(현장접근)을 힘들게 한다. 都市開發(도시개발) 美名下(미명하)에 放置(방치)된 慾望(욕망)의 그림자가 아닐까? 아쉬움이 남는다.

碑石(비석) 글과 전하는 글들을 찾아 읽어야 하기 때문이다. 그 밖의 유물들은 기록으로 남겨야 하는데 踏査環境(답사환경)과 초여름 더위가 힘들게 한다. 쉬운 곳이 아니었다. 넓지 않는 공간의 墓(묘)에는 2미터쯤 되는 월정공(廷顯)묘비와 和敬宅主(화경택주) 완산이씨, 貞敬夫人(정경부인) 청주정씨의 墓表石壇(묘표석단)과 文人石(문인석) 2개 童子石(동자석) 두 개와 床石(상석) 등이 他墓(타묘)와 密接(밀접)

하고 있었다. 잘못되어지고 있는 傳統文化(전통문화)의 現住所(현주소)를 보는 것 같기도 하다. 문중 안내자는 보이지 않았다. 감고의 아쉬운 대목이다.

다행스럽게도 安養(안양)의 文化遺産(문화유산) 解說士(해설사) 세 분이 고맙게도 同行(동행) 함께한다. 丁奉子(정봉자)회장, 安東淑(안동숙)부회장, 임원 廉永浪(염영낭)씨 등은 遺蹟地 案內를 해주었다. '安養(안양)'이라는 地名(지명)에는 由來史(유래사)가 있었다. 高麗王建太祖(고려왕태조)는 남쪽 征伐(정벌)을 위하여 安養寺(안양사)가 있는 三聖山(삼성산)을 지나는데 '五色(오색)구름이 彩色(채색)을 이루자' 異常(이상)하게 여기고 가보았다고 한다. 그곳에서 '능정'이라는 스님을 만나게 된 緣由(연유)로 새운 寺刹(사찰)이라 한다. 安養(안양)토박이로 文武(문무)를 겸한 月亭은 謚號(시호)가 '貞肅(정숙)'으로 그의 잔영이라고 하였다.

지도교수는 다음과 같이 熱講(열강)을 한다. 태어날 때부터 出衆(출중)하여 곧 華職(화직)으로 密直司(밀직사) 등과 左右代言(좌우대언)에 出仕(출사)한다. 때에 나라가 混亂(혼란)하여졌다. 麗朝臣下(려조신하)로서 壬申變易(임신변역)에 不服(불복)하니 遠方(원방)으로 放置(방치)된다. 民心(민심)이 㐫㐫(흉흉)하게 되어 급한 부름을 받게 된다. 元臣(원신)이요 姻親(인친)이라는 까닭이다. 전라도, 충청도의 都管察使와 東北(동북)면 都宣撫處置使(도선무처치사)를 역임하게 된다. 후에 都統舟師(도통주사)로서 肅淸島(숙청도)에 침입한 倭軍(왜군)을 물리쳐서 功(공)을 새운다. 領議政(영의정)에 오른다.

嚴毅果斷(엄의과단)하고 謙約勤愼(겸약근신)하니 論議剛正(논의강정)

으로 無所忌避(무소기피)의 治積(치적)을 남기고 享年(향년) 72歲(세)로 考終(고종)한다. 어찌 康福孔夷(강복공이)가 아니리오. 四代祖(사대조)까지 살펴보면 考(고)는 文化君(문화군)이라는 君號(군호)를 내려받았고 祖(조)는 大提學(대제학) 벼슬을, 曾祖(증조)는 孝子旌門(효자정문), 高祖(고조)는 中贊(중찬. 시중)벼슬을 역임한 '璥(경)'이다. 安珦(안향)이라는 大學者(대학자)의 스승이었다. 우리나라 最初(최초)로 鄕校(향교)를 새워 後進養成(후진양성)을 이끌게 한 큰 스승이었다. 江華島(도강화) 건너편 喬桐島(교동도)에 現存(현존)하고 있다.

교동도는 漢江(한강)과 臨津江(임진강) 開城(개성)의 大成江(대성강)이 바다와 합류하는 海口요, 江口로 隣接(인접)하고 있다. 陸地(육지)로 들어가는 黃布(황포)돛대 뱃길이 아니었을까? 사연도 많으리라. 달빛! 달빛처럼. 외로우면서도 외롭지 않기도 하고, 밝기도 하고, 어둡기도 하리다. 世上萬事(세상만사)는 뜻대로 되기도 하고 되지 아니하기도 하리다. 黃布(황포)에 서린 달빛처럼. 月亭(월정)은 安養(안양)에서 태어나 故鄕(고향)을 아끼고 고향에서 考終(고종)을 엮었건만 나그네들은 달빛이 비추어 주는 대로 다음과 같이 七言律詩(칠언율시)에 담아 읊고 노래하고 뒤돌아보게 한다. 한줄기 역사를 즐기는 하루였다.

잠시 헤어짐은 또 다른 만남

- 한강기맥 4구간 산행기

이근순

이른 아침 서울을 출발한 버스는 보래령(평창군 봉평면) 들머리에 산객을 내려놓았다. 엷은 안개가 걷히고 있는 6월 초순의 강원도. 신록이 퍼지는 숲은 마치 초야를 치르고 난 신부처럼 청아하고 정갈하다. 지난 4월, 속살거리던 봄비가 눈보라로 바뀌면서 황홀한 설경을 보여주었던 운두령(1,100)과 계방산의 자태가 생생한데, 봉평 군민들이 'Happy Line'이라 부르는 보래령(1,324)부터 장곡현까지의 산길은 기대 이상일 것이다.

메밀꽃으로 유명한 봉평에서도 한참 떨어진 계방산 아랫마을은 슬픈 역사의 주인공이기도 하다. 화전을 일구며 평화롭게 살던 한 가족이 남북(南北) 냉전의 틈바구니에서 비참하게 죽음을 당한 후 세상에 알려졌다. 지도에서 보거나 그 근처를 지나가기만 해도 가슴 한켠에 차가운 바람이 인다. 어언 40여 년의 세월이 흘러 망각 속에 묻을 법도 하건만 아직도 그 비극은 진행형이기에 대신 가슴에 묻는다.

오전 10시 30분, 통한에 젖은 영혼들의 명복을 빌면서 산행을 시작한다. 점점이 박힌 들짐승 발자국을 쫓아 계곡으로 들어선다. 온몸을 던지듯 빠르게 흐르는 물, 저 물은 아래로 내려가는데 우리는 혼신의 힘을 다하여 오르고 있다. 자신의 키보다 수백 배 높이의 폭포를 거슬러 올라가는 열목어 본능은 생존의 절박함 일진대, 나에게도 차가운 바람에 씻길 울화병이 있는 것일까.

오지 숲은 거칠고 묵직하다. 함부로 얽힌 넝쿨이 자꾸 앞을 막아선다. 개울 중간중간 미끈거리는 돌 위에 육감적인 색채를 떨치는 이끼들과 융단처럼 깔려있는 야생화 사이를 1시간가량 오르니 된비알이다. 힘든 구간을 만나면 순간 생각이 없어진다. 오직 앞으로 가야 한다는 명제만 있을 뿐이다. 끊임없이 흘러내리는 땀조차 개운하다. 여름 산행의 묘미다. 그렇게 10분을 더 오르니 보래령 능선을 알리는 삼각점이 보인다. 잠시 숨을 고르는데 등이 서늘하고 팔뚝에 오슬오슬 돌기가 선다. 주섬주섬 겉옷을 걸치면서 속으로 끌끌거린다. 어쩔 수 없는 존재의 나약함이란.

오전 11시 50분. 드디어 한강기맥 능선을 밟는다. 간간이 남아있는 철쭉꽃이 산객을 반긴다. 오르고 내리면서 가끔씩 뒤돌아본다. 지나온 길이 그새 아득하다. 지난겨울 삭풍에 갈기를 세우며 포효하던 대간의 능선들은 울울창창 빽빽하여진 나무들에게 잠시 자리를 내어 주고 휴식 중이다. 암청색 골바람으로 호령하던 두로봉(1,422)과 상왕봉(1,491) 비로봉(1,563.4) 계방산의 정상을 어림하여 본다.

그러나 지금은 온통 초록바다다. 나는 한 폭 수채화 속의 불청객이 되지 않으려고 주위의 나무들과 꽃들과 새들의 눈치를 보면서 걷고 또 걷는다. 가끔은 반대 방향에서 오는 다른 산악회 사람들과 덕담을 나누면서 산속으로 점점 스며든다.

일 년 전 겨울, 산제(山祭)를 지냈던 자운치 정상을 지나다 길을 잃었다. 아마도 숲의 요정에게 한눈이라도 팔았지 싶다. 중간의 삼각점에서 오른쪽으로 떨어지는 길을 밟아야 하는데, 흥정산 정상을 지나 계속 전진한 것이다. 갈림길에서 지도 확인은 필수임을 간과한 탓이다. 그러나 잃는 것이 있으면 얻는 것도 있는 것이 우리네 삶 아니던가. 헤매기는 하였지만 다시 안기고 싶었던 회령봉 언저리를 돌고 돌았으니 이 또한 좋은 것이니라.

정월(正月) 낙조 아래서 유난히 포근했던 회령봉 정상. 참나무와 잡목이 삭풍도 막아주니 잠깐 쉬었다 가기에는 금상첨화였다. 언뜻 보니 표주박을 뒤집어 놓은 형상이 꼭 성숙한 여인의 자궁 같았다. 아마도 정령들이 숨겨 놓은 길지(吉地)가 있다면 바로 이곳이 아닐까 하는 생각을 하였다. 40분을 되돌아 겨우 찾은 삼각점은, 이미 무성해진 숲과 풀로 희미한 길의 흔적만 있었다. 편안하고 호젓한 내리막 양편의 산죽들. 한 겨울 눈 속에서 나무들의 뿌리를 지키다 이제는 누런 잎과 빈 마디로 여름을 기다리고 있었다. 생존을 위한 지혜가 참으로 가상하다.

오후 4시 40분 불발현 임도에서 7킬로 정도 떨어진 청량봉(1052)으로 향했다. 절개지(切開地)를 어렵게 오르니 다시 이어지는 능선은 짧은 내리막에 긴 오르막으로 이내 숨이 가쁘다. 오후 6시, 다시 임도를 버리고 시나브로 어둠이 짙어가는 왼쪽 산으로 접어들었다. 피곤한 발은 급한 마음과 달리 헛발질이다. 시간에 쫓겨 흥정산 왼편 계곡의 빽빽한 잡목을 헤치며 거의 구르듯이 내려오니 멀리서 물소리가 들린다.

꽉 채운 긴 하루가 끝나가는 오후 7시. 2㎞남은 장곡현이 지나온 길보다 더 지루하다. 다행히 계곡의 시원한 물소리가 피곤을 달래준다. 필요에 의해서 임도를 낸다고는 하지만 무차별 헐어낸 산자락의 벗은 몸이 더욱 거슬려 보이는 건 미안함 때문이니라. 불편했던 나를 달래려는 것일까. 산행 내내 나를 불편하게 했던 임도는 흥겨운 축제가 한창이었다. 하늘을 덮는 하얀 풀씨가 부드러운 바람결에 너울너울 춤을 추면서 멀어진다. 이렇게 깔끔하고 맛깔스럽게 이별을 하는 민들레는 인간보다 한 수 위일 것이다.

마침 떠오른 달빛에 어우러진 능선의 실루엣이 몽환적이다. 원시 비경을 품은 산이건만, 머무를 수 없다면 떠나야 한다. 잠시 이별은 또 다른 만남이 아니던가. 쉽지 않았던 기맥 산행이었지만, 마음은 벌써 다음 구간을 향하고 있었다. 산새도 잠이 든 적막한 시간에 버스는 조심스럽게 시동을 걸었다.

*한강기맥 4구간: 보래령~회령봉 갈림길~자운치~흥정산 갈림길~불발현~청량봉~장곡현~흥정계곡/ 총 13㎞(돌고 돌아 전체 걸은 거리 약 17㎞)

*한강기맥: 오대산국립공원의 두로봉(1,422m)에서 시작하여 경기도 양평군 양서면 양수리의 두물머리(북한강과 남한강의 합수점)까지 이어지는 총길이 167㎞의 산줄기다.

빈집, 결을 삭이다

우희정

그냥 지나가던 시골 마을이었다. 폐가 한 채가 눈길을 끌었다. 잠시 쉬었다 가라고 옷깃을 당기는 듯하여 차를 세웠다. 대문이랄 것도 없는 초라한 문틈으로 들여다보니 능소화가 저 홀로 농염하게 꽃을 피우고 있었다. 집을 지켜야겠다는 일념일까. 허물어져가는 빈집과는 너무도 대조적인 선연한 주홍빛, 그것은 차라리 슬픔이었다.

살만 남은 문짝으로 바람이 멋대로 넘나들었다. 괜스레 콧등이 싸아하고 고적감이 엄습했다. 여기 살던 이들은 다 어디로 갔을까? 묵정밭처럼 풀이 엉킨 마당에 내 발로 길을 내며 뒤꼍으로 돌아들자 까맣게 그을린 아궁이가 있었다. 불길의 기억을 더듬고 있다 들킨 것처럼 계면쩍은 모습이었다. 뜨겁디뜨겁게 불길을 거두어 온돌을 데운 세월이 얼마였던가. 그 온돌에서 떠들고 부대끼며 자라던 아이들을 그리워하는 아궁이의 간절함이 전해오는 듯했다.

나는 아궁이 앞에 끌린 듯이 앉았다. 거기 자리했을 무쇠솥에서는 늘 쇠죽냄새가 났을 것만 같았다. 평생 함께하기로 무언의 언약을 앞세워 궁합을 맞추었을, 그래서 한 몸이 되었을 무쇠솥마저 흔적이 없다. 아마 사람 따라 떠났을 것이다. 천공(穿孔)인 듯 속을 드러내고 있는 아궁이를 보면서 왠지 모를 비애감에 빠져들었다. 통증에 더하여 애잔함이 가슴께에 찌르르했다.

제 몸 송두리째 바친 희생이 어디 아궁이뿐이겠는가. 이 집 주인 역시 저 아궁이처럼 제살 깎아 자식들을 키워 대처로 내보내고 빈 고둥이 되어 집과 함께 늙어가다 먼 길 떠났을지도 모른다. 부모의 내리사랑은 숙명이다. 가진 것 다 내주어도 항상 미진하여 미안함이 앞서는 어미의 마음, 헐거워진 주머니에 지폐 한 장이라도 생기면 자식에게 주고 싶어 안달복달하는 아비의 마음, 곤궁할수록 더 애틋하던 그 마음은 세상 끈을 놓는 날까지 여일했을 것이다.

가시고기 애비처럼 자식을 위해서는 그 어떤 희생도 감내하는 부모, 그 가족을 오롯이 담는 그릇이었던 집이 허물어져 간다. 세상으로 나간 자식들이 어둠을 피하지 못하고 밤이슬을 맞을까, 힘들 때 마음 놓고 돌아올 수 있는 둥지가 되려고 노심초사했을 부모의 마음을 읽는다. 세월 쌓이고 사람도 가고 이 집도 자연으로 돌아가고 있는 것일 게다. 제 결을 삭여 흙이 되어가는 것이다.

어린아이처럼 천방지축이던 그가 요즘 세월 앞에 무릎 꿇는 것 같아 애가 끓는다. 평생 남보다 더 길게 살 거라고 새벽부터 설쳐대던 그가 늦잠을 자고 게으름을 부린다. 행동은 느려지고 말수도 줄었다. 뿐인가. 지난 계절에 생사의 고비를 넘나든 이후 기쁠 것도 슬플 것도 없이 모든 걸 달관한 표정이다. 그를 바라보는 내 눈에 결을 삭인 그 빈집이, 공허함만 가득 채우고 있던 그 아궁이가 자꾸 떠오르는 것을 그는 알까.

빈집 아궁이 앞에서 궁상을 떨던 나도, 그 빈집을 닮아가는 그도 자연으로 돌아가기 위해서는 조금씩 결을 삭여야함을 알기에 이리 애간장이 타는 것은 아닐는지. 순리로 가는 길인 줄 모르지 않지만 고단하고 애틋한 나날이다.

창작수필문학상 선정경위 및 편집후기

2021년 제24회 창작수필문인회 동인지 원고는 80여 편이 넘는 회원님들께서 참여해주시었습니다. 작품 중 기 수상자를 제외한 55명의 작품을 1차 심사위원이 선정토록 하였습니다. 그 중에서 많은 추천을 받은 작품을 외부 심사위원(한국문인협회 수필분과 회장, 권남희)에게 위탁하여 최종 수상대상자를 3명으로 결정토록 하였습니다. 수상작에 비해 결코 손색이 없으나 버금가는 우수작품도 3명을 선정하여 격려토록 하였습니다.

해마다 좋은 작품을 제출하시고도 수상자의 인원제한으로 아직 선택되지 못한 회원님들이 100여 명이 됩니다. 그중에도 여러 해 연속 최종작품에 올랐다가 밀린 안타까운 분들도 있었습니다. 2022년에는 보다 많은 회원님들의 참여와 영광이 있기를 기대합니다. 이런 연유로 인해 창작수필문인회 동인지가 타 동인지보다 작품수준이 우수하고 품격이 높다고 자부합니다.

그동안 작품 등재 순서는 가, 나 다, 순으로 하였으나 금년에는 작품 접수 순서대로 등재하였으니 양지하여 주시기 바랍니다. 추가로 회원님들의 일 년 동안에 있었던 동정(動靜)을 알려드리는 페이지를 마련하였습니다. 코로나로 인해 서로의 소식과 만남이 소원해졌지만 동인지를 통해 조금이나마 소통할 수 있게 되었습니다. 다시 맞이하는 새해에 회원님들의 건강과 축복이 충만하기를 기원하면서 끊임없는 건필을 기대합니다. 감사합니다.

2021. 12

창작수필문인회 부회장 겸 출판위원장 허 열 웅

2021년 창작수필문학상 심사평

2021년 창작수필 문학상 2차 심사로 올라온 작품 「쑥부쟁이 꽃다발」 「귀동냥중」 「눈, 아버지 싸리비」 「옥식기의 추억」 「시작이 반이다」 「만공」 「눈먼 자들의 도시」 「펌프소리」 「행복한 눈물」을 차근차근 읽었습니다. 문학은 대부분 인생을 이야기하는 것에서 출발하기에 세상 모든 것들은 문학적 은유라 하겠습니다. 자연예찬이나 충심, 효심, 남의 시선에 가치를 두는 개념 등 초기 이상주의 글쓰기에서 이제 자아를 중요하게 여기는 시기로 수필쓰기가 주춧돌을 다졌습니다. 수필 소재들은 예전에 비해 훨씬 다양해졌고 주제도 오픈된 사상으로 자유를 얻었습니다. 나는 누구인가, 일상에서 소근 대는 것들, 나이 들어 배우는 취미생활, 어린 날 기억, 여행에서 느낀 것들, 도시 생활 등으로 풍요롭게 확장되었기 때문입니다. 수필가들에게는 행복한 창작 활동의 기반이라 여깁니다.

「쑥부쟁이 꽃다발」은 평생인연을 맺는 일, 그 자연스럽고 계산적이지 않았던 삶의 지혜를 말하고 있습니다. 정원 한 귀퉁이에 심은 꽃 중에서 유독 쑥부쟁이가 마음에 들어앉는 이유는 젊은 날의 사랑이 있기 때문입니다. 직장동료들끼리 천렵 나갔던 곳에서 쑥부쟁이 보라꽃을 꺾어 선물했던 남자… 평생지기가 되고 이제 꽃꽂이를 즐기는 남편에게서 애틋함을 느낍니다. 그리움과 기다림은 사랑의 뿌리라고 생각합니다. 둘만 남은 둥지에서 김칫거리를 손질하면서 정년퇴직 후의 삶을 다듬는 아름다운 풍경입니다.

「귀동냥 중」은 역설의 기능을 잘 활용한 작품이라 여깁니다. 불자가 아니라 말하며 불심을 거들고 나섭니다. 어려서 절집과 친하지 못했다부터, 불가의 이름을 얻지 못해 예불시간은 있는 듯 없는 듯 섞여 귀동냥을 한다는 익살까지 완곡하게 맛깔스러운 문장입니다. '살아있는 목숨치고 동냥아치 아닌 것이 없다'는 법구에서 먹고사는 일도 중요하지만 작가에게는 마음동냥이 얼마나 필요한가를 말하고 있습니다. 독자와의 관계를 충분히 배려한 글쓰기입니다. '거인의 어깨 위에 올라타라'는 말이 있습니다. 그만큼 세상을 멀리 내다볼 수 있고 키높이 신발을 신은 것처럼 커졌기 때문입니다. 조심스러운 것은 교훈적 힘의 완급조절에 글의 성패가 달려있다는 사실입니다.

「눈, 아버지 싸리비 소리」는 한 폭의 그림을 들여다보는 듯한 서정과 사랑이 담긴 작품입니다. 아버지를 그리는 딸의 마음을 어느 눈 내린 날의 풍경을 통해 말하고 있습니다. 눈이 많이 내리면 아버지가 싸리비로 눈 쓰는 소리를 들으며 잠을 깼고 눈을 모아 미끄럼틀을 만들어주었던 기억을 떠올립니다. 운수업을 하던 아버지는 사실 트럭을 몰고 산판에 간 기사들 걱정에 좌불안석이었던 것입니다 .때를 놓쳤다고 생각하는 '서로를 챙겨주는 마음'은 사실 이어져 내려온다고 생각합니다. 주고받는 마음을 알고 사랑하는 마음은 사라지지 않기 때문입니다.

트랜드를 생각하고 기획하고 컨텐츠를 정하는 작품이 아닌, 말 그대로 창작수필은 기본이 자연스러운 인간 정서에 바탕을 두고 있습니다. 내면을 울리는 감동과 위로, 지식이 아닌 지혜의 보고(寶庫) 수필문학을 사랑하는 선생님들께 절합니다. 창작수필 문학상 수상자들께 축하인사 올리면서 후보작에 오른 선생님들께도 인사드립니다.

2021. 11.

권 남 희 (수필가, 한국문인협회 수필분과 회장)

역대 문학상 수상자 현황

	년도	회장	수상자	작품명	심사자
1대	1992 ~ 1993	이일헌			
2대	1993 ~ 1994	김순자			
3대	1995 ~ 1996	장돈식	장돈식	휴	회원
			정영숙	각시놀이	
			이일헌	한 잔의 술, 한모금의 차	
4대	1997 ~ 1998	오경자	강춘삼	2칸 누옥에 뜰은 수만 평	회원
			김아정	참빛 고르는 여인	
5대	1999 ~ 2000	김대수	정수현	흑백사진 속의 나라	조완호
			강대식	애처로운 인생	이유식
6대	2001 ~ 2002	조한금	이명지	중년으로 살아내기	유경환
			김지수	곁의 여자	정진권
			문부자	거시기	장백일
			신현우	방언 세 마디	정목일
7대	2003 ~ 2004	김병관	윤희경	나눗셈하는 콩밭	유경환
			강희준	어머니와 핸드폰	반숙자
			심성구	잔잔한 정감의 땅	안성수
			서숙자	아름다운 춤	박양근
8대	2005 ~ 2006	정철화	오기환	2월 같은 인생	고임순
			이금희	내 고향 봉평	정혜옥
			오경자	돌아간다	
			이봉길	다락방 창	
9대	2007 ~ 2008	조동렬	정정근	문	정목일
			김충환	3가지 보물	한동희
			박덕희	단풍예찬	

<table>
<tr><td rowspan="4">10대</td><td rowspan="4">2009~2010</td><td rowspan="4">전병훈</td><td>김희구자</td><td>칼 가는 노인</td><td>반숙자</td></tr>
<tr><td>최오균</td><td>경계인으로 살아가기</td><td>문부자</td></tr>
<tr><td>조한금</td><td>땅의 사람 바람의 사람</td><td>임헌영</td></tr>
<tr><td>정영기</td><td>장미는 비에 젖고</td><td>유영숙</td></tr>
<tr><td rowspan="2">11대</td><td rowspan="2">2011~2011</td><td rowspan="2">서병태</td><td>신지호</td><td>지리산의 선인들</td><td rowspan="2">안성수</td></tr>
<tr><td>류상훈</td><td>흐르는 물을 바라보며</td></tr>
<tr><td rowspan="3">12대</td><td rowspan="3">2012~2013</td><td rowspan="3">이명지</td><td>정영숙</td><td>검정고무신</td><td>유안진</td></tr>
<tr><td>권예자</td><td>수필이 나를 쓴다</td><td>반숙자</td></tr>
<tr><td>김형도</td><td>돈황의 신비를 찾아서</td><td></td></tr>
<tr><td rowspan="2">13대</td><td rowspan="2">2014~2015</td><td rowspan="2">이명지</td><td>김정의</td><td>스무 개의 눈으로도</td><td rowspan="2">신길우</td></tr>
<tr><td>이진표</td><td>대물린 소쿠리</td></tr>
<tr><td rowspan="4">14대</td><td rowspan="4">2016~2017</td><td rowspan="4">이봉길</td><td>허열웅</td><td>다듬이 소리</td><td>위원회</td></tr>
<tr><td>이근순</td><td>내 짝궁</td><td>〃</td></tr>
<tr><td>유영숙</td><td>바람의 무게</td><td>〃</td></tr>
<tr><td>한정순</td><td>향기로운 사람</td><td>〃</td></tr>
<tr><td rowspan="6">15대</td><td rowspan="6">2018~2019</td><td rowspan="6">남복희</td><td>황덕중</td><td>하루</td><td>박양근</td></tr>
<tr><td>신윤선</td><td>늙어가는 주전자</td><td>〃</td></tr>
<tr><td>임익홍</td><td>덕(德)의 향기</td><td>〃</td></tr>
<tr><td>박춘민</td><td>모과 향기</td><td>오경자</td></tr>
<tr><td>장병선</td><td>묵은 갈대</td><td>〃</td></tr>
<tr><td>이경애</td><td>아버지의 자전거</td><td>〃</td></tr>
<tr><td rowspan="6">16대</td><td rowspan="6">2020~</td><td rowspan="6">황덕수</td><td>손수자</td><td>꽃지게도 버거울 때</td><td rowspan="6">권남희</td></tr>
<tr><td>한정희</td><td>나를 방생하던 날</td></tr>
<tr><td>정상복</td><td>여름의 끝에 서서</td></tr>
<tr><td>이문자</td><td>귀동냥 중</td></tr>
<tr><td>안태희</td><td>쑥부쟁이 꽃다발</td></tr>
<tr><td>김미자</td><td>눈, 아버지의 싸리비 소리</td></tr>
</table>

회원동정(2021년)

2021- 수필집 및 시집 출간회원
1. 남복희 시집 -『우리 집에 영화관 있어요』
2. 이지유 수필집 -『안녕하세요, 봉사자님』
3. 이정희 시집 -『꽃길만 걸어요』
4. 조철형 수필집 -『거기 누구 없소』
5. 조인숙 수필집 -『겸허한 행복』
6. 국종홍 동시집 -『꽃씨야, 안녕』
7. 윤연모 수필집 -『어머니의 시간 여행』
8. 김정의 시집 -『보이지 않는 끈』
9. 이대옥 수필집 -『무료 책방에서 자본론을 읽다』
10. 이진영 수필집 - 『그땐 그랬지』

활동상황
1. 윤연모 - 교육계 36년간 근속 후 정년퇴임, 녹조근정훈장 받음
2. 허열웅 - 제21회 수필의 날(전주)참석, 창수문인회대표로 수필 낭송
3. 오경자 - 수필평론가 등단(수필문학- 장백일의 작품세계)
4. 조한금 - 조한금의 5·18관련기사, 세계문화유산에 등재
5. 박연숙 - 작품전시(디자인 아트페어, 한가람 미술관)
6. 이명지 - 〈문학의 집·서울〉 소식지 오창익 은사님께 띄움 게재
7. 김정의 - 관악문학상 수필부문 수상
8. 이문자 - 강원문학상 및 한국수필독서문학상 수상
9. 장병선 - 경기문화재단 창작지원금 받음, 수필집, 도서관 대출 베스트에 오름

#신입회원 가입
1. 김익래 -창작수필 119호로 등단
2. 홍만식 -창작수필 120호로 등단

발전기금 협찬
1. 손수자 - 2020년 창작수필문학상 상금 50만원 전액 찬조
2. 한정희 - 2020년 창작수필문학상 상금 50만원 전액 찬조
3. 정상복 - 2020년 창작수필문학상 상금 50만원 전액 찬조
4. 표민웅 - 캐나다 거주 회원, 30만원 찬조

근조 소식
1. 방계은 - 부군 별세 2. 윤보경 - 본인 별세
3. 박덕희 - 모친 별세 4. 서주린 - 부인 별세

金貞義 시집

보이지 않는 끈

김정의 지음 | 184쪽 | 값 13,000원

나의 현 존재(Dasein)는 세계 내 존재(In der Welt sein)로 '보이지 않는' 태초로부터 이어져 온 끈에 의해 존재하고 있다. 거기에는 이루 말할 수 없는 디엔에이가 작동하여 핏줄로 이어져 왔고 이루 말할 수 없는 존재자들의 '잡아주고 끌어주고 밀어주고 살펴주신' 결과로 현재의 내가 존재하는 것이다. 그러기에 섭리에 따라 이어져 온 그 끈, 곧 자연과 인간의 관계망 속에서 생명공동체와 화합하여 조화롭게 살아가야 한다.

하나의 우주 안에서 개체는 하나의 원으로 연결된 하나의 생명체에 다름이 아니다. 시인은 현시대에 우리가 처한 상황하에서 요구되는 정의와 사회적 가치추구란 명제를 진정성 있는 진솔한 시적 언어로 보여주고 있다.

— 노유섭 시인의 해설 중에서

김정의

- 이리여고, 전북대학교 문리과대학 영어영문학과 졸업
- 익산중학교 교사 역임
- 『창작수필』 수필로 등단
- 『문학시대』 시로 등단
- 한국문인협회, 창작수필문인회, 관악문인협회 수수문학회 회원
- 창작수필 문학상, 관악문학상 수상, 인헌 강감찬 백일장 우수상
- 수필집: 『햇빛 노래하는 풀꽃』, 『노을빛에 익어가는 열매』
- 시집: 『보이지 않는 끈』

헤이, 하고 네가 나를 부를 때

이명지는 동국대 예술대학원 문예창작학과를 졸업(문학석사)했으며 93년 봄 〈창작수필〉 신인상 당선으로 문단에 데뷔했다.

한국문인협회, 국제PEN클럽, 문학의집 · 서울, 동국문학인회, 창작수필문인회 회원으로 활동하고 있다.

아름답게 나이 들어가는 비결이 담긴 책 〈헤이, 하고 네가 나를 부를 때〉로 제32회 동국문학상(2019년)을 수상했다.

일상을 깊이 있고 따뜻한 시선으로 관조하는 글로 창작수필 동인문학상을 수상(2002년) 했으며 다년간 국민일보 '여의도에세이', 디지틀조선일보 '힐링에세이' 연재로 독자층을 넓혀왔다.

신문기자를 시작으로 편집국장, 발행인, 방송진행자 등을 거친 언론생활 20년, 대학 강단에서 10년 이력을 끝으로 집필에 전념하고 있다.

주요저서로는 수필집 『중년으로 살아내기』, 『헤이, 하고 네가 나를 부를 때』, 논문집 「전혜린 수필연구」 등이 있다.

*mjlee8978@hanmail.net

박연숙 시집

흐르는 물은 시간의 게스트하우스다

- 충남 예산 출생
- 『계간문예』(시), 『창작수필』(수필) 등단
- 한국문인협회, 관악문인협회 회원
- 한국미술협회 회원
- 한국서가협회 초대작가, 구상전 회원
- 홍익 M.A.E. 회원, 대한미술신문 수석기자
- 한가람서화회 회원

▸박연숙 시인의 시는 서양적이면서 한국적이다. 이지적이면서 정서적이다. 화려한 색채이미지를 드러내면서도 다분히 음악적이다. 디지털시대의 첨단 현대를 노래하면서 고졸(古拙)한 아날로그적 과거를 음미한다.

한마디로 그녀의 시는 현 시대 흐름과 시대정신에 부합하되 복합적 감성이 살아있는 하이퍼(hyper)와 탈경계, 하이브리드(hybrid, 혼종)의 시라 할 것이다.

– 노유섭(시인)

전병훈 수필선집

그 시절 그 사랑

· 경북 김천 출생
· 고려대학교 및 동대학원 졸업
· 미국 럿거스대학교 수학
· 중소기업은행 근무, 공인회계사
· 고려대학교 부총장 역임, 현재 명예교수
· 『창작수필』 등단
· (사)창작수필문인회 대표이사 회장 역임
· 한국문인협회, 국제펜 한국본부 회원
· 수필집: 『동행』(2인수필집) 『나의 삶 나의 인생』

▶쓰레기통에서 장미가 피었다는 찬사를 받으며 전화(戰禍)의 잿더미 속에서 오늘의 경제 강국의 꽃을 피우고 열매를 맺기까지에는 몸을 던져 벌어들인 그들의 한 맺힌 외화가 종자(種子) 돈으로, 아니 대하로 뻗어가는 우리 경제의 발원지인 펌프의 '마중물'로서 큰 몫을 했음을 잊어서는 안 된다. 때문에 길 위에 짓밟히는 낙화라고 무심코 쓸어버리지 말아야 한다.

\- 그 시절 그 사람 중에서

선우미디어
서울 · 동대문구 장안로12길 40, 101동 203호
☎ 02-2272-3351 (F)02) 2272-5540

값 13,000

조한금 수필집

초록 심장

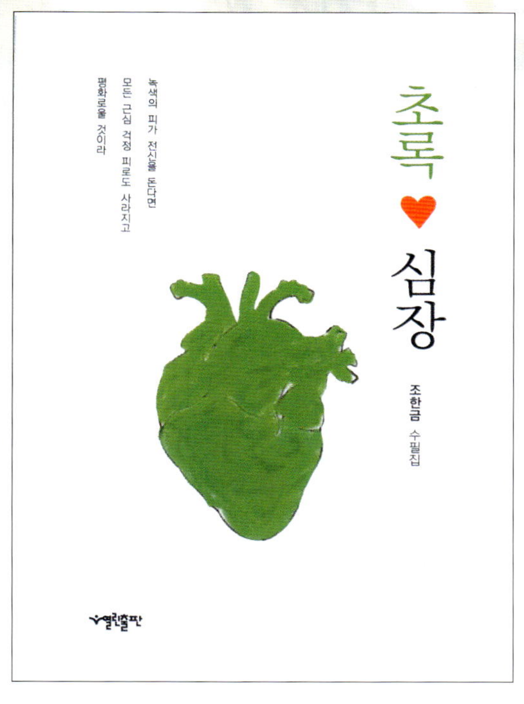

- 전남 완도 출생
- 창작수필 신인상 등단
- 창작수필문인회 회장 역임
- 에세이스트 고문, 감사 역임
- 창작수필문인회 고문
- 에세이스트 이사
- 한국문인협회 회원
- 한국가톨릭문인회 회원
- 창작수필문인회 동인문학상 수상
- 가야얼마루 운영위원 및 수필강사

▸참 이상하다. 사업한답시고 5천 원의 몇천 배인 재화를 주무를 때는 남마다 머리가 지끈지끈 아팠는데, 5천원의 10분의 1도 안 되는 값어치의 푸성귀를 주무르면서 이리 만족스럽고 좋을 수 있는지 참으로 아이러니하다. 오로지 나만을 위한 맞춤 농사에 만족하고 거두는 재미에 행복하다. 땅은 정직하니 심은 대로 거둔다. 소출을 더 내기 위한 농약도, 제초제도, 성장촉진제도 나는 모른다. 수많은 곤충과 방아깨비가 점점 자라 성충이 되는 뜨거운 한낮과 청개구리가 유리창 문에 납작 엎드려 거실 안을 들여다보는 서늘한 밤이 있으면 농사는 하느님이 손수 지으시니 나는 그것만으로도 족하다.

– 본문 「땅의 사람, 바람의 사람」 중에서

열린출판 서울시 강북구 도봉로 308, 8층 R883호
☎ 02-6953-0442

값 12,000

손수자 수필집

들미골 소나타

강원도 철원(남방한계선 이북)에서 태어나 월남하여 강릉에서 자랐다.
강릉 강동초, 강릉여고, 인천교육대학을 졸업하고 경기도에서 초등교사로 30여 년간 근무 후 명예퇴직 하였다.
2006년『창작수필』신인상으로 등단하였으며, 현재 한국문인협회, 창작수필문인회, 한국산림문학회, 강릉문인협회, 강원수필문학회, 강릉여성문학인회, 강릉사랑문인회 등에서 활동하고 있다.
반 연간지『강릉 가는 길』3집부터 14집까지 편집주간을 맡았다.
수필집:『들미골 소나타』

▶손수자 님의 수필은 '자연 관조와 그 의미화로 형상화한 미(美)와 진(眞)의 화려한 찬가'다. 주지하다시피 관조란 사물(事物)을 정관(淨觀)하는 작자의 인식세계다. 곧 지혜로서 사리(事理)를 비추어보는 '객관적인 시각'이기도 하다.

– 오창익(문학박사, 創作隨筆 발행인)

▶우리가 꿈꾸는 이상향이란 것이 바로 자신의 생활 주변에 있는것이고 마음먹기에 달린 것임도 깨닫게 된다. 이 글이 지니는 깨달음의 미학, 교훈적 성격, 삶의 성찰이라는 여러 요건은 곧 수필의 본질을 드러내는 것이기도 하다.

– 홍성암(문학박사, 전 동덕여대 교수)

노문사
서울 중구 마른내로 72(인현동)
☎ 02)-2264-3311, 2264-3313(F)
값 12,000

정정근 시선집

겨울 스캔들

· 충북 충주에서 태어났으며 중앙대학교예술대학원 문예창작과 전문가 과정을 수료했으며, 1994년 『창작수필』을 통해 수필가로 등단하고, 1999년 『시대문학(현 문학시대)』에서 시인으로 등단했다.
한국문인협회, 국제PEN한국본부, 창작수필, 강남문인협회, 강남시문학회 회원.
수필집으로 『물결 위에 새긴 그림자』, 『콜로라도 강변에 부는 바람』, 『내 이름을 불러주세요』, 『떠돌이별의 노래』 외 다수의 동인지가 있고,
시집으로는 『숨은 그림들』, 『나도감나무』, 『이즘도의 아침』 외 다수의 동인지와 사화집이 있다.
제6회 서울문예상, 제2회 창작수필 동인문학상, 2008년 문예춘추 수필문학 최우수상을 받은 바 있다.

▶「겨울 스캔들」을 보면, 정정근 시인은 굳어진 결을 따라 시를 쓰기보다 심안이 가는 대로 자유롭게 쓴다. 미로를 따라 난해하게 쓰는 게 아니라 구불구불한 오솔길을 따라 정감 있게 쓴다는 의미이다. 따라서 희로애락의 정서를 두루 맛볼 수 있는 「겨울 스캔들」은 탄성(灘聲. 여울물이 흐르는 소리)이 들리는 듯하면서도 고요하고, 차가운 듯하면서도 따뜻하고 친근한 작품들이다. 나아가 위트가 얼비치는 시구에서 는 시인의 맑은 영혼과 순수를 엿볼 수도 있다. 무엇보다 이는 시선(詩選)을 하며 고심한 흔적이며, 그만큼 독자를 향한 배려이기도 하다.

조선을 걷다

조선을 만나기 위해 걷고 또 걸었다. 운동화 몇 켤레가 다 닳도록 조선역사의 현장을 찾았다. 10년 가까이 그러고 다녔다. 이 답사는 정말 꼬리에 꼬리를 물고 이어진다. 등장하는 인물들 모두 이미 알려져 있다. 여기서는 그들이 태어난 곳, 활동하던 곳, 유배지, 은거지, 죽음을 맞은 곳, 잠든 곳, 그들의 부모와 부인, 남편, 자식의 흔적까지 샅샅이 찾아다녔고, 현장에서 직접 찍어온 생동감 있는 사진을 곁들였다. 사계절 내내 답사를 거듭하여 역사터의 사계까지 들여다볼 수 있다. 「글을 시작하며」 중에서

1995년 수필 「어머니의 손」으로 문단에 데뷔, 국제펜클럽한국본부, 한국문인협회, 창작수필문인회, 수필문우회, 안양여성문인회 회원, 안양문인협회 회장, 안양예총 수석부회장으로 활동하고 있다.
그동안 출판한 작품집이 베스트셀러가 되는 영광도 안았고, 교보문고에서 '화제의 신간', '부모님을 위한 사랑 가득한 도서', '일상의 행복을 찾아서'란 테마북으로 선정되었다. 2003년부터 국정교과서에 이어 검인정교과서(중학교 3학년 2학기 국어교과서)에 작품 「신호등」이 수록되었고, 전국수능모의고사와 외고입시 문제 등에 작품의 전문이 실리면서 지문으로 출제되었다.
KBS 〈주부 세상을 말하다〉라는 생방송 프로그램에서 작가로서의 행복론에 대해 이야기를 펼친바 있고, 도서관을 비롯한 학교, 청소년수련관, 평생학습관, 국방부 등에서 수필 및 왕릉과 함께하는 조선왕조이야기를 강의하고 있다.
『그린벨트 안의 여자』, 『추억이 그리운 날에는 기차를 타고 싶다』, 『마중 나온 행복』, 『작은 꽃이 희망을 피운다』, 『희망이 행복에게』, 『나에게 주는 선물』, 『웃음꽃 피다』, 『그동안 잊고 살았던 너에게』 등 수필집과 『왕 곁에 잠들지 못한 왕의 여인들』, 『사도, 왕이 되고 싶었던 남자』, 『조선이 버린 왕비들』, 『왕이 되지 못한 비운의 왕세자들』, 『왕을 낳은 칠궁의 후궁들』 등 역사서를 출판했다.

글로세움 서울 구로구 경인로 445(고척동)
☎ 02-323-3694 (F) 070-8620-0740
값 17,000